Florian Ferger

TSCHECHISCHE NEONAZIS

Ursachen rechter Einstellungen und faschistische
Semantiken in Zeiten schnellen sozialen Wandels

Mit einem Vorwort von Claudia Gobisch

ibidem-Verlag
Stuttgart

Bibliografische Information der Deutschen Nationalbibliothek
Die Deutsche Nationalbibliothek verzeichnet diese Publikation in der
Deutschen Nationalbibliografie; detaillierte bibliografische Daten sind im
Internet über http://dnb.d-nb.de abrufbar.

Bibliographic information published by the Deutsche Nationalbibliothek
Die Deutsche Nationalbibliothek lists this publication in the Deutsche Nationalbibliografie;
detailed bibliographic data are available in the Internet at http://dnb.d-nb.de.

∞

Gedruckt auf alterungsbeständigem, säurefreien Papier
Printed on acid-free paper

ISSN: 2192-7448

ISBN-13: 978-3-8382-0275-4

© *ibidem*-Verlag
Stuttgart 2011

Alle Rechte vorbehalten

Printed in Germany

Teena gewidmet.

Společnost si ovšem musí být vědoma toho, že příčina existence Dělnické strany leží uvnitř jí samotné. Dělnická strana není vnější nepřítel, je to jedna z tváří této společnosti. Problémy této společnosti, na které DS v některých případech legitimně poukazovala a kterých využila či zneužila, samozřejmě rozpuštěním této strany nezmizí.

(Die Gesellschaft muss sich allerdings bewusst sein, dass der Grund für die Existenz der Arbeiterpartei in ihr selbst liegt. Die Arbeiterpartei ist kein äußerer Feind, sondern eines der Gesichter dieser Gesellschaft. Die Probleme dieser Gesellschaft, die die Arbeiterpartei in einigen Fällen legitimerweise aufzeigt und die sie ausnutzt und missbraucht, verschwinden mit der Auflösung dieser Partei natürlich nicht.)

- aus dem Urteil zum Verbot der als »rechtsextrem« bezeichneten Arbeiterpartei (»*Dělnická strana*«) vom 17. Februar 2010.[1]

---

[1] Nejvyšší správní soud 2010: Absatz 656.

Vorwort von Claudia Globisch

Rechtsextremismus in Osteuropa hat Konjunktur. Die wissenschaftliche Beschreibung und Erklärung hingegen hinkt den gesellschaftlichen Verhältnissen hinterher. Kontinuierliche Forschung zum Rechtsextremismus in Osteuropa und dessen spezifischen Ausprägungen unter den Bedingungen der Transformation jenseits journalistischer Bestandsaufnahmen und zyklischer Ad-hoc-Analysen sind rar. Theoriegeleitete empirische Studien, die Rechtsextremismus in Osteuropa als gesamtgesellschaftliches mehrdimensionales Phänomen in den Blick nehmen, sucht man vergebens. Die meisten vorliegenden Studien verbleiben entweder auf der Ebene von Einstellungsforschungen oder der Analyse von Institutionen und Parteien.

Die Betrachtung von Semantiken sowie subjektseitigen Aneignungsformen und deren Zusammenhang zu institutionellen Strukturen und Semantiken ist nicht nur in diesem Gegenstandsbereich vernachlässigt worden.

Die zahlreichen inter- und transnationalen Kooperationen und Bündnisse gegenwärtiger europäischer Rechter (sowie deren Zerfall) auf den unterschiedlichsten gesellschaftlichen Ebenen (Parteien, Subkulturen, Medien), das im Vergleich zu Westeuropa hohe rechtsextreme Einstellungspotential in der Bevölkerung verschiedener osteuropäischer Länder sowie die auffallende Brutalität, mit der gegen solche vorgegangen wird, die als fremd angesehen werden, würden anderes erwarten lassen.

Florian Ferger gelingt es mit dieser Publikation mehrere Forschungsdefizite aufzugreifen: Er liefert eine umfassende und akribische Analyse verschiedener Dimensionen des Rechtsextremismus in einem spezifischen mittelosteuropäischen Land, der Tschechischen Republik. Die Tschechische Republik stellt einen besonders interessanten Forschungsgegenstand dar, da das Ausmaß rechtsextremer Einstellungen dort im Gegensatz zu anderen osteuropäischen Ländern weniger ausgeprägt ist und sich im Laufe der Transformation an das westeuropäische Muster angenähert hat.

Die vorliegende Studie behandelt unterschiedliche Ebenen des Rechtsextremismus: Einstellungen, parteienförmige und nicht-parteienförmige Organisationen, Semantiken und deren kontextspezifische Bedingungen. Die Analyse beginnt mit dem Jahre 1991 und nimmt die Entwicklungen gleich zu Beginn der Transformation in den Blick. Sie leistet neben dem spezifischen Forschungsgegenstand »Rechtsextremismus« auch einen Beitrag zur Transformationsforschung, welche mit einigen Ausnahmen im Allgemeinen den handlungstheoretischen Zugang und damit Alltagspraktiken (in Krisensituationen) sowie Aneignungsformen von (Elite-)Semantiken vollkommen vernachlässigte.

Besonders hervorzuheben ist der vergleichende Zugang der vorliegenden Studie, die auf der quantitativen Ebene die Einstellungen in Tschechien immer in Bezug zu anderen europäischen Ländern diskutiert, um Effekte der Transformation zu reflektieren. Auf einer qualitativen Ebene werden die spezifischen Bedingungen des tschechischen Nationenverständnisses mit dem Nationenverständnis in Deutschland historisch und gegenwärtig diskutiert. Dieser Vergleich ist insbesondere interessant, da enge Vernetzungen zwischen extremen Rechten in Deutschland und Tschechien sowie ›Nachahmungstendenzen‹ der tschechische ›Szene‹ zu beobachten sind.

Dieser mehrdimensionale Zugang legt ein methodentriangulatives Vorgehen nahe. Die Studie nähert sich den Einstellungen, wie dies in der Einstellungsforschung üblich ist, mit quantitativen Methoden, reflektiert aber, dass die Einstellungen wenig über Begründungszusammenhänge aussagen und die komplexe Ideologie des Rechtsextremismus nicht ›messen‹ können. Somit ist die Forschung auf qualitative Methoden verwiesen, die mit Analysen von Semantiken und Organisationsstrukturen das komplexe Phänomen des Rechtsextremismus zu fassen versucht. Ferger verbindet beide Methodenzugänge in einem zweistufigen Verfahren.

Die quantitativen Ergebnisse bestätigen die ›Sonderstellung‹ Tschechiens in Europa. Der starke Rückgang rechtsextremer Einstellungen in der Bevölkerung in Tschechien im Laufe der Transformation führt Ferger wiederum zu einer soziologisch-erklärenden Schlussfolgerung, die den Zusammenhang von Krisen und Rechtsextremismus im Gegensatz zum Einfluss von Persönlichkeitsmerkmalen in den Fokus rückt. Hierin besteht das große Potential dieser Studie, welche die normative Modernisierungsverliererhypothese, d.h. den vereinfachten Zusammenhang von wirtschaftlicher Deprivation und rechtsextremen Einstellungen, stark relativiert. Die Ergebnisse widerlegen, dass Modernisierungsverlierer im Besonderen Träger rechtsextremer Einstellungen sind, und zeigen, dass alle Teile der Bevölkerung in gesamtgesellschaftlichen Krisen zu Rechtsextremismus neigen. Die Studie arbeitet eine differenzierte Krisenbegrifflichkeit heraus und stellt einen Zusammenhang zwischen gesamtgesellschaftlichen Identitätskrisen und rechtsextremem Einstellungspotential fest. Daran anschließend folgert sie einen Anstieg rechtsextremer Einstellungen bei langfristigen Exklusionserfahrungen. Fazit ist: Wird die Identitätskrise zum Dauerzustand steigt das rechtsextreme Einstellungspotential.

Die in der Forschung viel diskutierte Diskussion um Alternativbegrifflichkeiten zum Rechtsextremismus und die Frage, ob der Begriff des Faschismus die gegenwärtigen rechten Strömungen beschreiben kann, beantwortet die Studie mit Referenz auf die qualitativen Auswertungen der Semantiken positiv. Die Analyse der Semantiken rechter Trägergruppen in Tschechien ergibt, dass aufgrund einer fehlenden genuin tschechischen faschistischen Semantik in der Geschichte, die gegenwärtige Semantik darin besteht, faschistische, d.h. palingenetische ultranationalistische Semantik, in Anlehnung an die »White-Power«-Ideologie und die Symbolik deutscher Neonazis zu ›importieren‹. Der Antikommunismus, der Teil des tschechischen Nationenverständnisses ist, bietet dabei Verknüpfungspotential für den Faschismus – so Ferger. Als weiteres zentrales Element des tschechischen Rechtsextremismus wird der Antiziganismus herausgearbeitet, dem bisher in der Forschung wenig Aufmerksamkeit zuteil wurde, obwohl er zentral für die osteuropäische Rechte ist.

Die qualitative Studie zeigt eindrucksvoll, dass Semantiken nur an spezifische Strukturen und Weltbilder, hier homogenisierende Dichotomien und gemeinsame Feindbildkonstruktionen, anknüpfbar sind und bietet damit Erklärungspotential für die Voraussetzungen der Etablierung faschistischer Semantiken.

Dr. Claudia Globisch   Juni 2011

Inhaltsverzeichnis

IV. Organisationsstrukturen und Semantiken 137

Abbildungsverzeichnis

Tabellenverzeichnis

Danksagung

Eine solch umfangreiche Veröffentlichung zum Studienabschluss ist keine Selbstverständlichkeit. Erst bestimmte Personen und Gegebenheiten haben mir die Fertigstellung dieses Buches ermöglicht. Ihnen gilt es zu danken.

Zu danken ist an erster Stelle einem Bildungssystem, das mir recht große Freiheiten ermöglichte, statt durch überfrachtete Stundenpläne, Prüfungen und Anwesenheitspflicht den Entstehungsprozess dieses Buches zu behindern. Der nicht-modularisierte Magisterstudiengang erlaubte es mir (weitestgehend) ohne ökonomische Imperative wie Effizienz, Zielorientierung und Marktförmigkeit verschiedenen Interessen und Aktivitäten nachzugehen. Er ermöglichte mir das intensive Studieren von drei Fächern, zwei Sprachen, ehrenamtliches Engagement und einen einjährigen Auslandsaufenthalt, ohne den ich die – für diese Arbeit notwendigen – Kenntnisse der tschechischen Sprache, Kultur und Gesellschaft nie hätte erlangen können.

Ein solch intensives Studium erfordert Zeit. Die zeitliche Offenheit des Studiums muss nicht nur institutionell ermöglicht, sondern auch finanziell abgesichert werden. Daher danke ich den fehlenden Studiengebühren, den niedrigen Mietpreisen in Leipzig, der recht gut bezahlten Hiwi-Stelle bei Prof. Vobruba, dem DAAD (der die Auslandsaufenthalte unterstützte) und nicht zuletzt meinem Vater für die finanzielle Unterstützung.

Einer Reihe von Personen ist zu danken: Georg Vobruba, der meine Magisterarbeit betreute; Claudia Globisch, bei der ich viel gelernt habe und die mich zu dieser Arbeit motivierte; Anton Shekhovtsov der mich bei der Herausgabe unterstützte und Andreas Umland, der die Publikation in die Wege leitete; Eva van de Rakt und František Znebejánek, die mich während meines Forschungsaufenthaltes in Tschechien betreuten; meinen Eltern für ihre vorbehaltlose Unterstützung und Bestärkung; meiner Freundin Teena Ihmels (die Aufzählung des Wofürs würde den Rahmen sprengen); außerdem Dorothea Warneck, Judith Kleiner, Heiner Grunert, Esther Nieft und Susanne Brehm für die Durchsicht des Manuskriptes und kritische Anmerkungen.

Florian Ferger   Juni 2011

1. Einführung

1.1. Zu diesem Buch

Das Thema »Rechtsextremismus in Osteuropa« hat Konjunktur. Bei den Europawahlen 2009 überraschten die Erfolge extremer rechter Parteien in Mittelosteuropa die Öffentlichkeit. Seitdem reißen die Warnmeldungen nicht ab. In Ungarn gelingt der offen antisemitischen Partei *Jobbik* mit fast 15% der Einzug ins Parlament. Durch rassistisch motivierte Gewalttaten gegenüber der Roma/Zigeuner-Minderheit[1] schaffen es tschechische Neonazis regelmäßig in die Medien. Laut der *European Union Agency for Fundamental Rights*[2] stellen tschechische Roma/Zigeuner die am stärksten diskriminierte Minderheitin Europa dar. Auch das Verbot der als extremistisch bezeichneten tschechischen Arbeiterpartei *(Dělnická strana)* sorgte für Aufmerksamkeit.

»Aufmarsch – die rechte Gefahr aus Osteuropa«[3] lautet der Titel eines kürzlich erschienenen und gut recherchierten Buches über die osteuropäische extreme Rechte. Marschiert der Osten tatsächlich auf? Droht uns (im Westen) ein neuer Faschismus (aus dem Osten), wie der sicher nicht ganz glücklich gewählte Titel des Buches suggeriert? Das Interesse an der extremen Rechten in Mittelosteuropa ist in jedem Fall groß. Besorgte Osteuropa-Experten interessieren dabei vor allem empirische Fakten über Akteure, Strukturen und Ideologien der extremen Rechten.

---

[1] Die adäquate Bezeichnung der Roma/Zigeuner ist umstritten. In Deutschland wird üblicherweise das Wortpaar »Sinti und Roma« verwendet, in Tschechien wird politisch korrekt von »Roma« (tschechisch: »Romové«) gesprochen, die Untergruppe der Sinti ist hier kaum zu finden. In Romani bedeutet »rom« übersetzt Mensch. Die Bezeichnung »Zigeuner« (tschechisch: »cikáni«) gilt dagegen in beiden Ländern als politisch unkorrekt und wird beispielsweise von tschechischen Neonazi-Gruppen in absichtlich negativer Konnotation benutzt. Allerdings ist »cikáni« in der Umgangssprache sowohl als Fremd- als auch als Selbstbezeichnung weit verbreitet. Auch plädieren einige Roma/Zigeuner für die Beibehaltung der Fremdbezeichnung »cikáni«, da »romové« lediglich die Verallgemeinerung einer großen Untergruppe als generalisierende Bezeichnung für die gesamte Minderheit darstellt und so andere Untergruppen (z.B. Kalé, Ashkali) diskriminiert (vgl. Forum Tsiganologische Forschung 2010). Da ich in dieser politischen Frage keine Stellung beziehen möchte, verwende ich in dieser Arbeit das Begriffspaar Roma/Zigeuner.
[2] European Union Agency for Fundamental Rights 2009.
[3] Mayer und Odehnal 2010.

Dabei folgt die Beschäftigung mit dem Thema »Rechtsextremismus« einmal mehr dem Zyklus von zu- und abnehmenden Wahlerfolgen und ausländerfeindlich motivierten Gewalttaten. Auf Wahlerfolge und Gewalt folgen Tagungen, Medienberichte und Publikationen. Verschwinden die Parteien wieder aus den Parlamenten und geht die Gewalt zurück, verebbt auch das öffentliche Interesse schnell. Dieses Phänomen ist verständlich und legitim. Auch möchte ich die Wichtigkeit von genuin empirischen Studien, die über Strukturen und Akteure der rechten Szene aufklären, nicht bezweifeln. Insbesondere in der Präventions- und Bildungsarbeit ist das Wissen über Erscheinungsformen, Strukturen und Symboliken rechter Akteure von enormer Bedeutung. Die zyklische Beschäftigung mit dem politisch brisanten Thema »Rechtsextremismus« steht dabei aber leider häufig dem wissenschaftlichen Erkenntnisgewinn im Wege. Kontinuierliche Forschung findet zu wenig statt. In denen auf Gewalttaten und Wahlerfolge folgenden Publikationen werden andere Forschungsergebnisse viel zu selten beachtet. Untersuchungen, die explizit als Beitrag zur Frage nach den *Ursachen* des Phänomens gedacht sind, stellen die Ausnahme dar. Die Folge ist eine kaum mehr zu überblickende Literatur, deren Lektüre oft ermüdend und wenig aufschlussreich ist.

Als weiteres Problem kommt die persönliche Betroffenheit vieler Autoren hinzu, von der auch ich mich nicht ganz frei machen kann. Trotz der damit schwierigen Ausgangslage – ein *zu* aktuelles Thema und legitime Besorgnis des Autors - bemühe ich mich, der spezifischen Problematik der Forschung gerecht zu werden. Dieses Buch ist daher keine deskriptiv-empirische Beschreibung rechter Akteure und Strukturen in Tschechien und Mittelosteuropa. Mich interessieren vielmehr grundlegende Fragen: Was sind die Ursachen von rechten Einstellungen in der Tschechischen Republik? Welcher Zusammenhang besteht zwischen Transformationsprozess und rechten Einstellungen? Wie ist die stark an Nazi-Deutschland orientierte Ideologie der tschechischen Neonazis zu erklären? Welche Rolle spielt der Antiziganismus innerhalb faschistischer Ideologie?

1.2. Forschungsstand

1.2.1. ... in Tschechien: Extremismustheorie *par exellence*

Die Untersuchung der extremen Rechten ist in der tschechischen Wissenschaftslandschaft der Politikwissenschaft vorbehalten, soziologische Ansätze sind mir nicht bekannt. Dabei fungiert die Forschung als »Extremismusforschung« in Anlehnung an das Konzept von Eckhard Jesse und Uwe Backes.[4] In der Praxis läuft dies darauf hinaus, dass umfangreiche deskriptiv-empirische Arbeiten vorliegen, die Parteien, politische Gruppierungen und Subkulturen (von *Antifa* über *Autonome Nationalisten*, *Friends of the Earth Czech Republic* bis *Greenpeace*) daraufhin untersuchen, ob sie als »extremistisch«, also als *verfassungsfeindlich* einzustufen sind.[5] Exemplarisch für dieses Paradigma steht das von Miroslav Mareš – der den gesamten thematischen Diskurs in Tschechien dominiert, lange Zeit als Berater von Politik und Polizei fungierte und medialer Ansprechpartner in Sachen »Extremismus« ist – 2003 vorgelegte, umfangreiche Werk »Rechtsextremismus und Radikalismus in der Tschechischen Republik«.[6] Damit liegt umfangreiches deskriptives Material vor, in dem die Entwicklung »rechtsextremer« Organisationen – von Parteien bis zur noch so kleinen Splittergruppe – nachgezeichnet sowie ihre Organisationsstruktur und Ideologie analysiert wird. Extremismusforscher wie Mareš untersuchen zwar im Detail jede noch so kleine potentiell verfassungsfeindliche Gruppierung, zur ursächlichen Erklärung des Phänomens tragen diese Studien nur leider nicht viel bei.[7] So sind mir in der tschechischen Forschung keine Ansätze bekannt, die bestrebt sind, »Rechtsextremismus« als ein aus der Gesellschaft stammendes Phänomen zu erklären und Rückwirkungen auf die Gesellschaft zu untersuchen.

1.2.2. ... in Deutschland: »Osteuropa« als *Terra incognita*

Die Frage nach den Ursachen rechter Einstellungen in der Tschechischen Republik fällt im deutschen Wissenschaftsdiskurs unter die Kategorie Rechtsextremismus/-

---

[4] Vgl. Backes 1989, Backes und Jesse 2005, Backes und Jesse 1996. Zur Problematik der »Extremismus-Forschung« s. ausführlich Kapitel 2.1.

[5] So z.B. Mazel 1998.

[6] Miroslav Mareš (2003). *Pravicový extremismus a radikalismus v ČR*. Brno: Barrister & Principal.

[7] Damit soll die Kompetenz des profiliertesten Kenners des tschechischen »Rechtsextremismus« und sein wichtiger Beitrag zur Erforschung der extremen Rechten in Tschechien nicht in Frage gestellt werden. Schade bleibt, dass Mareš sich mit der Anwendung der »Extremismustheorie« den Zugang zur ursächlichen Erklärung des Phänomens verbaut. So fragt auch Jaroslav Petřík in seiner Rezension, ob der Autor »in der Möglichkeit eine eigene Theorie zu schaffen vollkommen resigniert habe« (»*Otázkou zůstává, zda autor zcela rezignoval na možnost nalézt vlastní teorii [...]«*) (Petřík 2003). Wie ich in Kapitel 2.1 ausführen werde liegt das meiner Ansicht nach in der Verwendung der »Extremismustheorie«, die systematisch nicht in der Lage ist, ihren Gegenstand als aus der Gesellschaft stammendes Phänomen zu erklären.

radikalismus in Osteuropa. Diese, zumindest im deutschen Diskurs unumstrittene Kategorisierung ist interessant, da hiermit weitreichende theoretische Implikationen einhergehen. »Osteuropäischer Rechtsextremismus« wird als eigener Cluster aufgefasst,
der sich in seinen Ausprägungen und Ursachen vom »westeuropäischen Rechtsextremismus« unterscheidet. Diese Implikation wird von verschiedenen Autoren explizit
betont. So argumentiert Richard Stöss, dass »ein fundamentaler Unterschied zwischen den westeuropäischen und den osteuropäischen Rechtsextremismen« bestehe,[8]
der »einen Vergleich außerordentlich erschwert und als wenig fruchtbar erscheinen
lässt.« Daher verbiete sich eine Anwendung der auf Westeuropa zugeschnittenen
Theorien und Konzepte.[9] Die Auffassung, dass osteuropäischer Rechtsextremismus
ein Phänomen »sui generis«[10] darstellt, dominierte auch in der bisher ausführlichs-
ten Debatte zum Thema, die 2002 in der Zeitschrift OSTEUROPA geführt wurde.
Als Gründe hierfür werden allerdings von den Autoren nur vage die Erfahrungen des
Realsozialismus und der sich anschließenden Transformationsperiode genannt.[11]

Dabei wird meist modernisierungstheoretisch argumentiert. In der Forschung ist
die Auffassung weit verbreitet, dass rechte Einstellungen als Folge schnellen sozialen
Wandels auftreten.[12] Wird diese Vorstellung auf Transformationsprozesse[13] übertragen, lautet die ebenso überzeugende wie banale Schlussfolgerung, dass rechte Einstellungen in Mittelosteuropa stärker ausgeprägt sein müssten als in Westeuropa. Darüber
hinaus werden Schlüsse über den von rechten Einstellungen besonders ›betroffenen‹
Teil der Bevölkerung gezogen. Rechtsextremisten seien im Besonderen in der Gruppe
der »Modernisierungsverlierer« zu finden, die so genannte »Modernisierungsverliererhypothese« erfreut sich großer Popularität.

Der Forschungsstand ist ebenso wie die in der Osteuropa diskutierten Fragestellungen unbefriedigend. Es wird nicht diskutiert, wie Modernisierungsprozesse auf die
Entstehung von Rechtsextremismus wirken. Ebenso wenig wird die Frage aufgewor-
fen, wer Modernisierungsverlierer sind und warum diese zu Rechtsextremismus neigen

---

[8] Stöss 2007: 179.
[9] Ebd.: 179.
[10] Beichelt und Minkenberg 2002b: 247.
[11] Ebd.: 247.
[12] Vgl. Minkenberg 1998: Kapitel 1.
[13] Ich verzichte hier auf eine exakte Definition des Begriffes »Transformation«. Transformationsländer sind im hier gebrauchten Verständnis die ehemaligen sozialistischen Länder Mittel-, Süd- und
Osteuropas, die einen Wandel von Realsozialismus zu Demokratie und Kapitalismus erleb(t)en.
Damit verfügen sie über zwei Eigenschaften, die für die folgende Untersuchung von Bedeutung
sein werden: Sie haben (1) die Erfahrung eines autoritären Staates gemacht und durchleben (2)
spätestens seit 1989 eine Phase rasanten gesellschaftlichen Wandels.

sollten. Das Argument, dass der »Zulauf zu und die Unterstützung von rechtsradikalen Gruppierungen und Parteien [...] mit Transformationskosten zu tun« habe,[14]
ist so lange nicht überzeugend, wie keine konkreten Mechanismen formuliert werden,
über die ein Zusammenhang zwischen »Transformationskosten« und dem Erstarken
der extremen Rechten hergestellt wird.[15]. Auch die Einordnung des »osteuropäischen
Rechtsextremismus« als ein Phänomen »sui generis« bleibt inhaltsleer, so lange über
schnelleren sozialen Wandel lediglich auf ein ›mehr an Rechtsextremismus‹ geschlossen wird. Wie Volker Weichsel richtig anmerkt, kann die schnelle Modernisierung in
den Transformationsländern lediglich auf quantitative Unterschiede hinweisen.[16] Die
Einordnung als Typ »sui generis« würde aber »erst die Identifikation qualitativer
distinktiver Merkmale eines osteuropäischen Rechtsradikalismus [...] erlauben«.[17]

Neben diesen theoretischen Problemen bestehen erhebliche empirische Lücken.
Der »osteuropäische Rechtsextremismus« sei, so sind sich fast alle Autoren einig,
in Osteuropa viel schwächer, als er vor dem Hintergrund des rasanten Modernisierungsprozesses eigentlich sein dürfte. Die sich herauskristallisierende Forschungsfrage
lautete daher »Warum ist der Rechtsextremismus in Osteuropa so *schwach*?«[18] Diese
Frage war (2002) zumindest ungenau, da sie auf nicht viel mehr als der Kenntnis von
Wahlerfolgen extremer rechter Parteien beruhte und über Einstellungen und nicht-
parteiförmige Organisationen kaum etwas bekannt war.[19]

1.3. Fragestellung

Soziologische Forschung bedeutet, die Akteure im Blick zu behalten und zu fragen unter welchen Bedingungen rechte Einstellungen entstehen, welche weiteren Bedingungen vorliegen müssen, damit sich diese in Handlungen manifestieren und zuletzt welche Rückkopplungseffekte auf die Gesellschaft vorliegen. Ich halte die Untersuchung
der extremen Rechten in Transformationsländern für einen besonders geeigneten Untersuchungsgegenstand um theoretische Fortschritte auf dieser Ebene zu machen.

---

[14] Beichelt und Minkenberg 2002*b*: 248.
[15] Vergleich zu dieser Argumentation auch Minkenberg 1998: 53.
[16] Weichsel 2002: 614.
[17] Ebd.: 613.
[18] Mudde 2002: 626, Hervorhebung im Original
[19] In ihrer Replik weisen allerdings bereits Beichelt/Minkenberg darauf hin (2002*a*: 1061), dass
den geringen Wahlerfolgen ein beträchtliches Mobilisierungspotential gegenüber steht und die
Frage daher lauten müsste: »Warum kann das Potential von den rechtsradikalen Parteien nicht
ausgeschöpft werden?« (ebd.).

Denn die meiner Ansicht nach erfolgversprechendsten Erklärungsansätze – *autoritäre Sozialisation* (Adorno u. a., auch: Rokeach) und der *Einfluss von Krisenerfahrungen* (Scheuch, Oesterreich, Heitmeyer) – lassen sich am Beispiel der Transformationsländer besonders gut studieren. Die Menschen in den mittelosteuropäischen Gesellschaften haben sowohl die Erfahrung eines autoritär-repressiven Staates gemacht, als auch mit der Wendezeit und der sich anschließenden Transformationsperiode tiefgreifenden sozialen Wandel und gesamtgesellschaftliche Krisen durchlebt. Durch geeignete Untersuchungsdesigns dürfte es möglich sein, neue Erkenntnisse zu dem Einfluss von autoritären Strukturen und sozialem Wandel auf die Entstehung rechter Einstellungen zu gewinnen. Der Vergleich mit Nicht-Transformationsstaaten, also mit Ländern, in denen die Krisenerfahrungen sowie Erfahrungen eines autoritären Regimes nicht gemacht wurden, lässt Rückschlüsse auf die tatsächlichen Ursachen rechter Einstellungen zu. Diese Arbeit ist als ein Versuch in diese Richtung zu verstehen.

Den Untersuchungszeitraum stellen hierbei im Wesentlichen die 1990er Jahre dar. Ich vermute in diesem Zeitraum unmittelbar nach dem Systemwechsel den Einfluss von Modernisierungsprozessen besonders gut ausmachen zu können. In den 2000er Jahren dagegen hat sich die tschechische extreme Rechte bereits stark an westeuropäische Formen angenähert und ist daher vor dem Hintergrund der Fragestellung von geringerem Interesse. Um aber der aktuellen Brisanz des Themas Rechnung zu tragen, werden die neueren Entwicklungen im letzten Abschnitt des Buches gesondert behandelt.

Die modernisierungstheoretische Perspektive

Wie erwähnt wird in der Forschung häufig ein Zusammenhang zwischen zunehmenden rechten Einstellungen und schneller Modernisierung hergestellt. Die mittelosteuropäische Systemtransformation ist als spezifischer, zielgerichteter und äußerst schneller Modernisierungsprozess aufzufassen. Vor dem Hintergrund des Forschungsstandes muss das Erkenntnisinteresse darauf gerichtet sein, welcher Zusammenhang zwischen rechten Einstellungen und Systemtransformation besteht. Verschiedene Hypothesen wurden in diesem Zusammenhang bereits dargestellt: Der »Rechtsextremismus« müsse, so sind sich fast alle Autoren einig, in Mittelosteuropa stärker ausgeprägt sein als in Westeuropa. Außerdem wurde vermutet, dass aufgrund anderer Ursachen (diese seien im »Systemwechsel vom Staatssozialismus zu Demokratie und Marktwirtschaft« zu suchen)[20] »Rechtsextremismus« in Osteuropa ein Phänomen »sui generis« darstelle, »das mit den auf den westeuropäischen Rechtsextremismus gemünzten Theorien und Konzepten kaum erfasst werden« könne.[21] Zuletzt wird vermutet, dass die sogenannten »Modernisierungsverlierer« im besonderen zu Rechtsextremismus neigen.

Solche Aussagen bleiben so lange Hypothesen, wie keine empirischen Untersuchungen über Ausmaß, Spezifika und Ursachen des »osteuropäischen Rechtsextremismus« vorliegen. Dieses Buch soll dazu beitragen die Forschungslücke zu verkleinern. Mit der Untersuchung möchte ich an den dargestellten Forschungsstand anknüpfen und einen Beitrag durch die Diskussion grundlegender Fragestellungen leisten. Schwerpunkt ist dabei die Tschechische Republik, die aber immer in einen west- und mittelosteuropäischen Kontext gestellt wird. Damit soll einerseits der Bezug zum Transformationsprozess hergestellt werden, andererseits dürfen aber auch tschechische Spezifika nicht aus den Augen verloren werden.

Der eingenommenen modernisierungstheoretischen Perspektive kommt vor allem eine heuristische Funktion zu. Sie stellt einen bestimmten Blickwinkel dar, der strukturiert, welche Aspekte ich als wichtig erachte und welche eher vernachlässigt werden.[22] Scheuch und Klingemann definieren Modernisierung auf zwei Ebenen: »Auf der Ebene von Gesellschaftsstruktur heißt Modernisierung funktionale Differenzierung, verbunden mit der Rationalisierung und Autonomisierung von Teilsystemen; auf der Ebene des Individuums heißt Modernisierung Ich-Zentrierung, verbunden mit Statuserwerb und Rollenflexibilisierung«.[23] Über diesen Modernisierungsbegriff werde ich versuchen, mich dem Phänomen »Rechtsextremismus in Transformationsgesellschaften« zu nähern.

Auf der Ebene der Individuen sind die *Ursachen* von zunehmenden rechten Einstellungen auszumachen. Damit folge ich der verbreiteten Auffassung, dass Personen, die schnellen sozialen Wandel nicht adäquat verarbeiten können, zu rechten Einstellungen neigen. Ich richte den Blick auf die Transformation als rasant verlaufenden Modernisierungsprozess und stelle die Frage, welchen Einfluss der Modernisierungsprozess auf die Entstehung rechter Einstellungen hat. Modernisierung hat auf individueller Ebene Einfluss auf die Lebenswelt der Menschen und kann in bestimmten Situationen die Verbreitung rechter Einstellungen begünstigen. Dabei werde ich auch

---

[20] Stöss 2007: 179.
[21] Ebd.: 180.
[22] Vgl. Schimank 2007: 14.
[23] Scheuch 1967: 23.

der Frage nachgehen, ob es Sinn macht, rechts eingestellte Personen als »Modernisierungsverlierer« zu bezeichnen.

Wenn Modernisierung auf der Ebene der Gesellschaftsstruktur Ausdifferenzierung
und Autonomisierung von Teilsystemen bedeutet, so ist davon auszugehen, dass dieser
Prozess auch auf extreme rechte Organisationen zutrifft. Bezogen auf Organisationen
(Parteien, Subkultur) kann also im Transformationsverlauf ein Prozess der Ausdifferenzierung gesellschaftlicher Handlungslogiken betrachtet werden. Es ist zu untersuchen, welche Organisationen die im Modernisierungsprozess verunsicherten Individuen
bilden, wie sich diese zunächst unstrukturierten Organisationen weiter differenzieren
und welcher Begründungszusammenhänge und Ideologien sie sich bedienen. Wie dieser Prozess verläuft, muss vor dem Hintergrund landesspezifischer Bedingungen untersucht werden.

Teil I.

Theorien und Begriffe

2. Begriffsverwirrungen

»Rechtsradikalismus«, »Rechtsextremismus«, »Faschismus«, »(Neo)Nazismus«, »Rechtspopulismus«, »Autoritarismus«, »gruppenbezogene Menschenfeindlichkeit« – die Liste der Begriffe für sich ähnelnde Phänomene ließe sich beinahe beliebig erweitern. Dabei verstehen verschiedene Autoren unter demselben Begriff unterschiedliche Dinge. Nur selten sind die Begriffe dabei theoretisch ausgearbeitet, meist werden die für wichtig erachteten Merkmale in Listenform aneinandergereiht. Nachdem lange Zeit der Begriff »Rechtsradikalismus« bevorzugt wurde, hat sich nun weitestgehend der Begriff »Rechtsextremismus« durchgesetzt. Wenn dieser auch weitreichende Akzeptanz erfährt, bedeutet das nicht, dass eine einheitliche Auffassung besteht, was darunter zu verstehen ist.

2.1. Zur wissenschaftstheoretischen Kritik des »Extremismus«-Begriffs

In Tschechien dominiert die »Extremismustheorie« – weitaus stärker noch als in Deutschland – den wissenschaftlichen und politischen Diskurs. Dabei ist die Problematik des »Extremismus«-Begriffes kaum zu überschätzen.[1] Er folgt einer *eindimensionalen* Vorstellung, nach der eine demokratische, ›unproblematische‹ Mitte existiere, rechts und links davon finden sich die »Extreme«, die in Abgrenzung zur Mitte definiert werden. Definiert wird diese Mitte üblicherweise über die Verfassung, also in Deutschland über das *Grundgesetz* und in Tschechien über die Verfassung zusammen mit der *Charta der Grundrechte und Grundfreiheiten (Listina základních práv a svobod)*. Backes und Jesse definieren in diesem Deutungsmuster »Extremismus« als »Antithese des Verfassungsstaates«.[2]

---

[1] Vgl. dazu auch Narr 1980.
[2] Backes und Jesse 2005: 23.

Begriffsverwirrungen sind so vorprogrammiert. In der Logik der Extremismustheorie »wäre es zum Beispiel möglich, sich in patriarchalischen Gesellschaften zur Wehr setzende radikale Feministinnen mit in unabhängigen Nationalstaaten agierenden radikalen Antisemiten gleichzusetzen«.[3] Darüber hinaus sind auch Verfassungstexte wie das Grundgesetz nicht frei von Widersprüchen,[4] ihre Interpretation kann sich ändern und damit auch die Konstruktion von »Extremismen«. Die Extremismustheorie ist damit ein genuin politikwissenschaftlicher Ansatz, der als »normative Rahmentheorie«[5] Extremismen in Abgrenzung zu einer (wandelbaren) Soll-Vorstellung konstruiert. »Extremistisch« ist, was von dem abweicht, was zu einem bestimmten historischen Zeitpunkt als die ›normale Mitte‹ angesehen und damit oft im Sinne eines naturalistischen Fehlschlusses als das Richtige aufgefasst wird. Ändern sich die Normalitätsvorstellungen in der Gesellschaft, ändert sich auch die Definition der Extreme. Für den Verfassungsschutz mag der Begriff nützlich sein, für den Gebrauch im Sinne einer an Max Weber orientierten Sozialwissenschaft (und nur darum soll es hier gehen) ist der Extremismusbegriff ungeeignet. Ein als Idealtypus konstruierter Begriff »Rechtsextremismus« kann nicht in Abgrenzung zu einer sich wandelnden Normalität verstanden werden, vielmehr ist es notwendig, den wesentlichen Kern des Phänomens herauszuarbeiten, um so auch ähnliche Phänomene, die in unterschiedlichen Gesellschaften und zu historisch verschiedenen Zeitpunkten auftreten, vergleichen zu können. Eine Analyse, wie sie hier angestrebt wird, nimmt ja mit dem Systemwechsel und den darauf folgenden Jahren einen Zeitraum in den Blick, in dem nicht nur eine grundlegende Veränderung des politischen Systems stattgefunden hat, sondern auch *Normalitätsvorstellungen einem radikalen Wandel unterliegen.* Extremismus müsste daher 1989 anders definiert werden als 1999 und vermutlich sogar anders als 1993 etc. Für diese Untersuchung scheint der Begriff daher ungeeignet.

Da sich »Extremismen« über den (wie auch immer verstandenen) Abstand zur ›demokratischen Mitte‹ definieren, folgt aus dieser Vorstellung die bei Extremismusforschern gängige Gleichsetzung von Links- und Rechtsextremismus. Besonders plastisch wird diese Ansicht in der beliebten Darstellung in Form eines Hufeisens, bei dem sich die »extremen« Pole aufeinander zu bewegen.[6] Unterschiede im *Wesen* der beiden Ideologien können in dieser Logik gar nicht ausgemacht werden. Die Vorstellung

---

[3] Umland 2004*b*: 355.
[4] Gessenharter 2004: 34.
[5] Backes 1989.
[6] Vgl. ebd.: 252.

von der (nach rassistischen Kriterien geordneten) *Ungleichwertigkeit menschlichen Lebens* (vgl. Decker und Brähler 2006: 20), die von vielen Autoren als wesentliches Merkmal des »Rechtsextremismus« ausgemacht wird,[7] ist aber beispielsweise kein Merkmal linker (und »linksextremer«) Ideologie. Die Auffassung, dass Rechts- und Linksextremismus qualitativ unterschiedliche Phänomene darstellen, ist insbesondere in postkommunistischen Gesellschaften kaum zu vermitteln, zu präsent sind noch die Repressionen des real existierenden Sozialismus. So ist auch zu verstehen, warum sich die Extremismustheorie nach Backes und Jesse in Tschechien großer Beliebtheit erfreut. Die Existenz nicht zu verharmlosender sozialistischer Diktaturen darf aber nicht den Blick darauf trüben, dass sich die Motive von Personengruppen, die vom Verfassungsschutz üblicherweise als links- bzw. rechtsextrem bezeichnet werden, meist diametral unterscheiden.

Einen sozialwissenschaftlichen Wert darf man dem Extremismusbegriff dennoch nicht absprechen: In Gesellschaften, in denen eine dominante assoziative Verbindung von *extremistisch* gleich *schlecht* vorzufinden ist, wird über die Konstruktion dessen, was als extremistisch aufgefasst wird, erhebliche Deutungs- und Ordnungsmacht ausgeübt.[8] Die Einordnung eines Subjekts als »extremistisch« hat wesentlichen Einfluss darauf, über welchen Handlungsspielraum das Subjekt in der Gesellschaft verfügt. Für den Sozialwissenschaftler ist es schlicht eine (wichtige) empirische Frage, welche Phänomene und Akteure zu einem bestimmten Zeitpunkt mit dem Label »extremistisch« belegt werden.

Neben dieser theoretischen Kritik hat der Extremismusbegriff erhebliche Probleme, die empirische Wirklichkeit zu beschreiben. Er suggeriert, dass »Extremismus« nur bei »Extremisten« auftritt, die weit außerhalb der Gesellschaft stehen. Für antidemokratische und menschenfeindliche Einstellungen ›in der Mitte der Gesellschaft‹ ist in dieser Begriffswelt kein Platz. Fassen wir Rechtsextremismus handlungstheoretisch als (mehr oder weniger) handlungsleitendes Einstellungsmuster auf, so wurde inzwischen in einer Reihe von Studien nachgewiesen, dass Elemente eines rechtsextremen Weltbildes in der Bevölkerung breit gestreut sind[9] und sich nicht auf wenige »Extremisten« beschränken lassen. Auch diskursanalytisch konnte gezeigt werden,

---

[7] S. auch Jäger und Jäger 1999.
[8] Zur »ordnenden« Funktion der Konstruktion von Extremismen vgl. Buck, Kausch und Rodatz 2007, insb. S. 10ff.
[9] Vgl. Decker und Brähler 2006, Decker u. a. 2008, Heitmeyer *Deutsche Zustände* 1-8.

dass rechtsextreme Ideologeme im »Mainstream-Diskurs« weit verbreitet sind.[10] Ein Ergebnis dieser Studie wird sein, dass Elemente dieses Weltbildes in der tschechischen Bevölkerung breit gestreut sind und sich nicht auf irgendwelche extreme Gruppen beschränken lassen. Die Vorstellung einer Achse von rechts- bis linksextrem bleibt ein rein normativ-theoretisches Konstrukt, dass in der Empirie keine Entsprechung hat. Aus soziologischer Sicht stellt diese Situation ein ernstzunehmendes Problem dar. Es wird ein Überbegriff benötigt, der die verschiedenen Phänomene erfasst. Einerseits existiert ein breit anerkannter Begriff, andererseits ist dieser Begriff in seiner Verwendung problematisch, stark in der suggestiven Ausstrahlung und kann die empirische Wirklichkeit schlecht beschreiben. Sich der Problematik bewusste Autoren wie Decker/Brähler verwenden den Begriff trotzdem, da sie ihn als »alternativlos« ansehen.[11] Diesem Vorgehen möchte ich mich in dieser Arbeit nicht anschließen, selbst wenn ich mir bewusst bin, dass die Verwendung alternativer Begrifflichkeiten Aufwand, Schwierigkeiten und Kritik provozieren kann.

2.2. Der Griffin'sche generische Faschismusbegriff als Alternative?

Wesentliches Kennzeichen der Faschismusdefinition des britischen Ideenhistorikers Roger Griffin ist, dass Faschismus ausschließlich »*in terms of ideology*«[12] definiert wird. Die Definition bezieht sich damit nicht auf Ursachen (wie beispielsweise Autoritarismus), organisatorische oder sozialstrukturelle Merkmale und trifft keine Aussagen darüber, *wo* faschistische Semantiken zu finden sind. Während die in Deutschland und Tschechien dominante Extremismustheorie Ideologien nach ihrer *Radikalität* unterscheidet, setzt der Faschismus-Begriff am *Gehalt* der Ideologien an.[13] In Deutschland ist Griffin bisher wenig, in Tschechien meines Wissens gar nicht rezipiert worden. Im angelsächsischen Raum dagegen wurde die Griffin'sche Interpretation teils »enthusiastisch«[14] aufgenommen, einige seiner Artikel sind zu Standardwerken avanciert.[15]

Roger Griffin definiert ein »fascist minimum«,[16] also ein notwendiges Minimum

---

[10] Jaeger 1998.
[11] Decker und Brähler 2006: 12.
[12] Griffin 2004*b*: 291.
[13] Umland 2004*b*: 355.
[14] Ebd.: 355.
[15] Umland 2004*a*: 418.
[16] Griffin 2004*b*: 290.

dessen, was ausgemacht werden muss, um von faschistischer Ideologie sprechen zu können. Damit will er zeigen, dass die verschiedensten faschistischen Ideologien über den selben »strukturellen Kern«[17] verfügen. Dieses Minimum möchte er als Weber'schen Idealtypus verstanden sehen und definiert es als »palingenetischen Ultranationalismus«. »*Fascism is a political ideology whose mythic core in its various permutations is a palingenetic form of populist ultra-nationalism*«.[18] Wie kann diese zunächst kryptisch anmutende Definition verstanden werden?

Faschismus ist zunächst eine Form des *Ultranationalismus*, den Griffin als eine radikal anti-liberale nationalistische Haltung[19] auffasst. Im Unterschied zu liberalen Nationalismustheorien haben universalistische Werte wie Gleichheit und Menschenrechte in illiberalen Nationalismustheorien keinen Platz. Diese Spielart des Nationalismus lässt sich am besten anhand der Vorstellung der Nation als »lebendem Organismus« verdeutlichen.

> *In this conception all human existences are held to be shaped decisively by their relationship to this unique cultural life form which has slowly grown up in the seebed of history. The nation precedes and will survive the »mere« individual (the focal point of liberal values), so that to live life in such a way as to nourish it is the highest, indeed the only, source of value.*[20]

Die Nation wäre demnach eine natürliche, organische und homogene Gemeinschaft. Aus der Homogenitätsvorstellung folgt, dass unterschiedliche Interessen innerhalb des »Volkskörpers« keinen Platz haben. Es steht nicht nur das »Volksinteresse« über dem des Individuums, es wird schlicht die Konflikthaftigkeit von Gesellschaft geleugnet (weshalb auch diese Form des Nationalismus mit einer parlamentarischen Demokratie unvereinbar ist). Kommt es dennoch zu Konflikten, ist es Aufgabe der Eliten, Homogenität herzustellen. An dieser Stelle wird die Nähe zu rassistischen, antisemitischen, antiziganistischen und anderen »Ideologien der Ungleichwertigkeit«[21] deutlich.

> *A direct corollary of this view is that ultra-nationalism also feeds, and feeds on, various types of racism and xenophobia (e.g. antisemitism, hatred of gypsies, foreigners, ethnic minorities etc.), and fosters conspiracy theories about how certain groups (e.g. communists, liberals, feminists) are »undermining« society.*[22]

---

[17] Griffin 2005: 26.
[18] Griffin 2004*b*: 291.
[19] Griffin 1996*b*: 13.
[20] Griffin 1996*a*: S. 157f.
[21] Vgl. Wilhelm Heitmeyer, Hrsg. *Deutsche Zustände*. Bd. 1-8. Frankfurt am Main: Suhrkamp, passim.
[22] Griffin 1996*a*: S. 158.

Ultranationalismus ist noch keine hinreichende Bedingung dafür, dass von Faschismus gesprochen werden kann. Faschistisch wird Ultranationalismus erst dann, wenn er eine »palingenetische« Form annimmt. *Palingenese* bedeutet hier soviel wie Neugeburt, womit die *Neugeburt* der Nation in einer nachliberalen politischen Ordnung gemeint ist. Dem liegt die kulturpessimistische Vorstellung zugrunde, dass sich die Nation in einer tiefen Krise befindet. Sie ist in einer Phase der Dekadenz und Korruption,[23] wird von Schmutz und Fäulnis, inneren und äußeren Feinden bedroht. Der konnotierte Kulturpessimismus führt aber in der faschistischen Variante nicht in die Verzweiflung, sondern wird als »Ankündigung einer neuen Morgendämmerung«[24] verstanden. In der Phase des Verfalls und Niedergangs liegt der Keim »der bevorstehenden *Neugeburt* der Nation in einer nachliberalen politischen Ordnung und einer regenerierten abgeschlossenen Kultur«.[25]

> *The adjective »palingenetic« first acquires a definitional function when it is combined with the historically quite recent and culture-specific phenomenon of »nationalism«, and only when this takes a radically anti-liberal stance to become ultra-nationalism. Fascism thus emerges when populist ultra-nationalism combines with the myth of a radical crusade against decadence and for renewal in every sphere of national life. The result is an ideology which operates as a mythic force celebrating the unity and sovereignty of the whole people in a specifically anti-liberal, and anti-Marxist sense.[26]*

Während das totalitäre, nicht-faschistische Regime die Massen der Kontrolle wegen kontrolliert, strebt das faschistische Regime als Ziel an, dass sich die Massen als integraler Bestandteil der Nation fühlen um diese zu ihrem – individuellen Interessen übergeordneten – höheren Ziel zu führen.[27] Der extreme Nachdruck, der darauf liegt, die Nation zu Höherem zu führen, bewirkt, dass nicht alle Teil des Projektes sein können. Wer nicht in die Uniformitätsvorstellungen passt und von dem Weltbild der Faschisten abweicht wird zum inneren Feind, der das Aufwärtsstreben der Nation behindert. Ultimatives Ziel ist die Schaffung eines »post-liberalen« und »anti-marxistischen« »New Man«,[28] »whose private existence would be totally subsumed within the higher organism of the national community«.[29] Der Ausschluss von Menschen, die nicht in den »Volkskörper« passen, muss dabei nicht zwangsläufig nach

---

[23] Griffin 2005: 28.
[24] Ebd.: 28.
[25] ebd.: 28, Hervorhebung d. Verf.
[26] Griffin 1996*b*: 13.
[27] Ebd.: 17.
[28] Ebd.: 16.
[29] Ebd.: 22.

rassistischen, sondern kann auch nach kulturellen oder anderen Kriterien erfolgen.[30] Damit wird der Sprengstoff deutlich, der in einer solchen Kombination von der Auffassung der Nation als organischem »Volkskörper« und dem Glauben an eine baldige Neugeburt in einer regenerierten, homogenen Volksgemeinschaft liegt. In der politischen Massenbewegung kann er »revolutionäre Energien zur Säuberung der Gesellschaft von ihrer inneren Dekadenz und Korruption durch systematische Verfolgung und Massenmord entfalten«.[31] Dabei haben sog. »ethnische« und andere »Säuberungsaktionen« im Sinne der Täter einen durchaus »konstruktiven« Zug: Es geht ja um die »Reinigung« der bestehenden und die Überführung in eine neue Art von (Volks-)Gemeinschaft. Griffin illustriert diese Vorstellung an Hand der Beschreibung eines Mitarbeiters des Roten Kreuzes, der 1944 die Konzentrationslager besichtigte und den Antrieb der Lagerleiter folgendermaßen charakterisierte:

> These people were proud of their work. They were convinced of being engaged in an act of purification. They called Auschwitz the anus of Europe. Europe had to be cleansed. They were responsible for the purification of Europe. If you cannot get your head round that you will understand nothing at all.[32]

Der Faschismus-Begriff Griffins ist damit insofern generisch, als dass er lediglich das sehr allgemein gehaltene »faschistische Minimum« definiert, ohne dass dabei auf verschiedene Unterarten des Faschismus eingegangen werden muss. Faschismus ist als Oberbegriff für verschiedene faschistische Phänomene aufzufassen, so ist beispielsweise der deutsche Nazismus *eine* Spielart des Faschismus. »Nutzt man den ›Griffin‹-Idealtypus, lässt sich zeigen, dass die verschiedenen Formen der Nazi-Ideologie denselben strukturellen Kern haben wie der italienische Faschismus, die British Union of Fascists, die rumänische Eiserne Garde«[33] – oder die tschechische Arbeiterpartei *(Dělnická strana)*. Genau diese Taxonomie ist es, die den Faschismus-Begriff Griffins für die Sozialwissenschaften so brauchbar macht. Im Unterschied zum zuvor diskutierten Extremismusbegriff können mit Hilfe des Griffin'schen Idealtypus verschiedene Phänomene in verschiedenen Regionen und zu verschiedenen historischen Zeitpunkten verglichen werden. Die Aufgabe des Forschers ist es damit, unterschiedliche empirisch beobachtete Phänomene als faschistisch zu bestimmen und dann zu fragen, *warum*

---

[30] Ebd.: 17. Zum Begriff des Ethnopluralismus, der Ausschluss nicht über rassistische sondern kulturalistische Kriterien konstruiert, s. unten, Kapitel 9.5.
[31] Griffin 2005: 28.
[32] Griffin 2004b: 292.
[33] Griffin 2005: 26.

der Faschismus in einer bestimmten gesellschaftlichen Situation diese *spezifische Form* (Organisationsstruktur, Ideologie) angenommen hat. Eine (mittelfristig nicht zu erwartende) allgemeine Faschismus-Theorie würde Aussagen darüber treffen, welche Bedingungen die Entstehung faschistischer Ideologie *begünstigen* und unter welchen Bedingungen der Faschismus *welche Formen* annimmt.

Zur Kritik des Griffin'schen Faschismusbegriffs

Die Kritik des dargelegten Faschismusbegriffs lässt sich zusammenfassend auf zwei wesentliche Aspekte reduzieren. Zum einen wird kritisiert, dass Griffin den Gehalt faschistischer Ideologie nicht korrekt bestimmt habe. So versuchen beispielsweise Klaus Holz und Jan Weyand den Begriff empirisch zu widerlegen, indem sie zeigen, dass ein nicht-faschistischer Autor entsprechend der Griffin'schen Definition als faschistisch zu klassifizieren wäre.[34] Ein solches Vorgehen muss allerdings ins Leere laufen, da sich idealtypische sozialwissenschaftliche Begriffe nicht empirisch falsifizieren lassen und stattdessen an ihrer Brauchbarkeit gemessen werden müssen. Bei dem Gehalt faschistischer Ideologie setzt auch Wolfgang Wippermann an. Er hält es für nicht vertretbar, den »Kern« des Faschismus auf »palingenetischen Ultranationalismus« zu reduzieren. Damit ließen sich verschiedene wichtige Phänomene wie biologischer Rassismus, Antisemitismus aber auch Antikommunismus, Antiliberalismus etc. nicht fassen, da diese zwar oft, aber nicht zwingend über die Nation begründet seien.[35]

Die zweite grundlegende Kritik richtet sich auf die Frage, ob es möglich ist, Faschismus als komplexes Phänomen zu verstehen, wenn nur die Ebene der Ideologie, nicht aber die Ebene institutioneller oder organisatorischer Strukturen in die Begriffsbildung einfließt.[36] Nach Griffin ist die Ideologie des Faschismus sehr stabil, während die Organisationsstrukturen, derer sich faschistischer Akteure bedienen, hochgradig anpassungsfähig sind[37] (s. hierzu oben, Kapitel 10.1). Vor diesem Hintergrund kann die Organisationsstruktur kein Definitionsmerkmal des Faschismus sein. Dem widersprechen beispielsweise Holz und Weyand, die die Ansicht vertreten, dass

---

[34] Holz und Weyand 2004*b*.

[35] Wippermann 2004*a*, Wippermann 2004*b*. Eine ausführliche Besprechung dieser Problematik ist hier nicht in Ansätzen möglich. Stattdessen sei auf die intensive Diskussion des Griffin'schen Faschismusbegriffs verwiesen, die 2004 in der Erwägen – Wissen – Ethik geführt wurde (Griffin 2004*b*).

[36] Zur Kritik eines auf ideologische Elemente reduzierten Faschismus-Begriffs s. auch Bach und Breuer 2010, v.a. S. 81ff.

[37] Griffin 2004*a*: 364.

sozialwissenschaftliche Begriffe immer Semantik *und* Gesellschaftsstruktur berücksichtigen sollten.[38] Auch die Kritik von Sven Reichardt geht in diese Richtung. Für ihn gehören »Gewalt und Zwang [...] zu den zentralen Definitionsmerkmalen des Faschismus«.[39] Er präferiert daher einen handlungstheoretischen Faschismusbegriff, der den »Selbstdeutungen und Praktiken der Faschisten deutlich größeres Gewicht« zuweist und Faschismus »anhand seiner politischen Aktionen, des politischen Stils und seiner Organisationspraxis definiert«.[40] Die Überlegungen Reichardts sollten ernst genommen werden. Mit der Fertigstellung dieses Buches wurden einige Probleme deutlich, die insbesondere den Zusammenhang von Einstellungen und dem Erfolg extremer rechter Gruppierungen in der Tschechischen Republik betreffen (vgl. Nachwort). Möglicherweise ließen sich mit der Verwendung eines stärker an der politischen Praxis orientierten Faschismusbegriffs einige der hier aufgetretenen Probleme lösen.

2.3. Zur Verwendung der Begrifflichkeiten

Aufgrund der klaren inhaltlichen Bestimmtheit des Faschismus-Begriffs kann Faschismus nicht einfach anhand einiger ›Listenpunkte‹ wie Antiziganismus, Antisemitismus etc. identifiziert werden. Der tschechische Antiziganismus beispielsweise kann, muss aber nicht faschistische Formen annehmen. Ob er das tut, entscheidet sich erst in seinem Kontext. Erst wenn die Roma/Zigeuner als »Sündenböcke« gesehen werden, die die Schuld an der unzureichenden Verwirklichung der homogenen tschechischen »Volksgemeinschaft« tragen und daraus der Schluss gezogen wird, dass Tschechien von den »schmutzigen Zigeunern gereinigt« werden müsse um das Land in eine neue Zukunft zu führen, kann von faschistischer Ideologie gesprochen werden. Die Analyse der Diskussion in einer Facebook-Gruppe mit dem Titel »Für 1 Fan... 1 Zigeuner weniger! Lasst uns Tschechien reinigen!« ließ beispielsweise den Schluss zu, dass der Antiziganismus in diesem Kontext faschistische Züge angenommen hatte. Um faschistische Semantiken aufzudecken, sind daher qualitative Methoden notwendig, über Diskursanalysen oder qualitative Interviews lassen sich diese rekonstruieren. Ein quantitatives Erhebungsinstrument dagegen müsste erst geschaffen werden.

Somit kann und soll der Griffin'sche Faschismusbegriff hier nicht als Äquivalent zum meist uneindeutig verwendeten Extremismus-Begriff genutzt werden. Die Grif-

---

[38] Holz und Weyand 2004a.
[39] Reichardt 2007: 17.
[40] Ebd.: 21.

fin'sche Taxonomie dient dazu, faschistische Semantik auszumachen und zu untersuchen, ob und wie sie bei verschiedenen Akteuren zu finden ist. Da der Faschismusbegriff inhaltlich definiert ist, verbietet es sich, Organisationen ohne genaue Überprüfung als faschistisch zu bezeichnen. Das Faschismus-Konzept Griffin's findet als Analyseinstrument Verwendung, darf aber keinesfalls als Begriffsalternative zu »Rechtsextremismus« verstanden werden.

Einen großen Teil der Arbeit macht die Untersuchung von Einstellungen aus, die über einen Index operationalisiert werden, der das zusammengefasste Ausmaß antisemitischer, antiziganistischer, ausländerfeindlicher etc. Einstellungen misst.[41] Der Begriff Faschismus kann hier keine Verwendung finden, da die additive Zusammensetzung dieser Einstellungen noch keinen Faschismus ausmacht. Damit besteht weiterhin die Notwendigkeit nach einem Oberbegriff, der verschiedene »Ideologien der Ungleichwertigkeit« zusammenfassend kennzeichnet. Ich werde daher in diesem Zusammenhang von rechten Einstellungen sprechen. Damit wird die Vorstellung einer rechts-links-Achse beibehalten, der Fokus jedoch auf den Inhalt (rechts) und nicht den Abstand (extrem) gelegt. Beim Schreiben dieses Buches zeigte sich, dass auch ein Überbegriff für üblicherweise als »rechtsextrem« bezeichnete Organisationen gelegentlich unvermeidbar ist. Der Logik des Begriffs rechte Einstellungen folgend spreche ich in diesen Fällen von der extremen Rechten. Diese Lösung ist keineswegs optimal, mag man doch den Unterschied zwischen Rechtsextremen und extremen Rechten als linguistische Haarspalterei abtun. Dennoch liegt die Betonung auf dem Substantiv Rechte und damit auf dem Wesensmerkmal der politischen Strömung und nicht auf extrem, dem Abstand.

Aber auch der Begriff »Rechtsextremismus« wird Verwendung finden. Ich verwende ihn dann und in Anführungszeichen, wenn ich darauf hinweisen will, dass ein Akteur in der tschechischen Gesellschaft als rechtsextrem angesehen wird. Es ist schlicht ein nicht zu vernachlässigender Tatbestand, wenn ein Akteur allgemein als rechtsextrem kategorisiert wird, dem in der soziologischen Analyse Rechnung getragen werden muss.

Zuletzt werde ich an Stellen, an denen ich die Positionen anderer Autoren referiere, deren Begrifflichkeit verwenden.

---

[41] S. unten, Kapitel 4.

3. Theoretische Erklärungsansätze

Die Probleme bei der Darstellung und dem Vergleich von Theorien gehen einher mit dem Problem, den Gegenstand mit einheitlichen Begrifflichkeiten zu fassen. In beinah jeder Theorie wird der Untersuchungsgegenstand anders benannt[1] und anders definiert: als Handlung (Wahlentscheidung, Gewalt etc.), Einstellung oder beides. Es stellt sich damit die Frage ob ein Vergleich der Theorien überhaupt möglich ist: Wenn (wie die verschiedenen Begriffe suggerieren) das *Explanandum* jeweils ein anderes ist, macht es wenig Sinn, die Ursachen miteinander zu vergleichen. Ich beantworte die Frage dennoch mit ja, da ich keine der Theorien für elaboriert genug halte, als dass aus ihr deduktiv genau ein Begriff abgeleitet werden könnte. Definitionen sollten Teil einer empirisch gehaltvollen Theorie sein.[2] Es sollte also aus der Anlage von Theorie A heraus ersichtlich sein, warum unter den in der Theorie formulierten Bedingungen das Phänomen B, nicht aber das Phänomen C auftritt. Auf diesen Stand der sozialwissenschaftlichen Theoriebildung ist die Erforschung von »Rechtsextremismus« bisher nicht gekommen. Es ist, um ein Beispiel zu nennen, nicht klar, warum die von Heitmeyer analysierten Krisen zu *Gruppenbezogener Menschenfeindlichkeit*, nicht aber zu *Faschismus* führen sollten. Winkler weist nachdrücklich auf den problematischen Stand der Theoriebildung hin. »Eine kritische Überprüfung des Schrifttums zeigt, wie schmal die empirische Basis und wie inkonsistent zahlreiche Aussagensysteme sind, auf die viele Autoren ihre Schlussfolgerungen gründen. Eine stärkere Grundlagenforschung ist daher dringend geboten«.[3] Zu kritisieren sind darüber hinaus die wenig exakten Fragestellungen vieler Autoren. Winkler weist berechtigt darauf hin, dass die Frage »warum entsteht Rechtsextremismus?« keine klare Bedeutung hat. »Diese er-

---

[1] S. oben, Kapitel 2.
[2] Ich beziehe mich dabei auf Überlegungen zur Begriffsbildung in den Sozialwissenschaften, wie sie von Karl-Dieter Opp dargelegt wurden (Opp 1978: 17).
[3] Winkler 2001: 61.

hält sie erst, wenn angegeben wird, welche Aspekte des fraglichen Phänomens erklärt werden sollen. Denn tatsächlich verlangt die Frage: ›Warum bildet sich in einer Personengruppe rechtsextreme Einstellungen heraus?‹ eine andere Antwort als die Frage: ›Warum unterstützen Wähler rechtsextreme Parteien?‹«.[4] Selbst eine Theorie, die die Anzahl von Gewalttaten erklären will muss anders konstruiert sein, als eine Theorie zur Erklärung der Wahlerfolge der NPD in Sachsen. Eine empirische Studie von Andreas Klärner legt die Vermutung nahe, dass es vielmehr einen *trade-off* zwischen der Gewaltbereitschaft rechtsextremer Subkulturen und den Wahlerfolgen rechtsextremer Parteien gibt.[5]

3.1. Ein strukturierendes Modell

Ein allgemeines Makro-Mikro-Makro Modell zur Erklärung von »Rechtsradikalismus in westlichen Industriegesellschaften« wurde bereits 1967 von Erwin Scheuch und Hans-Jürgen Klingemann vorgelegt.[6] Bezeichnend für die Forschungsdisziplin ist leider, dass dieses Modell bisher kaum weiter entwickelt wurde. In Abbildung 3.1 ist das Modell grafisch dargestellt, allerdings nicht in der ursprünglichen Version sondern in einer Rekonstruktion in Form einer »Colemanschen Badewanne« nach Jürgen Falter und Kai Arzheimer.[7] Entsprechend des Modells ist *schneller sozialer Wandel* die Ursache der Entstehung von Rechtsradikalismus.[8] Die Folgen des sozialen Wandels müssen von den Individuen verarbeitet werden, was zu Rigidität und rechtsradikalen Einstellungen führen kann. Scheuch/Klingemann weisen dabei ausführlich darauf hin, dass es sich um ein sehr allgemeines Modell handelt und dass an der Stelle, an der die »Wahrnehmung normativer Widersprüche und Unsicherheiten« angeführt wird, andere Theorien, die Mechanismen auf der Mikroebene ausführen, integriert werden könnten.[9] Auf die Frage, welche Mechanismen zur Ausbildung rechter Einstellungen führen, werde ich ausführlich zurück kommen. Während sich Scheuch/Klingemann auf die Untersuchung von Wahlerfolgen rechtsradikaler Parteien beschränken, kann

---

[4] Winkler 2001: 49.
[5] Klärner 2008.
[6] Scheuch 1967.
[7] Falter und Arzheimer 2002. Ich verzichte an dieser Stelle auf eine umfassende Darstellung des Ansatzes und beschränke mich auf allgemeine Aspekte. Auf die für meine Fragestellung relevanten Überlegungen der Autoren komme ich an geeigneter Stelle zurück.
[8] Mit dem Begriff »Rechtsradikalismus« übernehme ich (wie an anderen Stellen auch) die Begriffswahl der referierten Autoren.
[9] Zu nennen wäre hier beispielsweise die Theorie der autoritären Persönlichkeit (Adorno u. a. 1959).

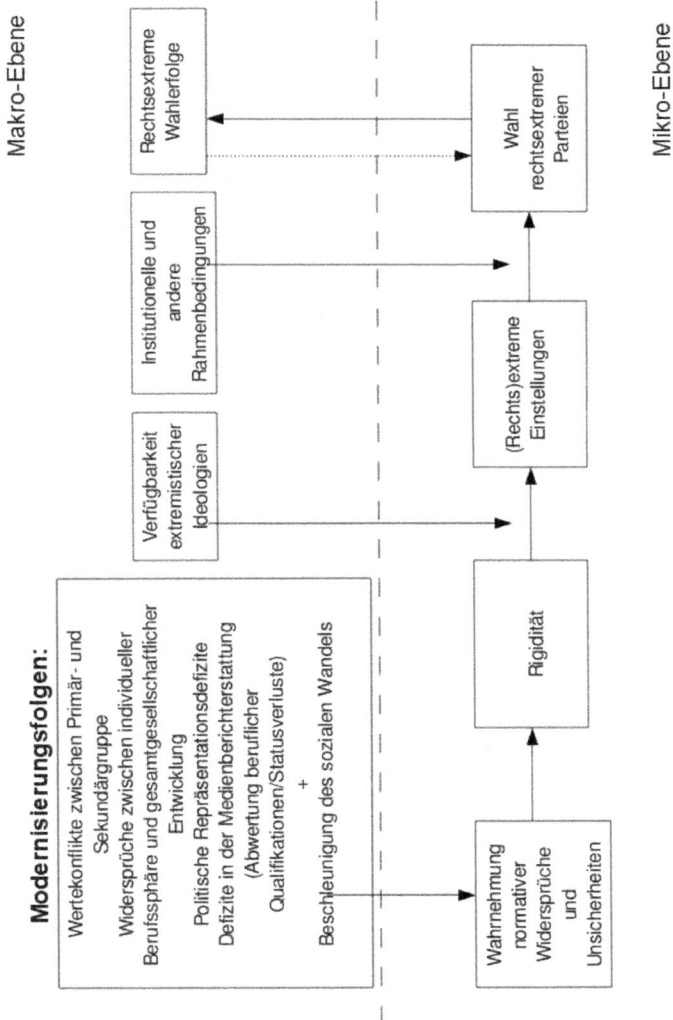

Abb. 3.1.: Mehr-Ebenen-Modell der Wahl extremer rechter Parteien (Quelle: Falter 2002, S. 91)

das Modell erweitert werden, indem weitere, als rechtsradikal zu bezeichnenden Handlungen (Mitgliedschaft in »freien Kameradschaften«, Gewalt gegen Ausländer etc.) integriert werden.

Seit Mancur Olsons »Logik des kollektiven Handelns«[10] wissen wir, dass sich Interessen nicht zwangsläufig in Interessensgruppen organisieren. Vielmehr lassen sich verschiedene Interessen unter verschiedenen Bedingungen verschieden gut organisieren. Gleiches trifft auf rechte Einstellungen zu: Das Vorhandensein rechter Einstellungen *muss* nicht bedeuten, dass diese durch extreme rechte Gruppierungen repräsentiert werden. Die von vielen Autoren praktizierte definitorische Vermischung von Einstellungen und Handlungen wird dieser Tatsache nicht gerecht. Nur durch eine klare begriffliche Trennung lässt sich systematisch untersuchen, unter welchen Bedingungen rechte Einstellungen entstehen, unter welchen weiteren Bedingungen sie sich in extremen rechten Organisationen manifestieren und zuletzt, welche Rückwirkungen die Aktivitäten der Organisationen auf die Einstellungen haben.

Das auf dem »dualen Rechtsextremismusbegriff«[11] basierende Erklärungsmodell von Scheuch/Klingemann leistet genau das: Einstellungen sind Handlungen vorgelagert und rechtsradikal eingestellte Personen wählen nur unter bestimmten institutionellen Rahmenbedingungen rechtsradikale Parteien.

Damit nehmen Scheuch/Klingemann eine Arbeitsteilung vorweg, wie sie in der Forschungspraxis zunehmend anzutreffen ist. Die auf der linken Seite des Modells zu findende Makro-Mikro-Beziehung trifft Aussagen über die *Ursachen der Entstehung rechtsradikaler Einstellungen*. Theorien wie die der »autoritären Persönlichkeit« und Theorien die das Entstehen faschistischer Ideologien auf das Auftreten von gesellschaftlichen Krisen zurückführen, lassen sich hier einordnen. Auf der rechten Seite des Modells findet sich die Mikro-Mikro-Makro-Beziehung: Rechtsradikal eingestellte Personen handeln *unter bestimmten Umständen* rechtsradikal (Wahl, Mitgliedschaft, Gewalt etc.) und fördern damit den Erfolg einer rechtsradikalen Organisation (Partei, »Freie Kameradschaft«, etc.). Zur Untersuchung des Zusammenhangs von Einstellungen und Wahlerfolgen bietet sich der Rückgriff auf Methoden der sozialwissenschaftlichen *Wahlforschung* an,[12] zur Erklärung der (Miss)Erfolge faschistischer Subkulturen werden zunehmend Anleihen bei der sozialen Bewegungsforschung gemacht.[13] Ent-

---

[10] Olson 1971.
[11] Butterwegge 2002. S. hier auch zur Kritik der in dieser Arbeit präferierten Begriffsverwendung.
[12] Um nur einige Standardwerke zu nennen: Falter und Schoen 2005, Pappi und Shikano 2007.
[13] So beispielsweise Klärner 2008, Hellmann und Koopmans 1998.

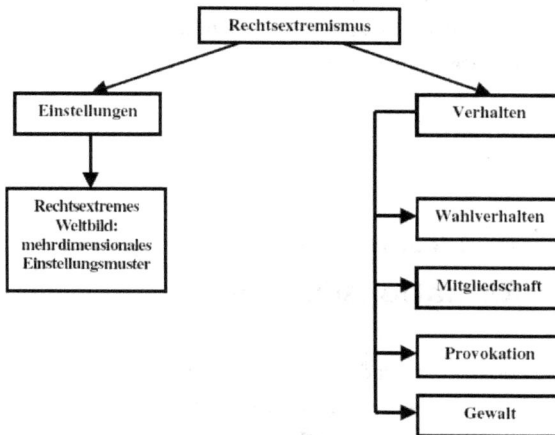

Abb. 3.2.: Unterscheidung extremer rechter Einstellungen und Handlungen (Quelle: Decker 2006, S. 13)

sprechend der in diesem Forschungszweig verwendeten Begrifflichkeiten lassen sich die Bedingungen, die den Erfolg extremer rechter Organisationen begünstigen als *Gelegenheitsstrukturen*[14] bezeichnen. Allen Ansätzen auf der rechten Seite des Modells ist gemeinsam, dass sie die Entstehung der Ideologie nicht ursächlich erklären können, sondern Aussagen darüber treffen, unter welchen Bedingungen sich latent vorhandene Ideologien in Handlungen manifestieren. Der Zusammenhang zwischen Einstellungen und Handlungen ist dabei der einer notwendigen, aber nicht hinreichenden Bedingung. Die Wahl einer faschistischen Partei erfordert Affinität zur faschistischen Ideologie aber nicht alle faschistisch eingestellten Personen wählen eine faschistische Partei.[15] Nur so lässt sich verstehen, dass Einstellungsmuster in der Bevölkerung relativ stabil sind, während das Auftreten von ideologisch motivierter Gewalt und die Wahlerfolge faschistischer Parteien starken Schwankungen unterworfen sind.[16] Die Gelegenheitsstrukturen sind dabei für verschiedene Arten von Handlungen unterschiedlich. Während der Erfolg faschistischer Parteien beispielsweise vom Wahlsystem, dem Verhalten der

---

[14] Der Begriff der Gelegenheitsstrukturen geht auf Eisinger zurück. Dieser definiert Gelegenheitsstrukturen als »a function of the degree to which groups are likely to be able to gain access to power and to manipulate the political system« (Eisinger 1973: 25, zitiert nach Rucht 1998).

[15] Vgl. Stöss 2007: 57.

[16] Scheuch 1967.

etablierten Parteien etc. abhängt, können Gelegenheitsstrukturen für das Auftreten faschistischer Gewalt und den Zulauf zu subkulturellen Bewegungen durch das Verhalten zivilgesellschaftlicher Akteure, der »Antifa« und den Grad polizeilicher Repressionen beeinflusst werden.

3.2. Erklärung rechter Einstellungen in Transformationsländern

In diesem Kapitel sollen existierende Theorien zur Entstehung rechter Einstellungen dargestellt, verglichen und ihre Eignung zur Erklärung des Phänomens in Transformationsländern untersucht werden. Es existieren eine Reihe konkurrierender, sich aber nicht gegenseitig ausschließender Theorien, die zur Erklärung rechter Einstellungen in Transformationsprozessen herangezogen werden können. Alle im folgenden dargestellten Theorien lassen den Schluss zu, dass rechte Einstellungen in Transformationsstaaten weiter verbreitet sein müssen als in Westeuropa.

Die folgende Klassifikation von Erklärungsansätzen orientiert sich an einer Darstellung von Jürgen Winkler.[17] In Anlehnung daran werde ich vier Gruppen von Theorien darstellen, außerdem werde ich die im Zusammenhang mit »Rechtsextremismus/-radikalismus in Osteuropa« häufig zitierte »Modernisierungsverliererhypothese« untersuchen und theoretisch einordnen. Dabei muss noch einmal darauf hingewiesen werden, dass die im folgenden dargestellten Ansätze als Theorien interpretiert werden, die die Entstehung rechter Einstellungen erklären wollen, die also auf der linken Seite des Erklärungsmodells nach Scheuch/Klingemann (vgl. Abb. 3.1) eingeordnet werden müssen. Diese Annahme wird, wie bereits angedeutet, den Ansätzen nicht in jedem Fall gerecht, da viele Autoren keine Trennung zwischen Einstellungen und Handlungen machen und – wie beispielsweise Lipset[18] – die Einstellungsebene überspringen und direkt den Erfolg von Parteien erklären wollen. Aufgrund der obigen Überlegungen halte ich es aber für gerechtfertigt, die Ansätze in der dargestellten Weise zu interpretieren.

---

[17] Winkler 2001.
[18] Lipset 1964, Lipset 1984.

3.2.1. Ungleichgewichtszustände und Unzufriedenheit

Ansätze in dieser Tradition richten die Aufmerksamkeit auf die soziale und wirtschaftliche Stellung bzw. wahrgenommene Position von Gruppen, Klassen oder Individuen innerhalb der Sozialstruktur. Dabei wird angenommen, dass Gruppen, die mit ihrer Stellung innerhalb der Gesellschaft unzufrieden sind bzw. diese gefährdet sehen, zu rechten Einstellungen neigen. Damit lässt sich ein Zusammenhang zwischen der Position von Gruppen innerhalb der Gesellschaft und der Anfälligkeit zu rechten Einstellungen herstellen.»Im Mittelpunkt stehen eine Vielzahl von hypothetischen Konstrukten, die zur Erklärung zahlreicher Aspekte von Rechtsextremismus verwandt werden. Als besonders einflussreich hat sich die Vorstellung von Hofstadter und Lipset gezeigt: Personen, die ihren Status in Gefahr sehen, neigten dazu, rechtsextreme Bewegungen zu unterstützen«[19] Lipset sieht daher die in der Weimarer Republik abstiegsbedrohte Mittelklasse als wesentlichen Träger des deutschen Faschismus. Seine zentrale These lautet, dass der Faschismus eine »als Extremismus der Mitte zu klassifizierende Bewegung der Mittelklasse« sei.[20] Demnach wurde Hitler im Wesentlichen von der in der Weltwirtschaftskrise abstiegsbedrohten Mittelschicht unterstützt.[21] Die These Lipsets wurde so breit rezipiert, dass von einem »Chor der Mittelschichtentheoretiker«[22] gesprochen wurde. Ralf Dahrendorf stellt fest, dass die »Zerstörung der deutschen Demokratie [...] also ein Werk des Mittelstandes« war.[23] In den achtziger Jahren verlagert sich die Diskussion um Lipsets Theorie auf die wahlsoziologischen Implikationen und empirische Überprüfungen der These, dass die NSDAP im besonderen von Vertretern des Mittelstandes unterstützt wurde.[24] Hierzu wurden eine Reihe wahlsoziologischer Untersuchungen durchgeführt, die elaborierteste Studie mit dem Titel

---

[19] Winkler 2001 mit bezug auf Hofstadter 1964, Lipset 1964, Lipset 1984.

[20] Kraushaar 1994: 35.

[21] Auf eine ausführliche Darstellung des Ansatzes wurde an dieser Stelle aus Platzgründen verzichtet. Die wesentliche Überlegung Lipsets bezieht sich darauf, dass es »in jeder größeren sozialen Schicht sowohl demokratische als auch extremistische politische Tendenzen« (Lipset 1984: 449) gibt, die zur Diktatur neigen. Die »Extremismen« der drei Schichten sind damit im Wesentlichen durch ihr undemokratisches Element gekennzeichnet. Der typisches Extremismus der Linken ist laut Lipset der Kommunismus, die politische Rechte neigt in ihrer extremen Variante zum klassischen Autoritarismus und die politische Mitte – hier liegt das eigentliche Erkenntnisinteresse Lipsets – neigt zum Faschismus. In dieser Argumentation ist für Mechanismen auf der Mikroebene wenig Platz.

[22] Jürgen W. Falter, zitiert nach Kraushaar 1994: 29.

[23] Dahrendorf 1961: 267.

[24] Kraushaar 1994: 45.

»Hitlers Wähler« stammt von Jürgen W. Falter.[25] Die Ergebnisse Falters lassen den Schluss zu, dass die These Lipsets zumindestens stark relativiert werden muss.

Weniger Aufmerksamkeit als der empirischen Überprüfung wurde der Ausarbeitung konkreter Mechanismen auf der Mikroebene, also der Frage, *warum* abstiegsbedrohte Personen zu rechten Einstellungen neigen sollten, geschenkt. Dies mag in der Anlage von Lipsets Theorie[26] oder der zu dieser Zeit systemtheoretisch orientierten Soziologie liegen. Neuere Ansätze, die Lipsets Argumentation auf der Mikroebene weiterführen, argumentieren in der Regel über Unzufriedenheit mit der individuellen wirtschaftlichen oder sozialen Situation und der Bedrohung des individuellen sozialen Status. Die moderne Soziologie macht dabei Unzufriedenheit nicht am objektiven sozialen Status fest, sondern definiert diese subjektiv. Es geht also nicht darum, ob objektive Benachteiligung vorliegt oder strukturelle Diskrepanzen wie soziale Ungleichheit vorhanden sind, sondern ob individuell wahrgenommene Diskrepanzen zwischen dem bestehen, was das Individuum besitzt und auf was es glaubt, einen berechtigten Anspruch zu haben. In diesem Fall wird von *relativer Deprivation* gesprochen.

> Von relativer Deprivation spricht man, wenn über soziale Vergleichsprozesse in einer Referenzgruppe ein Individuum feststellt, dass es hinsichtlich seiner Erwartungen und Wünsche benachteiligt, unzufrieden oder enttäuscht ist. Noch allgemeiner formuliert: Zwischen Erwartungen und Möglichkeiten zur Wunschbefriedigung, oder zwischen dem was man hat und dem, worauf man glaubt einen berechtigten Anspruch zu haben, wird subjektiv eine Diskrepanz wahrgenommen, die zu dysfunktionalen Gefühlen der Unzufriedenheit oder des Ressentiments gegen andere führt.[27]

Das Vorhandensein von sozialer Ungleichheit ist damit beispielsweise nicht ausreichend, um auf relative Deprivation zu schließen. Entscheidend ist vielmehr, ob die Ungleichheit von den Individuen als legitim wahrgenommen wird. Diese Ansätze bleiben aber weiterhin eine Antwort auf die Frage schuldig, warum Personen, die mit ihrer Situation unzufrieden sind bzw. ihren Status bedroht sehen, gerade eine extremistische und keine andere Bewegung unterstützen sollen.[28] Dieses Manko ist meines Wissens bis heute nicht behoben und wird auch in der Diskussion um »Rechtsextremismus« in Transformationsstaaten nicht ausreichend problematisiert.

---

[25] Falter 1991.
[26] Vgl. Fußnote 21.
[27] Güttler 2003: 171.
[28] Winkler 2001: 55.

3.2.2. Persönlichkeitsmerkmale

Der wichtigste Ansatz, der rechte Einstellungen als Persönlichkeitsmerkmal auffasst, ist die *Theorie der autoritären Persönlichkeit*, die auf die Studie von Adorno u.a. »The Authoritarian Personality« zurückgeht.[29] Es existieren weitere Ansätze wie das Dogmatismus-Konzept von Rokeach,[30] ich werde mich aber an dieser Stelle auf die Theorie der autoritären Persönlichkeit beschränken. In der Studie wird auf Überlegungen von Wilhelm Reich und Erich Fromm zurückgegriffen. Fromm entwickelte in Anlehnung an Freud die Idee eines autoritären Charakters, die später von Adorno aufgegriffen wurde. Wesentlicher Gedanke der Überlegungen zur autoritären Persönlichkeit ist es, dass Autoritarismus als relativ stabiler Charakterzug aufgefasst wird, der in der Sozialisation (Adorno et al. untersuchen dabei die Sozialisationspraktiken der patriarchalischen Familie der 20er Jahre) erworben wird und die Affinität zu faschistischen Einstellungen begünstigt.[31] Der Einfluss von Autoritarismus auf die Entstehung von rechten Einstellungen wurde inzwischen vielfach nachgewiesen und kann als gesichert gelten.[32] Strittig ist dagegen bis heute der Entstehungszusammenhang von Autoritarismus. Am ursprünglichen Verständnis von Autoritarismus als sozialisationsbedingtem Charakterzug wurde inzwischen vielfach Kritik geübt. Zu nennen ist hier insbesondere der Ansatz von Detlef Oesterreich, der sich in weiten Teilen von den sozialisationsbedingten Ursachen trennt und zu dem Schluss kommt, dass »das traditionelle Autoritarismuskonzept von Reich (1933) über Fromm (1936), Adorno u.a. (1950), Rokeach (1960) und Altemeyer (1981) wissenschaftlich nicht zu halten ist«.[33] Statt Persönlichkeitsmerkmalen sieht Oesterreich die Situation in der sich der Akteur befindet als ursächlich für die Entstehung von Autoritarismus an. Autoritarismus entsteht laut Oesterreich als »autoritäre Reaktion« in Krisenzeiten, die er als »menschliche Basisreaktion«[34] versteht: In Zeiten von schweren Krisen neigen alle Menschen dazu, Schutz bei Autoritäten zu suchen. Aufgrund einer empirischen Studie in West- und Ostdeutschland glaubt Oesterreich seine These belegen zu können, da Autoritarismus zunächst in West- und Ostdeutschland gleich stark ausgeprägt ist, nach der Wende aber aufgrund der stärkeren Krisenerfahrungen in Ostdeutschland

---

[29] Adorno u. a. 1959.
[30] Rokeach 1960.
[31] Für einen Überblick zum Stand der Theorie vgl. Rippl, Kindervater und Seipel 2000.
[32] Vgl. die Meta-Analyse von Meloen 1993.
[33] Oesterreich 2001: 281.
[34] Ebd.: 282.

stärker ansteigt. Neben diesen beiden Positionen ist auch ein Zusammenspiel von Persönlichkeitsmerkmal und Krisenerfahrungen als Interaktionseffekt denkbar: In bedrohlichen Situationen werden autoritäre Charakterstrukturen aktiviert, die bis dahin latent geblieben sind. Dieser Effekt ist äußerst plausibel und nicht nur in der Kombination von Persönlichkeitsmerkmalen und Krisen sondern auch in der Kombination von Persönlichkeitsmerkmalen und Statusverlust etc. denkbar.[35] Die Erforschung dieses Zusammenhangs bleibt auf weiteres ein wichtiges Forschungsdesiderat.[36]

Zur Untersuchung von Rechtsextremismus in Transformationsgesellschaften bleibt der Forschungsstand vor dem Hintergrund dieser Lücke unbefriedigend. Wird Autoritarismus als Persönlichkeitsmerkmal aufgefasst, so müssten Sozialisationspraktiken untersucht werden, es wird meist davon ausgegangen, dass der autoritäre sozialistische Staat autoritäre Persönlichkeiten sozialisiert hat. Demgegenüber legen die Überlegungen Oesterreichs nahe, Krisenphänomene im Transformationsprozess unter die Lupe zu nehmen. Wenn von einem Interaktionseffekt ausgegangen wird, so spielen sowohl Sozialisationsbedingungen als auch Krisen nach der Wende eine Rolle.

Zur Untersuchung von Rechtsextremismus in Transformationsgesellschaften lassen sich nun zwei Hypothesen ableiten:

- Unter der ersten Bedingung – der autoritäre Staat bedingt, dass in ehemaligen sozialistischen Ländern besonders viele autoritäre Persönlichkeiten zu finden sind – wäre zu erwarten, dass in den mitteleuropäischen Ländern relativ konstant überdurchschnittlich starke rechtsextreme Einstellungen vorzufinden sind.

- In den beiden letzten Fällen – Autoritarismus als autoritäre Reaktion in Krisenzeiten bzw. die Aktivierung latenter Charakterstrukturen in Krisenzeiten – ist ein Ansteigen von rechtsextremen Einstellungen Anfang der neunziger Jahre zu erwarten, die mit fortschreitender Transformation und ›Gewöhnung‹ an das neue System wieder zurückgehen.[37]

---

[35] Vgl. Winkler 2001: 55.
[36] Rippl, Kindervater und Seipel 2000: 27.
[37] Zur empirischen Überprüfung dieser Hypothesen s. unten, Kapitel 4.4.

3.2.3. Anomietheoretische Ansätze

Die Theorie von Wilhelm Heitmeyer zur *gruppenbezogenen Menschenfeindlichkeit*[38] steht in der Tradition der Anomieforschung[39] und baut auf den Ansätzen von Emile Durkheim und Robert Merton auf. Anomie (Normlosigkeit) auf der gesellschaftlichen Ebene wird im Sinne Durkheims verstanden als ein gesellschaftlicher Zustand, »der aus den tiefgreifenden strukturellen, regulativen und kohäsiven Veränderungen hervorgeht und zur Auflösung bestehender Normen und Regeln führt«.[40] Damit spielen gesellschaftliche *Krisen* und schneller *sozialer Wandel* innerhalb dieses Ansatzes eine wichtige Rolle. Krisen verlangen von Individuen erhebliche Interpretationsleistungen. »Die betroffenen Individuen sehen sich mit Gefühlen von Orientierungslosigkeit und Handlungsunsicherheit, mit *Anomia* als individuelle Reaktion auf gesellschaftliche Anomie konfrontiert.«[41] Sozialer Wandel bedingt widersprüchliche Anforderungen an die Individuen, da diese ihr internalisiertes Werte- und Normensystem an die neuen Anforderungen der Gesellschaft anpassen müssen. Wenn die widersprüchlichen Anforderungen an die Individuen nicht sozialverträglich verarbeitet werden, übernimmt die Abwertung schwacher Gruppen die Funktion der Wiederherstellung von Handlungssicherheiten. »Die feindseligen Einstellungen scheinen für orientierungslose Personen die Funktion der Wiederherstellung von Handlungssicherheit, von Unterscheidungsfähigkeit zwischen ›Gut‹ und ›Böse‹, bzw. zwischen ›Richtig‹ und ›Falsch‹ zu be-

---

[38] Der Ansatz Heitmeyers stellt »Ideologien der Ungleichwertigkeit« (Heitmeyer 2002: 19) in den Vordergrund und entfernt sich damit weit von Ansätzen, die das *undemokratische* Element rechter Einstellungen betonen. Extremismustheoretiker definieren »Extremismen« in Abgrenzung zum demokratischen Verfassungsstaat (Backes und Jesse 2005: 23), vgl. Kapitel 2.1. Dieses antidemokratische Element kommt bei Heitmeyer gar nicht mehr vor, dagegen bezieht sich der Begriff *Menschenfeindlichkeit* auf ein Verhältnis zu bestimmten Gruppen (Heitmeyer 2002: 21). »Das besondere Kennzeichen unseres Begriffsverständnisses ist seine Spannbreite. Diese ergibt sich aus den beobachteten Phänomenen selbst, denn nicht nur Personen fremder Herkunft erleben Feindseligkeit, sondern auch solche *gleicher* Herkunft, aber mit *abweichend empfundenen oder deklariertem* Verhalten.« (ebd.: 21, Hervorhebung im Original) In die Definition gruppenbezogener Menschenfeindlichkeit fließen sechs Elemente ein: Rassismus, Fremdenfeindlichkeit, Heterophobie, Antisemitismus, klassischer Sexismus, Islamophobie und Etabliertenvorrechte. Aufgrund der breite des Begriffs wurden mit der Zeit weitere Elemente hinzugenommen: Abwertung von Langzeitarbeitslosen, Abwertung von Obdachlosen, Abwertung von Behinderten (Endrikat und Heitmeyer 2008: 69).

[39] Es wird der Theorie von Heitmeyer nicht ganz gerecht, sie auf einen anomietheoretischen Ansatz zu reduzieren. Vielmehr versucht Heitmeyer, über den Desintegrationsansatz Statusverlust und relative Deprivation zu integrieren. Um die Unterschiede zum reinen Statusverlustargument hier pointiert herauszustellen, beschränke ich mich in dieser Darstellung auf die Überlegungen, die sich auf Anomie und schnellen sozialen Wandel beziehen.

[40] Hüpping 2006: 86.

[41] Ebd.: 86.

sitzen.«[42] Die hinter den Überlegungen stehende Annahme, dass »geistig-kulturelles Zurückbleiben hinter den sozio-ökonomischen Umwälzungen«[43] die Ausprägung von rechten Einstellungen begünstigt, ist in der Forschung weit verbreitet.

Mit Krisen einher gehen Desintegrationsprozesse. Heitmeyer macht drei Arten von gesellschaftlichen Krisen aus, die auf individueller Ebene zu Desintegrationserfahrungen führen.[44] *Strukturkrisen* führen zu mangelnder Integration in gesellschaftliche Teilsysteme. Als besonders wichtig ist die Inklusion in den Arbeitsmarkt anzusehen, da über den Arbeitsmarkt der Zugang zu Gütern und anderen Teilsystemen gesteuert wird. Von *Regulationskrisen* spricht Heitmeyer, wenn aufgrund von Pluralisierung von Werten und Normen individuelle Unsicherheit zunimmt, und die Individuen nicht mehr beurteilen können, welche Werte/Normen Gültigkeit besitzen. Auf der individuellen Ebene bedeutet der zunehmende Wertedissenz, der oft durch schnellen sozialen Wandel hervorgerufen wird, Handlungsunsicherheit. Regulationskrisen begünstigen anomisches Verhalten insbesondere im Zusammentreffen mit Strukturkrisen, da in diesem Fall die klassische anomietheoretische Figur vorliegt: Eine Zunahme von soziokulturellen Optionen geht (aufgrund fehlender Systemintegration) einher mit der Abnahme von Realisierungschancen. Zuletzt werden *Kohäsionskrisen* betont, die Heitmeyer insbesondere auf Individualisierungsprozesse zurückführt. Die »Schattenseiten« der Individualisierung sind Vereinzelung, Vereinsamung und damit einhergehende Angstpotentiale. Wenn diese Integration auf der emotionalen Ebene, d.h. Anerkennung, soziale Bindung und Zugehörigkeit nicht gegeben ist, können die beiden anderen Krisen nicht sozialverträglich verarbeitet werden, die fehlende Zugehörigkeit wird durch die Aktivierung von Gruppenmerkmalen kompensiert und es kommt zur Ethnisierung von Konflikten.

Der Zusammenhang zwischen Desintegration und gruppenbezogener Menschenfeindlichkeit wird über dem Umweg der Anerkennung hergestellt: Mit fehlender Integration (z.B. auf der Strukturebene in den Arbeitsmarkt) geht fehlende Anerkennung in Form von wahrgenommener Anerkennungsbedrohung oder objektivem Anerkennungsverlust[45] einher. Anerkennung aber beruht auf Reziprozität, daher

wird angenommen, daß bei erfahrenen Anerkennungsverlusten die entsprechenden Per-

---

[42] Hüpping 2006: 95.

[43] Schubarth 1992: 97.

[44] Heitmeyer 1997. Das Krisen- und Desintegrationskonzept wurde, wie auch das Konzept der *gruppenbezogenen Menschenfeindlichkeit* weiter entwickelt. Ich beziehe mich hier auf ebd., zur Weiterentwicklung s. z.B. Mansel, Endrikat und Hüpping 2006, Anhut und Heitmeyer 2007.

[45] Endrikat u. a. 2002.

sonen auch die Akzeptanz von Gleichwertigkeit gegenüber anderen verweigern und das Gebot der Unversehrtheit verletzen können. Dabei ist zu erwarten, daß insbesondere machtlose bzw. beschwerdearme Gruppen zur Zielscheibe werden, zumal dann, wenn sie schon traditionell als Opfergruppen gelten oder durch populistische Ideologien von Ungleichwertigkeit in den Focus geraten.[46]

Die aus diesen Überlegungen abgeleitete These lautet also, dass mit zunehmender Desintegration und daraus folgendem Anerkennungsverlust gruppenbezogene Menschenfeindlichkeit zunimmt. Nehmen in der Mehrheitsgesellschaft die beschriebenen Krisen und damit Desintegration zu und Anerkennung ab, dann geht auch die Integrationsfähigkeit der Gesellschaft gegenüber Minderheiten zurück.[47]

3.2.4. Zur Modernisierungsverliererhypothese

Die so genannte Modernisierungsverliererhypothese ist weit davon entfernt, ein eigener theoretischer Ansatz zu sein, wird aber im Zusammenhang mit Rechtsextremismus/-radikalismus in Transformationsgesellschaften so häufig zitiert – und dabei so selten reflektiert – dass sie hier einer genaueren Überprüfung unterzogen werden muss.

Nach Falter und Arzheimer geht die »Modernisierungsverliererhypothese« auf den bereits erläuterten Ansatz von Scheuch und Klingemann zurück,[48] der häufig darauf reduziert und so nur stark verkürzt wiedergegeben wird.[49] Es muss daher zunächst untersucht werden, was Scheuch/Klingemann unter Modernisierungsverlierern verstehen. Entsprechend des Ansatzes ist schneller sozialer Wandel die Ursache von Rechtsextremismus. Dieser zieht »eine beständige Umwertung der Werte nach sich [...] und [lässt] dabei den Individuen (und den intermediären Organisationen) nur wenig Zeit [...], ihre eigenen Wertvorstellungen anzupassen«.[50] Damit sind diese Überlegungen eng verwandt mit den oben analysierten anomietheoretischen Ansätzen. Bei Scheuch/Klingemann liest sich das folgendermaßen:

> Eine der verschiedenen möglichen Formen der Auflösung von Unsicherheit bei diesen Verhältnissen ist Rigidität im Denken: Ausweichen von den tatsächlich bestehenden Widersprüchlichkeiten durch ein starres (d.h. ungesehen der Situation oder Person) Wert- und Orientierungssystem. Wird dieses aufrecht erhalten, indem gegenteilige

---

[46] ebd.: 40, Hervorhebung im Original.
[47] Anhut und Heitmeyer 2000: 53, vgl. Dollase u. a. 2000: 138.
[48] Falter und Arzheimer 2002: 86.
[49] Diese Tatsache ist umso erstaunlicher, als dass das Wort »Modernisierungsverlierer« bei Scheuch 1967 überhaupt nicht benutzt wird.
[50] Falter und Arzheimer 2002: 89.

3. Theoretische Erklärungsansätze

Orientierungssysteme und auf diese Weise nicht zu kontrollierende Situationen als
›feindlich‹ bewertet werden, so liegt eine pathologische Form dieses Denkens vor.[51]

Modernisierungsverlierer in diesem Sinne sind damit auf der Mikro-Ebene Personen,
die die modernisierungsbedingten Werte- und Normenkonflikte wahrnehmen und nicht
adäquat verarbeiten können. Aussagen darüber, *welche* gesellschaftlichen Gruppen zu
den Modernisierungsverlierern gezählt werden müssen, werden von Scheuch/Klinge-
mann nicht getroffen.

In der neueren Forschung wird dagegen als Modernisierungsverliererhypothese
die »parallele Abwertung beruflicher Qualifikationen durch den Modernisierungspro-
zeß und die damit verbundenen Statusverluste für bestimmte Gruppen«[52] thematisiert. Damit entfernt sich die *Rezeption der Modernisierungsverliererhypothese* von
anomietheoretischen Ansätzen, stattdessen sind die Parallelen zu den in Abschnitt
3.2.1 ausgeführten Überlegungen von Lipset und Hofstadter nicht zu übersehen. Von
Klönne stammt der Satz vom »Aufstand der Modernisierungsopfer«,[53] diese sind
bei ihm Menschen in »Existenznöten und materiellen Bedrängnissen«.[54] Modernisierungsverlierer sind ganz einfach wirtschaftlich deprivierte Personen. Diese Vorstellung
erfreut sich großer Popularität, die »Zahl der Veröffentlichungen, in denen die Erfolge
rechtsextremer Parteien auf ökonomische Faktoren zurückgeführt werden, ist unüber-
sehbar«.[55] Damit hat sich die Rezeption deutlich von dem ursprünglichen Ansatz nach
Scheuch/Klingemann entfernt. Nicht mehr Orientierungslosigkeit und inadäquate Verarbeitung von Werte- und Normenkonflikten sind in dieser Version ursächlich, sondern
wahrgenommener oder drohender Statusverlust und wirtschaftliche Deprivation. Damit muss diese sich zunehmend durchsetzende Interpretation der Hypothese in die
Theorietradition von Lipset und Hofstadter eingeordnet werden.

Die beiden hier ausgeführten Versionen ähneln sich in soweit, als dass sie ähnliche Schlussfolgerungen erlauben. Werden die Überlegungen nach Scheuch/Klinge-
mann mit der Argumentation fortgeführt, dass die Werte- und Normenkonflikte in
besonderem Maße bei Personen auftreten, die im Transformationsprozess »auf der
Strecke« bleiben, dann sind rechte Einstellungen bei derselben Personengruppe zu
erwarten wie im Falle von Statusverlust. Trotzdem sind wesentliche Unterschiede der

[51] Scheuch 1967: 18.
[52] Falter und Arzheimer 2002: 89.
[53] Klönne 1989.
[54] Ebd.: 545.
[55] Winkler 2001: 54.

beiden Hypothesen festzustellen: Während im Fall von Statusverlust ein weitgehend deterministischer Zusammenhang zwischen sozialer Abwärtsmobilität und rechten Einstellungen zu erwarten ist, lassen die Überlegungen von Scheuch/Klingemann sehr viel mehr Spielraum für subjektive Interpretationsprozesse. So kann Werte- und Normenwandel auf individueller Ebene problematisch werden, wenn als ewig sicher geglaubte Wahrheiten plötzlich in Frage stehen oder Handlungsmuster ihre Gültigkeit verlieren. Solche Schwierigkeiten der individuellen Verarbeitung von Modernisierungsprozessen können, müssen aber nicht zwangsläufig mit sozio-ökonomischen Abstiegserfahrungen einhergehen.

Damit scheint es mir sinnvoll, die beiden Versionen analytisch zu trennen und zwischen einer »harten« und einer »weichen« Variante der Modernisierungsverliererhypothese zu unterscheiden:

- In der *harten Variante der Modernisierungsverliererhypothese* wird relative Deprivation und (drohender) Statusverlust als Ursache für rechte Einstellungen aufgefasst. Modernisierungsverlierer sind daher Menschen, die aufgrund fehlender Qualifikationen bei sich wandelnden Anforderungen nicht mehr in den Arbeitsmarkt und andere gesellschaftliche Subsysteme inkludiert werden können und daher sozialen Abstieg erleben bzw. abstiegsbedroht sind. Der Vorteil dieser Variante liegt im besonderen in der guten Operationalisierbarkeit, da von (relativ) objektiven Lebenslagen auf rechte Einstellungen geschlossen werden kann.

- Ursache von rechten Einstellungen ist in der *weichen Variante der Modernisierungsverliererhypothese* die inadäquate Verarbeitung von modernisierungsbedingten widersprüchlichen Anforderungen an die Individuen. Es ist zu vermuten, dass diese Widersprüche vermehrt, aber nicht ausschließlich bei Personen auftreten, die vom sozialen Wandel sozio-ökonomisch negativ betroffen sind. Widersprüche können auch auftreten, wenn die Personen ihre Privilegien aus dem alten System herüber retten können oder sogar wenn ihr Berufsprestige und Einkommen nach der Wende steigt. Modernisierungsverlierer sind daher sehr viel schwieriger zu identifizieren und die These lässt sich nur äußerst schlecht operationalisieren.

3.2.5. Politische Kultur

Alle bisherigen theoretischen Überlegungen sind, wie in den Sozialwissenschaften üblich, als nicht-deterministisch aufzufassen. Nicht alle Modernisierungsverlierer – ob in der »harten« oder »weichen« Variante – und auch nicht alle in einem autoritären Elternhaus aufgewachsenen Personen neigen zu rechten Einstellungen. Das liegt daran, dass rechte Einstellungen in allen bisher aufgeführten Ansätzen als eine *individuelle Verarbeitungsstrategie in schwierigen Situationen* aufgefasst wurde. Das Vorhandensein von alternativen Verarbeitungsmechanismen ist daher wahrscheinlich. Es müssen daher weitere Bedingungen formuliert werden, unter denen Personen rechte Einstellungen entwickeln. Scheuch und Klingemann schlagen hierfür den Begriff der »politischen Philosophien« vor,[56] der aber kaum erläutert wird. Falter/Arzheimer konkretisieren den Begriff:

> Da die meisten Bürger nur ein geringes Maß an politischem Interesse aufbringen (van Deth 2000), werden nur wenige Menschen aus sich heraus politisch relevante extremistische Einstellungen wie z.B. eine feindliche Haltung gegenüber bestimmten sozialen Gruppen, eine Ablehnung der Demokratie und des Pluralismus oder sogar die Befürwortung eines revolutionären Umsturzes, entwickeln. Wenn aber das kulturelle System einer Gesellschaft entsprechende Ideologiefragmente zur Verfügung stellt, besteht die Möglichkeit, daß diese von einem Teil derjenigen Bürger, die einen rigiden Denkstil entwickelt haben, aufgenommen werden, weil sie deren Bedürfnis nach einfachen Erklärungen und drastischen Maßnahmen befriedigen, so die (weitgehend implizite) Argumentation der Autoren.[57]

Diese Vorstellung ist ebenso überzeugend wie problematisch. Winkler argumentiert mit Verweis auf Parsons, dass rechtsextremen Bewegungen »die Mobilisierung der anomischen Individuen erst [gelingt], wenn in der Gesellschaft eine Ideologie verbreitet sei, die wenigstens einige der Symbole und Ideologiefragmente des Rechtsextremismus als legitim erachte«.[58] Wenn in der tschechischen Gesellschaft antiziganistische Äußerungen normal sind und die Instrumentalisierung antiziganistischer Ressentiments an der Tagesordnung ist, liegt der Schluss nahe, dass desintegrierte und verunsicherte Personen Hassgefühle gegen die Roma-Minderheit aufbauen und diese sich in Gewalttaten äußern. Problematisch wird die Argumentation dann, wenn rechte Semantiken[59] in

[56] Scheuch 1967: 20.
[57] Falter und Arzheimer 2002: 89.
[58] Winkler 2001: 58.
[59] Zum Semantik-Begriff sowie faschistischer Semantik in der tschechischen Gesellschaft siehe ausführlich oben, Kapitel 9. Die theoretische Vorstellung, dass Semantik die für eine »Gesellschaft

der Bevölkerung in Form eines Zirkelschlusses als Ursache für rechte Einstellungen aufgefasst werden. Das gilt auch für die lerntheoretische Argumentation, die Winkler ausführt: Kinder entwickeln rechtes Denken nicht selbstständig, sondern übernehmen dieses im Lernprozess um so wahrscheinlicher, je näher das entsprechende Angebot an kulturellen Deutungsmustern an die Kinder herantritt.[60]

Auch Heitmeyer betont, dass sich nicht jede Desintegrationserfahrung »automatisch in eine anti-soziale bzw. fremdenfeindliche Einstellung« übersetzt.[61] Ob dies geschieht, hängt zum einem von der »sozialen Kompetenz«[62] und der Persönlichkeit der Individuen ab. »Stark ichbezogene, autoritäre Persönlichkeitsmuster [wirken sich] begünstigend auf die Ausübung anti-sozialer Verhaltensmuster als Selbstbehauptungsmittel aus«.[63] Zum anderen hängt die Ausbildung von fremdenfeindlichen Einstellungen entscheidend davon ab, »ob sich zuvor ein Klima der Ausgrenzung und Abwehr etabliert hat, in dem fremdenfeindliche Einstellungen sich als potentiell mehrheitsfähig erweisen«.[64] Es wird damit deutlich, dass Anhut/Heitmeyer einen situativen Erklärungsansatz verfolgen, der durch Persönlichkeitsmerkmale und politische Kultur moderiert wird. In Situationen von Krisen und Desintegrationserfahrungen können Menschen rechte Einstellungen entwickeln, *wenn* sie über (1) eine autoritäre Persönlichkeitsstruktur verfügen und (2) ein politisches Klima der Ausgrenzung und Abwehr vorherrscht. Der Zusammenhang der verschiedenen Erklärungsansätze wird allerdings nur angedeutet, keineswegs ausgeführt.

Der Einfluss des gesellschaftlichen Klimas soll bei Anhut/Heitmeyer in Form von *Moderatorvariablen* [65] operationalisiert werden.[66] Diese weiteren Einflussfaktoren sind u.a.:

- Die politische Kultur als das »Vorliegen bestimmter Wertvorstellungen und die Verbreitung politischer Einstellungen.«

---

möglichen Strukturen« (Stichweh 2000: 248) beschreibt mag in Richtung einer Lösung des Problems gehen (auch hierzu Kapitel 9).
[60] Winkler 2001: 59.
[61] Anhut und Heitmeyer 2000: 53.
[62] Ebd.: 53.
[63] Ebd.: 53.
[64] Ebd.: 54.
[65] Da das Modell von Anhut/Heitmeyer ursprünglich zur Erklärung von Konflikten in lokal begrenzten Gebieten (Stadtteile) entwickelt wurde, beschränke ich mich hier auf die Moderatorvariablen, die auch in einem die räumlichen Dimensionen vernachlässigenden Erklärungsansatz genutzt werden können.
[66] Anhut und Heitmeyer 2000: 54.

- Der Einfluss der politischen Steuerung. Da sich ein Großteil der rechtsextrem eingestellten Personen nach wie vor den großen Volksparteien zugehörig fühlt, wird davon ausgegangen, dass eine integrative Politik zumindest Eskalationen verhindern kann.

- Das soziale Klima als »Ausmaß von Angst oder Sicherheit, Vertrauen oder Mißtrauen sowie Verbundenheit oder Gleichgültigkeit zum Geschehen im Stadtteil«.

Diese hier nicht in Ansätzen erschöpfend geführte Disskussion des Begriffes der politischen Kultur zeigt, wie wichtig dieser Ansatz zur Erklärung rechter Einstellungen ist. Dabei wird aber auch die Problematik deutlich. Zum einen müsste erst ausgearbeitet werden, welcher Zusammenhang zwischen sozialistischer Vergangenheit, Transformation und politischer Kultur besteht. Zum anderen existiert meines Wissens, der unbestreitbaren Wichtigkeit dieses Ansatzes zum Trotz, kein methodisches Instrumentarium, mit dessen Hilfe ich den Einfluss der politischen Kultur methodisch kontrolliert untersuchen könnte. Die Erarbeitung einer entsprechenden Methode würde den Rahmen dieser Untersuchung sprengen. Daher wurde der Ansatz hier im Wesentlichen der Vollständigkeit halber aufgeführt, ich werde ihn in dieser Arbeit nicht systematisch weiter verfolgen.

Teil II.

Einstellungen

4. Rechte Einstellungen in der Tschechischen Republik

Entsprechend des oben dargestellten Erklärungsmodells fasse ich Einstellungen als Handlungen vorgelagert auf. Quantitative Einstellungsuntersuchen, wie sie in diesem Kapitel durchgeführt werden, müssen zwangsläufig stark vereinfachen. Das Vorhandensein einer komplexen Ideologie wie der des Faschismus kann mit den üblichen Messinstrumenten bisher nicht erfasst werden. Ziel dieses Kapitels ist es, empirisch überprüfte Aussagen über das *Ausmaß* rechter Einstellungen in der Tschechischen Republik zu treffen und diese in einen europäischen Kontext einzuordnen. Die Einstellungsuntersuchungen sagen dagegen nichts über die hinter den Einstellungen stehenden *Begründungszusammenhänge* aus. In Kapitel 9 werden faschistische Semantiken daher einer eingehenden qualitativen Analyse unterzogen.

Die in diesem Kapitel zu treffenden Aussagen über das quantitative Ausmaß rechter Einstellungen in der Tschechischen Republik stellen das *Explanandum* dar. Die Einstellungen weisen eine gewisse Stärke und spezifische Muster auf, Muster wie Stärke verändern sich im Zeitverlauf. In den nächsten Kapiteln werde ich dann versuchen, die Ergebnisse der deskriptiven Analyse zu erklären. Warum sind rechte Einstellungen in Tschechien (und im europäischen Vergleich) so, wie sie sind? Und warum haben sich die Einstellungen nach der Wende so entwickelt, wie sie sich entwickelt haben? Den Untersuchungszeitraum stellen dabei die 1990er Jahre dar. Die Wahl des Untersuchungszeitraums ist sowohl pragmatisch – Einstellungsdaten stehen nur für diesen Zeitraum zur Verfügung[1] – als auch theoretisch begründet: Ich vermute, den Einfluss der Transformation in dieser ersten Dekade nach der Samtenen Revolution besonders gut ausmachen zu können. In den darauf folgenden Kapiteln werde ich versuchen, die

---

[1] Alle in diesen Kapiteln durchgeführten statistischen Berechnungen basieren auf der *European Values Study* mit den Erhebungen von 1991 und 1999. Die Erhebung von 2008 war leider erst kurz vor Fertigstellung des Manuskriptes zugänglich. Daher konnten die Ergebnisse nicht in die komplette Analyse miteinbezogen werden, sie werden daher in einem eigenen Kapitel gesondert dargestellt (s. unten, Kapitel 11.2).

hier beobachteten Sachverhalte zu erklären.

4.1. Operationalisierung

Verwendete Daten

Die Untersuchung rechter Einstellungen wird (im Wesentlichen) als Sekundäranalyse anhand von Querschnittsdaten der *European Values Study*[2] durchgeführt. Die Datensätze weisen eine Reihe von Vorteilen auf. Die Erhebungen in der Tschechischen Republik wurden 1991 und 1999 durchgeführt.[3] Somit kann ein Vergleich zwischen der Zeit unmittelbar nach der Samtenen Revolution mit der Situation Ende der 1990er Jahre, in der sich die Situation bereits weitestgehend stabilisiert hatte, durchgeführt werden. Darüber hinaus wurden dieselben Fragen in allen europäischen Ländern gestellt.[4] Damit können das Ausmaß und die Entwicklung rechter Einstellungen in der Tschechischen Republik stets in einem europäischen Kontext betrachtet werden. Der europäische Vergleich ermöglicht es, beobachtete Effekte auf den Einfluss der Transformation zurückzuführen. Wenn für Tschechien beobachtete Effekte auch in allen

---

[2] Alle verwendeten Datensätze sind frei verfügbar und können in verschiedenen Datenformaten heruntergeladen werden (http://zacat.gesis.org). Zur Beschreibung des Datensatzes zitiere ich von der Internetseite des Anbieters (http://www.europeanvaluesstudy.eu/evs/about-evs, besucht am 18.02.2010): »The European Values Study is a large-scale, cross-national, and longitudinal survey research program on basic human values. It provides insights into the ideas, beliefs, preferences, attitudes, values and opinions of citizens all over Europe. It is a unique research project on how Europeans think about life, family, work, religion, politics and society. The European Values Study started in 1981, when a thousand citizens in the European Member States of that time were interviewed using standardized questionnaires. Every nine years, the survey is repeated in an increasing number of countries. The fourth wave in 2008 will cover no less than 45 European countries, from Iceland to Azerbaijan and from Portugal to Norway. In total, about 70,000 people in Europe will be interviewed. A rich academic literature has been created around the original and consecutive surveys and numerous other works have made use of the findings. In-depth analyses of the 1981, 1990 and 1999 findings with regard to Western and Central Europe, and North America reinforced the impression that a profound transformation of modern culture is taking place, although not at the same speed in all countries. Cultural and social changes appear dependent upon the stage of socio-economic development and historical factors specific to a given nation. The new 2008 wave will provide further insights in this matter.«

[3] Verwendete Datensätze: EVS – European Values Study 1999/2000 (release 2, May 2006) - Integrated Dataset, EVS - European Values Study 1999/2000 (release 2, May 2006) - Czech Republic, EVS - European Values Study 1990 (release 2, 2007) - Integrated Dataset

[4] Ausnahmen bestätigen leider die Regel: Ausgerechnet die für diese Untersuchung wichtige »Nachbar-Frage« (On this list are various groups of people. Could you please sort out any that you would not like to have as neighbours?) wurde in Ungarn etwas anders gestellt, was eine Vergleichbarkeit verhindert. Im europäischen Vergleich wird Ungarn daher fehlen.

anderen Transformationsstaaten auftreten, nicht aber in den ›alten‹ Mitgliedsstaaten der EU, so ist zu vermuten, dass diese in einem Zusammenhang mit der Transformation bzw. der Erfahrung des Realsozialismus stehen.

Operationalisierung *rechter Einstellungen*

Bei der Definition rechter Einstellungen orientiere ich mich an einer Studie von Oliver Decker und Elmar Brähler,[5] die Rechtsextremismus als ein *mehrdimensionales Einstellungsmuster* definieren, »dessen verbindendes Kennzeichen Ungleichwertigkeitsvorstellungen darstellen. Diese äußern sich im politischen Bereich in der Affinität zu diktatorischen Regierungsformen, chauvinistischen Einstellungen und einer Verharmlosung bzw. Rechtfertigung des Nationalsozialismus. Im sozialen Bereich sind sie gekennzeichnet durch antisemitische, fremdenfeindliche und sozialdarwinistische Einstellungen«.[6] Aus dieser Definition extrahieren die Autoren folgende Dimensionen: *Befürwortung einer rechtsgerichteten Diktatur, Chauvinismus, Ausländerfeindlichkeit, Antisemitismus, Sozialdarwinismus* sowie *Verharmlosung des Nationalsozialismus.* Damit gehören zu den Einstellungen sowohl Ansichten, die sich unter dem von Heitmeyer geprägten Begriff *gruppenbezogene Menschenfeindlichkeit* subsumieren lassen – also die Ablehnung vermeintlich schwächerer Fremdgruppen – als auch *antidemokratische Vorstellungen* wie sie von Extremismustheoretikern in den Vordergrund gestellt werden. Die Nähe der Definition zum zuvor explizierten Faschismusbegriff dürfte dabei deutlich werden. Im Faschismus ist die aggressive Ablehnung von Fremdgruppen angelegt. Menschen, die nicht den Homogenitätsvorstellungen der Nation entsprechen, werden zu Sündenböcken, da sie das Höherstreben und die bevorstehende Neugeburt der Nation behindern. Da divergierende Interessen nicht kompatibel sind mit einem »nationalen Interesse«, dem alle Einzel- und Gruppeninteressen untergeordnet sind, ist der Faschismus undemokratisch. Die Vorstellung einer Neugeburt der Nation ist dagegen in der Definition von Decker/Brähler nicht enthalten.[7]

Da sich mit Hilfe des verfügbaren EVS-Datensatzes nicht alle Dimensionen nach Decker/Brähler operationalisieren ließen, mussten bei der Operationalisierung pragma-

---

[5] Decker und Brähler 2006.

[6] Ebd.: 20.

[7] Ein weiterer wichtiger Unterschied liegt darin, dass der Faschismusbegriff Ungleichwertigkeitsvorstellungen wie Rassismus über den Begriff der Nation fasst: Fremdgruppen passen nicht in die Homogenitätsvorstellungen der Nation und werden daher ausgeschlossen. Im Sinne von Decker/-Brähler müssen Ungleichwertigkeitsvorstellungen nicht zwangsläufig über die Nation begründet werden.

tische Gesichtspunkte berücksichtigt werden, einige Dimensionen fielen weg, andere wurden hinzugenommen. Es wurde beispielsweise deutlich, dass sich *Sozialdarwinismus* und *Verharmlosung des Nationalsozialismus* mit den EVS-Daten nicht angemessen operationalisieren lassen. Auch der Versuch, *Chauvinismus* näherungsweise über die Frage nach dem Nationalstolz zu operationalisieren, musste aufgegeben werden, da diese Frage offensichtlich eine andere Dimension misst und negativ mit den anderen Modellvariablen korreliert. Des Weiteren habe ich mich entschieden, die Dimensionen *Antiziganismus* (zur Bedeutung des Antiziganismus s. unten, Kapitel 9.2), *Islamophobie* und *Homophobie* als weitere Kennzeichen von Ungleichwertigkeitsvorstellungen einfließen zu lassen. Da die Einstellungen gemessen werden, um rechte Einstellungen zwischen den Ländern und insbesondere zwischen Transformations- und Nicht-Transformationsstaaten zu vergleichen, scheint es sinnvoll, möglichst viele Dimensionen in die Operationalisierung einfließen zu lassen. So ist zu vermuten, dass Islamophobie in den westeuropäischen Ländern stärker verbreitet ist, Homophobie dagegen in Mittelosteuropa. Ein Weglassen dieser Dimensionen könnte daher eine Verzerrung in die eine oder andere Richtung bewirken.

Über diese theoretischen und an den Möglichkeiten des Datensatzes orientierten pragmatischen Überlegungen wurde ein einfacher, additiver Index gebildet,[8] der das

---

[8] Wesentlicher Bestandteil der Operationalisierung ist die »Nachbar-Frage«: Dabei wird den Befragten eine Liste mit verschiedenen Gruppen von Menschen vorgelegt, und sie gebeten, auszusortieren, welche Gruppenangehörigen sie nicht gerne als Nachbar hätten (»On this list are various groups of people. Could you please sort out any that you would not like to have as neighbours?«). Mit dieser Frage wurde auf die Ablehnung von Migranten (*Ausländerfeindlichkeit*), Sinti und Roma (*Antiziganismus*), Juden (*Antisemitismus*), Homosexuellen (*Homophobie*) und Moslems (*Islamophobie*) geschlossen. Das Item *Befürwortung einer rechtsgerichteten Diktatur* wurde operationalisiert durch die Frage »I'm going to describe various types of political systems and ask what you think about each as a way of governing this country. For each one, would you say it is a very good, fairly good, fairly bad or very bad way of governing this country?« und die Antworten »Having a democratic political system« (negativ gepolt) sowie »Having a strong leader who does not have to bother with parliament and elections.« operationalisiert, wobei mir die Schwäche der Operationalisierung (insbesondere was das Attribut »rechtsgerichtet« betrifft) durchaus bewusst ist.

Ein weiteres methodisches Problem betrifft die vielen *missing values*. Da der Index aus vielen Variablen besteht, addieren sich die fehlenden Werte und machen im europäischen Durchschnitt 15,6% der Werte aus, für Tschechien immerhin 9,1%. Das Problem hätte sich umgehen lassen, hätte ich die Variablen, die das letzte Item (Befürwortung einer rechtsgerichteten Diktatur) widerspiegeln, weggelassen. Da es mir aber als äußerst wichtig erschien, auch das undemokratische Element des Faschismus in den Index einfließen zu lassen, müssen die fehlenden Werte in Kauf genommen werden.

Die Idee, rechte Einstellungen in Form eines Indexes mit Hilfe der Daten der *European Values Study* zu operationalisieren, stammt nicht von mir, sondern von Burjanek (Burjanek 2001), der

rechte Einstellungspotential über folgende sechs Dimensionen erfasst:

- Befürwortung einer rechtsgerichteten Diktatur

- Ausländerfeindlichkeit

- Islamophobie

- Homophobie

- Antisemitismus

- Antiziganismus

Dabei wurden die Variablen so gewichtet, dass die Dimensionen Befürwortung einer rechtsgerichteten Diktatur mit dem Faktor eins, die Dimensionen Antisemitismus und Antiziganismus mit dem Faktor 1/2 und die Dimensionen Ausländerfeindlichkeit, Islamophobie und Homophobie mit dem Faktor 1/3 in den Index einfließen.[9] Der Index kann Werte zwischen null und drei annehmen, wobei drei das maximale rechte Einstellungspotential beschreibt und Werte nahe dem Wert null minimale rechte Einstellungen wiedergeben.[10] Dieser Index wird im Folgenden Verwendung finden, wenn

---

einen Xenophobie-Index konstruiert, die xenophoben Einstellungen der Tschechen in einen europäischen Kontext einordnet und dabei zu ähnlichen Ergebnissen kommt. Da ich mich aber für das weitergehende Konstrukt »Rechtsextremismus« interessiere und meine theoretischen Überlegungen eigene Berechnungen erforderlich machten, reichte es an dieser Stelle nicht, die Ergebnisse Burjaneks zu referieren.

[9] Die Überlegung hinter der Gewichtung war die, dass das undemokratische Element mit einer von sechs Dimensionen zu kurz kommt, während die Dimensionen unter dem Überbegriff »gruppenbezogene Menschenfeindlichkeit« mit fünf von sechs Dimensionen zu stark im Vordergrund stehen. Aus theoretischen Überlegungen heraus, die hier aus Platzgründen nicht weiter ausgeführt werden können, fasse ich Antisemitismus/Antiziganismus sowie Homophobie/Ausländerfeindlichkeit/Islamophobie jeweils als ähnliche Dimensionen auf. (Zur Ähnlichkeit der Funktion des Juden- und Zigeunerstereotyps vgl. Wippermann 1997.) Es lag daher nahe diese ähnlichen Merkmale zusammen genommen jeweils mit dem Faktor 1 in den Index einfließen zu lassen.

[10] Mit der Berechnung des Indexes wurde auch die notwendige Reliabilitätsanalyse durchgeführt. Alle Items korrelieren positiv miteinander, Cronbachs α beträgt 0,71. Die Trennschärfe der Items liegt zwischen 0,41 und 0,55. Eine Ausnahme stellt hier das Item »Befürwortung einer rechtsgerichteten Diktatur« mit 0,18 dar (berechnet auf Grundlage von EVS 1999: Integrated Dataset). Das bedeutet, dass dieses Item den gesamten Index schlechter repräsentiert als die anderen Items. Damit zeigt sich auch empirisch, was bereits die theoretischen Überlegungen nahe gelegt haben: Gruppenbezogene Menschenfeindlichkeit sowie die Neigung zur Diktatur stellen zwei Dimensionen dar, die nur bedingt zusammen auftreten müssen. Da ich im Index aber bewusst beide Dimensionen vertreten haben möchte, bleibt das Item trotz der geringen Trennschärfe im Index.

es um rechte Einstellungen entsprechend der EVS-Daten von 1999 geht. In der Erhebung von 1991 fehlen einige im Index vertretenen Variablen, weshalb in diesem Fall
ein anderer Index Verwendung finden wird, der an geeigneter Stelle beschrieben wird.

4.2. Rechte Einstellungen im europäischen Vergleich

Der im vorangegangenen Unterkapitel aus den EVS-Daten von 1999 konstruierte Index ermöglicht es nun, quantitative Aussagen über das Ausmaß rechter Einstellungen zu treffen. Einstellungsuntersuchungen benötigen einen Vergleichsmaßstab. Ohne Vergleich bleiben Aussagen wie »40% der Tschechen sind ausländerfeindlich«
meist inhaltsleer und eine Analyse beschränkt sich oft auf ein normatives »das ist
ja schlimm!«. In diesem Kapitel geht es darum, rechte Einstellungen in der Tschechischen Republik in einen europäischen Kontext einzuordnen. Wie im theoretischen
Kapitel dargelegt, lassen alle Theorien den Schluss zu, dass diese in Transformationsstaaten[11] stärker ausgeprägt sein müssten als in den Nicht-Transformationsstaaten.[12]
Vor diesem Hintergrund wäre es äußerst überraschend, wenn die Daten etwas anderes
zeigen würden. Trotzdem ist es zunächst einmal notwendig, die These zu überprüfen,
dass rechte Einstellungen in Mittelosteuropa stärker verbreitet sind als in Westeuropa.[13] Die Boxplots in Abbildung 4.1 bestätigen die Hypothese zunächst. Das arith-
metische Mittel des Index beträgt in Westeuropa 0,58, in Tschechien 0,60 und in
Mittelosteuropa 0,97.[14] Rechte Einstellungen sind somit in Mittelosteuropa stärker

---

[11] Zu diesen zähle ich im Folgenden: Deutschland (Ost), Estland, Litauen, Lettland, Polen, Slowakei,
Rumänien, Bulgarien und Slowenien. Die Tschechische Republik fällt nicht in diese Kategorie, da
sie als Untersuchungsgegenstand eine eigene Kategorie bildet.

Damit betrachte ich nur Länder, die an allen verwendeten Erhebungswellen teilgenommen haben. Durch dieses Vorgehen gehen zwar Informationen verloren, es ist aber notwendig, um einen
Vergleich der Entwicklung rechter Einstellungen in West- und Mittelosteuropa zu ermöglichen.

[12] Frankreich, Deutschland (West), Österreich, Spanien, Portugal, Niederlande, Belgien, Dänemark,
Finnland, Irland, Nordirland und Malta.

[13] Statt Transformationsstaaten und Nicht-Transformationsstaaten verwende ich aufgrund der besseren Lesbarkeit gelegentlich auch die Begriffe Westeuropa vs. Mittelosteuropa. Die Begriffspaare
sind als Synonyme zu verstehen, wobei Transformationsländer die exaktere Bezeichnung darstellt.
Zu Mittelosteuropa zähle ich mit Slowenien auch ein südosteuropäisches Länder.

[14] Für die Berechnungen, die auf den zusammengefassten Daten von »Westeuropa« und »Mittelosteuropa« beruhen, wurden die Daten der verschiedenen Länder unterschiedlich gewichtet. Diese
Gewichtung wurde notwendig, da sich die Stichprobengrößen in den verschiedenen Ländern teilweise erheblich unterscheiden. Die Gewichtung wurde nun so vorgenommen, dass die Stichpro-
bengröße N jedes einzelnen Landes auf 1000 transformiert wurde. Damit erhält jedes betrachtete

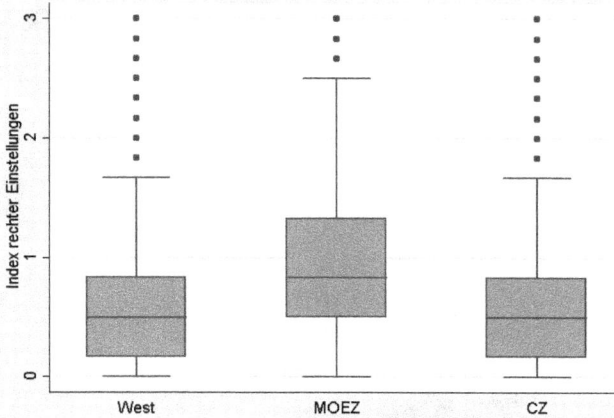

Abb. 4.1.: Index rechter Einstellungen: Boxplots für Westeuropa, Mittelosteuropa, Tschechien (Quelle: Eigene Berechnungen mit EVS 1999: Integrated Dataset)

verbreitet als in Westeuropa. Tschechien liegt zwischen den west- und mittelosteuropäischen Werten, allerdings deutlich näher an den westeuropäischen. Der Test auf statistische Signifikanz bestätigt die sich aufdrängende Vermutung, dass Tschechien eher in die Gruppe der westeuropäischen Länder eingeordnet werden muss: Der Unterschied zwischen dem tschechischen und dem westeuropäischen Mittelwert ist statistisch nicht signifikant. Die tschechische Bevölkerung scheint damit für mittelosteuropäische Länder ungewöhnlich niedrige rechte Einstellungen aufzuweisen.

Zur genaueren Analyse der Stellung Tschechiens im europäischen Kontext sind in Abbildung 4.2 die Mittelwerte aller untersuchten europäischen Länder ausgegeben. Die Ergebnisse bestätigen erneut das Bild von stärkeren rechten Einstellungen in Mittelosteuropa. Auf der linken Seite der Skala finden sich fast ausschließlich westeuropäische Länder, auf der rechten Seite die mittelosteuropäischen Länder. Dabei

---

Land in der Analyse das gleiche Gewicht.

Da es mir um einen Vergleich von rechten Einstellungen im Ländervergleich geht, wurde auf eine Gewichtung entsprechend der Populationsgröße verzichtet. Estland hat also in der Analyse das exakt gleiche Gewicht wie Polen.

Ebenfalls verzichtet wurde auf eine Gewichtung entsprechend als wichtig erachteter Merkmale wie Alter oder Geschlecht, die in der Stichprobe nicht die gleiche Verteilung aufweisen wie in der Population (Repräsentativität des Samples).

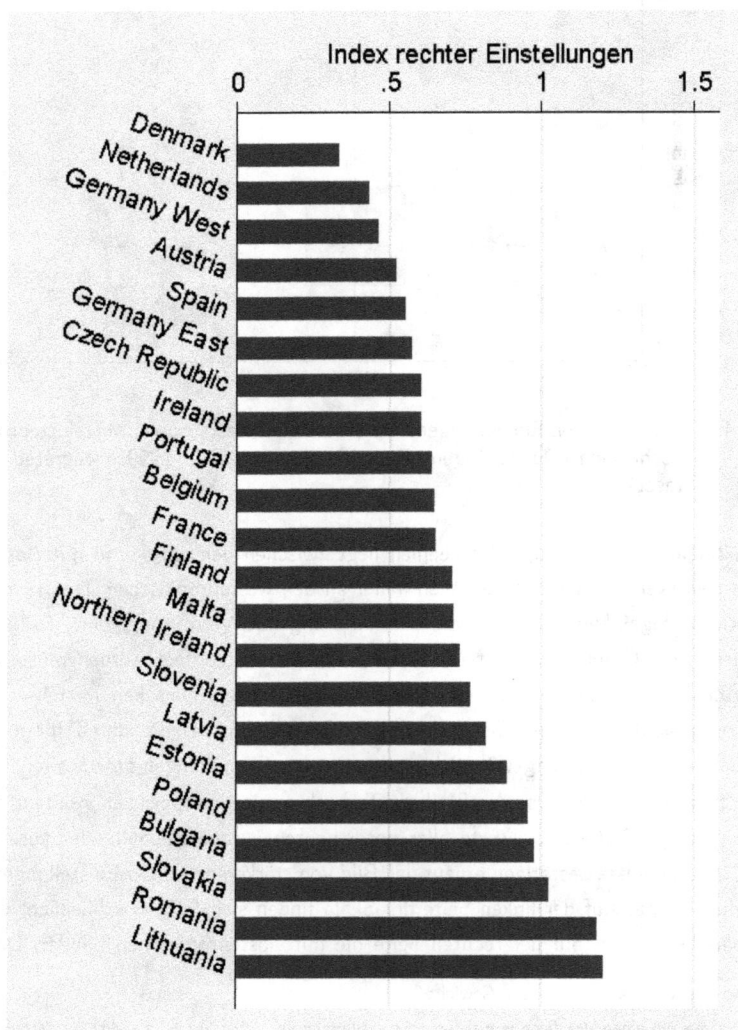

Abb. 4.2.: Index rechter Einstellungen: Mittelwerte nach Ländern (Quelle: Eigene Berechnungen mit EVS 1999: Integrated Dataset)

finden sich mit Tschechien und Ostdeutschland zwei Ausnahmen. Beide Länder sind dem Ausmaß der rechten Einstellungen in der Bevölkerung nach eindeutig in die Gruppe der westeuropäischen Länder einzuordnen. Dieses tschechische Spezifika muss in der weiteren Analyse bedacht werden: Wenn die Ursachen für die in Mittelosteuropa durchschnittlich stärker ausgeprägten Einstellungen im Transformationsprozess zu suchen sind, bleibt die Frage offen, warum die Mechanismen in Tschechien nicht wirksam geworden sind.

An dieser Stelle muss ein methodischer Einwand diskutiert werden. Die Fragen, auf denen der Index beruht, sind nicht besonders raffiniert gestellt. Wie ausgeführt, werden rechte Einstellungen im besonderen über die »Nachbar-Frage« operationalisiert. Personen, die nun hohe Werte auf der Skala aufweisen, haben auf einer ihnen vorgelegten Liste eine ganze Reihe von Gruppen ›aussortiert‹, die sie nicht als Nachbar möchten. Aufgrund dieser Art der Befragung ist es für die Befragten äußerst offensichtlich, dass sie sich damit als zumindest ›intolerante Personen‹ zu erkennen geben. Im offiziell antifaschistischen Ostblock wurde »Rechtsextremismus« bzw. Faschismus nie thematisiert, da er entsprechend der Staatsideologie nicht existieren konnte. In Westeuropa war das Thema im öffentlichen Diskurs mehr oder weniger präsent, weswegen Einstellungen wie ›Toleranz‹ als sozial erwünscht und Einstellungen wie ›Ausländerfeindlichkeit‹ als sozial unerwünscht angesehen werden müssen. Es ließe sich somit einwenden, dass sich Menschen in Mittelosteuropa offener zu ihren Einstellungen bekennen, während die Westeuropäer in ihrem Antwortverhalten zu einem vermuteten Ort sozialer Erwünschtheit hin tendieren. Radikal formuliert ließe sich einwenden, dass die Menschen in Mittelosteuropa gar keine höheren rechten Einstellungen aufweisen, sondern aufgrund des fehlenden öffentlichen Diskurses nicht gelernt haben, sozial erwünscht zu antworten. In dieser Schärfe kann ich dem Einwand nicht folgen, es ist aber zu bedenken, dass der Index die Unterschiede zwischen West- und Mittelosteuropa möglicherweise übertreibt.

4.3. ›Extreme Rechte‹ und ›Antifaschisten‹

Bisher wurden im Wesentlichen Mittelwerte dargestellt und verglichen. Es konnte gezeigt werden, dass die gemittelten rechten Einstellungen in den Transformationsstaaten deutlich weiter verbreitet sind als in den Nicht-Transformationsstaaten. Neben einem Vergleich von Mittelwerten ist es oft aufschlussreich, auch Verteilungen zu vergleichen. Mit Hilfe von Histogrammen lässt sich visualisieren, wie die Ausprägungen auf dem Index rechter Einstellungen verteilt sind. Die Histogramme in Abbildung 4.3 zeigen deutlich, dass sich die Verteilungen zwischen Transformationsstaaten und Nicht-Transformationsstaaten ganz wesentlich unterscheiden.[15]

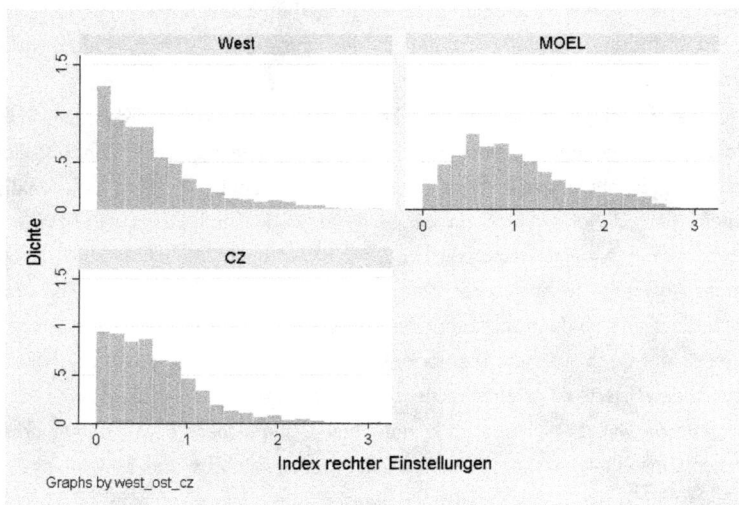

Abb. 4.3.: Index rechter Einstellungen: Vergleich der Verteilungen zwischen Tsche-
        chien, Westeuropa und Mittelosteuropa (Quelle: Eigene Berechnungen mit
        EVS 1999: Integrated Dataset)

Ein erster Blick auf die Histogramme macht – wie auch der Vergleich der Mittelwerte – die Stellung Tschechiens deutlich, die irgendwo zwischen West- und Mittelosteuropa liegt, allerdings stärker an die westeuropäische Verteilung erinnert. Während die Verteilung in Westeuropa abfallend ist, finden wir für Mittelosteuropa eine eingipflige, linkssteile Verteilung. Die unterschiedlichen Verteilungen zeigen dabei ins-

---

[15] Zur Interpretation: Auf der Abszisse sind die Werte des Indexes abgebildet. Auf der linken Seite nahe dem Wert eins befinden sich die Personen, die keine oder nur geringe rechte Einstellungen aufweisen. Auf der rechten Seite nahe dem Wert drei befinden sich Personen, die über ausgeprägte rechte Einstellungen verfügen. Die Werte auf der Ordinate sind schwieriger zu interpretieren, da die Balken die Dichte von Personen angeben, deren Ausprägungen auf dem Index innerhalb eines bestimmten Intervalls liegen. Dabei wurde die Breite des Intervalls so gewählt, dass der Index (mit seinen Ausprägungen von null bis drei) in 19 gleichgroße Intervalle unterteilt wurde. Interessant sind somit weniger die Werte auf der Ordinate, als die Dichte eines Intervalls im Vergleich zu anderen Intervallen. Zur Berechnung der Histogramme durch Stata vgl. Kohler und Kreuter 2006: S. 180ff.

besondere, dass es in Westeuropa eine relativ große Anzahl von Personen gibt, die nur geringe Werte auf dem Index aufweisen, d.h. gemäß der Operationalisierung nur über ein geringes Ausmaß an rechten Einstellungen verfügen. In Mittelosteuropa gibt es diese Personengruppe nicht, stattdessen sind die Werte um die eins herum stärker besetzt. Tschechien nimmt auch hier wieder eine Position ein, die zwischen der west- und mittelosteuropäischen Verteilung liegt, aber stärker an die westeuropäische erinnert. Zwar ist auch hier der Anteil der Personen, die sehr geringe Werte auf dem Index aufweisen, geringer als in Westeuropa, bei weitem aber nicht so gering wie im mittelosteuropäischen Durchschnitt. Zur besseren Veranschaulichung dieses Sachverhaltes identifiziere ich zwei Personengruppen, die ich im Folgenden – nicht ganz ernst gemeint – ›extreme Rechte‹ und ›Antifaschisten‹ nennen werde. Als ›extreme Rechte‹ definiere ich Personen, deren Wert auf dem Index rechter Einstellungen mindestens 2,5 mal so groß ist wie der durchschnittliche Wert. ›Antifaschisten‹ sind Personen, die auf dem Index den Wert null aufweisen.[16] Der in Abbildung 4.3 dargestellte unterschiedliche Verlauf der Verteilungen bedingt, dass die Unterschiede zwischen diesen ›Extremgruppen‹ deutlich stärker ausfallen, als wenn wir uns nur die Mittelwerte anschauen. Das betrifft im besonderen die Gruppe der ›Antifaschisten‹, die in Mittelosteuropa nur marginal vorhanden ist. So beträgt der Anteil der ›Antifaschisten‹ in Westeuropa 17,6%, in Tschechien 13,6% und im mittelosteuropäischen Durchschnitt lediglich 3,4%. Bei den ›extremen Rechten‹ sieht es in etwa umgekehrt aus. Der Anteil beträgt in Westeuropa 8,6%, in Mittelosteuropa 2,7% und in der Tschechischen Republik 5,1%.

Wie lassen sich diese Unterschiede interpretieren? Eine Erklärung könnte lauten, dass sich mit einer Etablierung einer *Zivilgesellschaft*[17] in Westeuropa auch eine Schicht gebildet hat, die gegenüber »Rechtsextremismus« sensibilisiert ist. In Westeuropa wurde die Diskussion zyklisch immer wieder geführt, wobei davon ausgegangen werden muss, dass die kritische Auseinandersetzung mit »Rechtsextremismus« nicht in allen Bevölkerungsschichten in gleichem Maße geführt, sondern von einer bestimmten Schicht ›avantgardistisch‹ voran getrieben wird. Es ließe sich spekulieren, dass es

---

[16] Um die Verteilungen sinnvoll vergleichen zu können, ist es notwendig zu beachten, dass der Mittelwert in Mittelosteuropa deutlich größer ist als in Westeuropa. Daher wurde die Grenze für die Definition der ›extrem Rechen‹ in Relation zum Mittelwert festgelegt.

[17] Ich verstehe den Begriff Zivilgesellschaft in Anlehnung an Gosewinkel 2003: S. 11ff als einen spezifischen Typus sozialen Handelns, der sich auf ein (subjektiv verstandenes) »allgemeines Wohl« bezieht, sich idealtypisch von anderen Formen sozialen Handelns abgrenzen lässt und primär »zwischen« Staat, Wirtschaft und Privatsphäre angesiedelt ist.

sich dabei um ein eher linkes Bildungsbürgertum handelt, dass gegenüber Themen wie »Rechtsextremismus« und Ausländerfeindlichkeit sensibilisiert ist und in Befragungen in diesem Sinne antwortet. In Mittelosteuropa mit seiner schwach ausgeprägten Zivilgesellschaft und einer geringen Sensibilisierung gegenüber diesen Themen fehlt diese Schicht weitestgehend, was sich in der äußerst geringen Zahl von ›Antifaschisten‹ von nur 3,4% äußert. Tschechien ist vielleicht das einzige mittelosteuropäische Land, das zum Zeitpunkt der Datenerhebung Ansätze einer Zivilgesellschaft aufweist,[18] was erklären könnte, dass der Anteil der ›Antifaschisten‹ vergleichsweise hoch ist.

Diese Überlegungen müssen im Zusammenhang mit der in Kapitel 4.2 geäußerten Kritik an der Qualität der Daten gesehen werden. Wenn die Daten nicht die ›wahren‹ Einstellungen der Personen (was immer das auch sein mag) wiedergeben, sondern im jeweiligen Kontext der Befragten sozial erwünschtes Antwortverhalten widerspiegeln, bilden sie den Schnittpunkt zu dem theoretischen Ansatz, der weiter oben als *politische Kultur* bezeichnet wurde. Die Thematisierung von »Rechtsextremismus« in Westeuropa und das öffentliche Desinteresse in Mittelosteuropa führt dazu, dass Politiker und Personen des öffentlichen Lebens in Westeuropa und im besonderen in Deutschland »vorsichtiger formulieren« müssen. Politische Kultur kann verstanden werden als Norm darüber, was im politischen Diskurs sagbar ist. Wenn diese Norm in Mittelosteuropa nach rechts verschoben ist, also rechte Äußerungen mit weniger Sanktionen belegt werden (eine These, die der empirischen Überprüfung bedarf), dann hat das Einfluss über das politische System hinaus. Die politische Kultur hat Einfluss auf die Entstehung von Einstellungen und über die Prägung handlungsleitender Normen auch darauf, an welcher Stelle wir unser Kreuz in der Wahlkabine machen oder auf unser Antwortverhalten in Fragebögen. In einer solchen Interpretation verschwimmt die dieser Arbeit zugrunde liegende strikte Trennung von Einstellungen und Handlungen.

Ich halte diese Überlegungen für wichtig, um den in den Histogrammen deutlich werdenden so prägnanten Unterschied der Einstellungsverteilungen in West- und Mittelosteuropa zu interpretieren. In der ersten möglichen Interpretation gibt es in Westeuropa schlicht eine sehr große Anzahl von Personen, die keine oder nur geringe rechte Einstellungen aufweisen – eine Gruppe, die in Mittelosteuropa fast vollkommen fehlt. In der weitergehenden Interpretation wird diese Beobachtung mit unterschiedlichen politischen Kulturen in West- und Mittelosteuropa in Verbindung gebracht. In Westeuropa gibt es demnach eine relativ große Gruppe, die gegenüber dem Thema

---

[18] Beichelt und Minkenberg 2002*b*: 257, s. auch Weßels 2003.

»Rechtsextremismus« sensibilisiert ist und, indem sie beispielsweise rechte Äußerungen ablehnt, auf diese hinweist, sie somit ›entlarvt‹ und aktiv eine politische Kultur mitgestaltet, in der gewisse Dinge nicht sagbar sind. Das Fehlen einer solchen Gruppe ist dem alltäglichen politischen Geschehen anzumerken, wenn Politiker mit großem Erfolg mit antiziganistischen und rassistischen Parolen Wähler werben, ohne dass ernsthafte Kritik daran laut wird. Leider fehlen weiterhin Ansätze, mit deren Hilfe *politische Kultur* methodisch kontrolliert als abhängige *und* unabhängige Variable in ein soziologisches Modell integriert werden kann.

4.4. Die Entwicklung rechter Einstellungen

Um die Entwicklung rechter Einstellungen in der Tschechischen Republik nachzuverfolgen, sind die EVS-Daten aufgrund der langen Intervalle zwischen den Erhebungen nur bedingt geeignet. Um das Bild zu komplettieren, werde ich daher auf Umfragen zurückgreifen, wie sie vom tschechischen *Zentrum zur Erforschung der öffentlichen Meinung* (CVVM)[19] bereit gestellt werden.

Die zweite Welle der European Values Study wurde bereits 1991 auch in einigen mittelosteuropäischen Ländern, darunter auch Tschechien, durchgeführt.[20] Damit stehen Daten zu rechten Einstellungen zur Verfügung, die weniger als zwei Jahre nach der Samtenen Revolution erhoben wurden.[21] Leider wurden wesentliche Variablen, die in Kapitel 4.1 zur Indexbildung verwendet wurden, nicht erhoben. Das betrifft insbesondere die Operationalisierung von Antiziganismus, der weiter unten als wesentliches Merkmal der tschechischen extremen Rechten identifiziert werden wird (s. unten, Kapitel 9.2). Um trotzdem einen Vergleich rechter Einstellungen in den Jahren 1991 und 1999 zu ermöglichen, wurde der Index zu diesem Zwecke verändert und setzt sich nun nur noch aus vier Variablen zusammen: Der durch die Nachbar-Frage operationalisierten Ablehnung von Immigranten/ausländischen Arbeitnehmern, Muslimen, Homosexuellen und Juden. Die additive Zusammenfassung dieser vier dichotomen Va-

---

[19] Das Zentrum zur Erforschung der öffentlichen Meinung (*Centrum pro výzkum veřejného mínění*), kurz CVVM, ist seit 2001 an das Institut für Soziologie der Tschechischen Republik (*Sociologický ústav Akademie věd České republiky, v.v.i.*) angegliedert und veröffentlicht u.a. regelmäßig Umfragen über die Meinung der tschechischen Bevölkerung zu sozialen, ökonomischen und politischen Fragen (CVVM 2010).

[20] Die Datenerhebung fand im Zeitraum vom 26.08.1991 bis zum 06.10.1991 statt.

[21] Auch wenn 1991 die Tschechoslowakei noch existierte, sind auch die Daten für nur den tschechischen Teil verfügbar.

riablen ergibt somit einen ordinalskalierten Index, der die Ausprägungen null (keine der Gruppen genannt) bis vier (alle vier Gruppen genannt) annehmen kann. Erste deskriptive Analysen zeigen einen ganz wesentlichen Rückgang rechter Einstellungen innerhalb des analysierten Zeitraumes. Der Mittelwert des Indexes beträgt 1991 1,08 und 1999 0,58, was einen Rückgang rechter Einstellungen um 86% bedeutet (vgl. unten, Tabelle 4.1). Dabei fällt der Rückgang im Falle von Islamophobie und der Ablehnung von Migranten moderat aus: Gaben 1991 22,4% der Befragten an, keinen Muslim als Nachbar haben zu wollen, sind es 1999 15,4%. Migranten werden 1991 von 22,7% der Befragten nicht gerne als Nachbarn gesehen, 1999 sind es 19,1%. Wesentlich deutlicher sind die Unterschiede bei Homophobie und Antisemitismus. Die Ablehnung von Homosexuellen geht von 50,5% auf 19,3% zurück, die von Juden von 12,7% auf 4,4%.[22]

In Abbildung 4.4 sind die Häufigkeiten der Ausprägungen des Indexes grafisch dargestellt.[23] Sie zeigen, dass rechte Einstellungen nicht nur im Mittel abgenommen haben, sondern in der Bevölkerung nach der Wende noch sehr viel breiter gestreut waren, als es 1999 der Fall ist. Während es 1999 einen relativ großen Anteil von Personen gibt, die keine oder nur geringe rechte Einstellungen aufweisen und nur wenige Personen, die »andersartige« Gruppierungen mehrheitlich ablehnen (bei denen ich damit auf ein gefestigtes extremes rechtes Weltbild schließe), verlief die Kurve 1991 deutlich flacher: Wenigstens eine der genannten Gruppen abzulehnen war 1991 sehr viel normaler als 1999. Damit hat sich in der Tschechischen Republik zehn Jahre nach der Wende nicht nur das durchschnittliche Ausmaß rechter Einstellungen an ein westeuropäisches Niveau angenähert, selbes trifft nun auch auf die Verteilung rechter Einstellungen in der Bevölkerung zu. Mit der nun flacher verlaufenden Verteilung geht einher, dass der Anteil der ›Antifaschisten‹ 1999 überproportional zum Durchschnitt zu und der Anteil der ›extremen Rechten‹ überproportional abgenommen hat. Entsprechend der in Kapitel 4.3 diskutierten Interpretationen der unterschiedlichen Verteilungen können folgende Vermutungen angestellt werden: Einhergehend mit der langsamen Entstehung einer Zivilgesellschaft[24] wurde das Thema »Rechtsextremis-

---

[22] Die Problematik der fehlenden Variablen liegt auf der Hand. Da nur die Ablehnung weniger Gruppen operationalisiert werden konnte, kann nicht mit Sicherheit gesagt werden, ob der Rückgang der Einstellungen so wesentlich ist, wie die Daten vermuten lassen. Es wäre möglich, dass sich die Ablehnung nur auf andere, hier nicht erfragte Gruppen, verlagert hat.

[23] Zur Interpretation: 1991 beträgt der Anteil der Ausprägung »0« auf dem Index 40,83%.

[24] Der Zeitpunkt einer zunehmenden öffentlichen Auseinandersetzung mit dem Thema »Rechtsextremismus« kann auf Mitte der 1990er Jahre datiert werden. Nachdem im September 1993

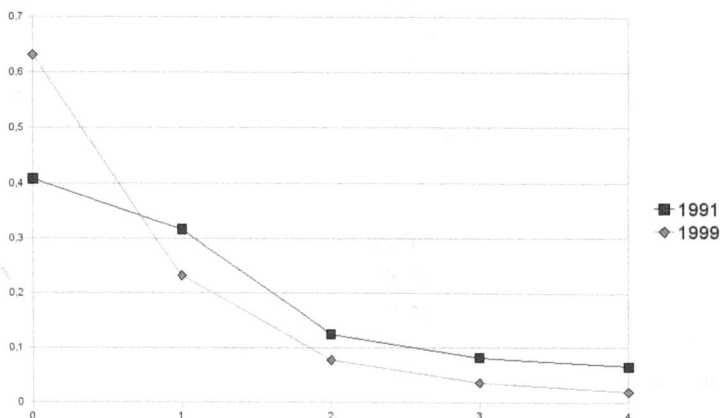

Abb. 4.4.: Index rechter Einstellungen (Tschechische Republik): Vergleich der Verteilungen 1991 und 1999 (Quelle: Eigene Berechnungen mit EVS 1991 und
1999: Integrated Dataset)

mus« zunehmend in der Öffentlichkeit diskutiert und als Problem wahrgenommen. Es
begannen sich Personen mit dem Thema intensiver und kritisch auseinanderzusetzen.
Es ist zu vermuten, dass im besonderen diese Personengruppe ihr Antwortverhalten
änderte und nun die Gruppe bildet, die auf dem Index rechter Einstellungen niedrige
Werte aufweist. Darüber hinaus können sich erst in der problematisierenden Auseinandersetzung mit »Rechtsextremismus« und Ausländerfeindlichkeit Normen bilden, die
»Rechtsextremismus« als Normverstoß definieren. Es ist also einerseits davon auszugehen, dass rechte Einstellungen abgenommen haben, andererseits muss bedacht
werden, dass Personen nun aufgrund der öffentlichen Thematisierung zunehmend in
der Lage sind, sozial erwünscht zu antworten.

Um abzusichern, dass es sich bei den beiden Querschnitten von 1991 und 1999

---

der 19jährige Filip Venclík Opfer einer »rechtsextremen« Gewalttat wurde, gründete sich die
Hnutí občanské solidarity a tolerance (Bewegung für bürgerschaftliche Solidarität und Toleranz –
HOST), die sich den Themen Rassismus und Menschenfeindlichkeit widmete. Mit HOST und der
daran anknüpfenden Initiative *Tolerance a občanská společnost* (Toleranz und Zivilgesellschaft)
ging eine Veränderung des gesellschaftlichen Klimas einher (Kalibová 2008: 252). Damit begann
die Gesellschaft »Rechtsextremismus« als gesellschaftliches Problem zu wahrzunehmen, diese
Sensibilität war 1991 noch nicht gegeben.

73

tatsächlich um einen Trend handelt, ziehe ich Umfrageergebnisse des CVVM heran.[25] Seit 1991 wird in regelmäßigen Abständen die ›Sympathie‹ zu Angehörigen anderer Nationen erhoben. Im relevanten Zeitraum von 1991 bis 2001 wurden die Befragten gebeten, ihr Verhältnis zu Menschen verschiedener Nationalitäten[26] anzugeben. In Abbildung 4.5 ist die Entwicklung der Sympathie zu den abgefragten Nationalitäten von 1991 bis 2001 dargestellt. Der Kurvenverlauf ist ziemlich eindeutig. Die Sympathie zu Angehörigen anderer Nationen nimmt im Untersuchungszeitraum bis zur Jahrtausendwende zu. Ausnahmen hiervon sind allerdings Bürger des Balkans und der ehemaligen UDSSR, hier ist der Verlauf uneindeutig. Dabei macht die Grafik erneut die Sonderstellung von Roma/Zigeunern deutlich: Keiner anderen Gruppe wird ähnlich wenig Sympathie entgegen gebracht. Interessanterweise scheint 1999, also zum Erhebungszeitraum der EVS-Daten, ein ›Sympathiehöhepunkt‹ erreicht worden zu sein, die Werte gehen 2000 und 2001 wieder zurück.[27] Die Kombination der beiden Studien lässt den Schluss zu, dass rechte Einstellungen seit 1991 mit fortschreitender Transformation kontinuierlich zurückgegangen sind. Wie in Kapitel 4.2 gezeigt, liegen die Einstellungen 1999 im west(!)europäischen Mittelfeld.

... im europäischen Vergleich

Von besonderem Interesse ist es, den Rückgang rechter Einstellungen in der Tschechischen Republik in einen europäischen Kontext einzuordnen. So können Aussagen darüber getroffen werden, ob dieser Rückgang ein tschechisches Spezifikum ist, in allen Transformationsländern oder sogar in ganz Europa stattgefunden hat. Zum Vergleich verwende ich den bereits oben beschriebenen, aus vier Items bestehenden additiven Index. In Tabelle 4.1 sind die Mittelwerte für Westeuropa, Mittelosteuropa und Tschechien sowie die prozentualen Veränderungen der Mittelwerte dargestellt.

Schauen wir uns zunächst die Werte für 1991 an: Es zeigt sich ein äußerst deutlicher Unterschied zwischen den Transformations- und Nicht-Transformationsländern.

---

[25] Chludilová 2003.

[26] Die genaue Frage lautete: »Und wie würden sie mit Hilfe dieser Liste ihr Verhältnis zu den Menschen dieser Nationen und Nationalitäten beschreiben?« (»*A jak byste pomocí tohoto lístku označil svůj vztah k lidem těchto národů a národností?*«) Die vier Antwortmöglichkeiten lauteten »sehr gut«, »eher gut«, »weder gut noch schlecht«, »eher schlecht« und »sehr schlecht«.

[27] Die Befragung wird weiterhin durchgeführt, aber seit 2003 leider auf eine etwas andere Art und Weise, was eine Vergleichbarkeit der Daten erschwert. Verschiedene Indizien deuten daraufhin, dass rechte Einstellungen seit der Jahrtausendwende wieder zunehmen. Vor der bald anstehenden Veröffentlichung der vierten EVS-Studie sind leider keine gesicherten Aussagen möglich.

Tab. 4.1.: Rechte Einstellungen in Europa 1991 und 1999 (Quelle: Eigene Berechnungen mit EVS 1991 und 1999: Integrated Dataset)

	1991	1999	Veränderung (%)
Westeuropa	0,67	0,57	- 17,5
Mittelosteuropa	1,40	1,13	- 23,9
Tschechien	1,08	0,58	- 86,2

Rechte Einstellungen sind – gemäß dieses ›abgespeckten‹ Indexes – in Mittelosteuropa fast doppelt so stark ausgeprägt wie in Westeuropa. Der tschechische Wert liegt dazwischen, allerdings deutlich näher am mittelosteuropäischen als am westeuropäischen Durchschnitt. Bis 1999 gingen die Einstellungen überall zurück, allerdings unterschiedlich stark. Während der Index für Westeuropa um »nur« 18% zurückgeht, sind es in Mittelosteuropa 24% und in Tschechien 86%. Der starke Rückgang in Mittelosteuropa bedingt, dass sich die Werte im Vergleich zu 1990 einander angenähert haben. Während Tschechien 1991 in die Gruppe der mittelosteuropäischen Länder eingeordnet werden muss, findet es sich 1999 aufgrund des besonders starken Rückgangs rechter Einstellungen in der Gruppe der westeuropäischen Länder wieder.

4.5. Rechte Einstellungen als autoritäre Reaktion?

In Kapitel 3.2.2 wurden zwei Hypothesen zur Entwicklung rechter Einstellungen nach der Wende formuliert. Fassen wir Autoritarismus als relativ stabiles Persönlichkeitsmerkmal auf, so ist zu erwarten, dass das rechte Einstellungspotential in der Tschechischen Republik nach der Wende relativ konstant hoch bleibt. Verstehen wir Autoritarismus im Sinne Oesterreichs als *autoritäre Reaktion* (oder nehmen einen Interaktionseffekt zwischen autoritärer Persönlichkeit und Krisenerfahrung an), so ist zu erwarten, dass rechte Einstellungen mit der Krise und dem Zusammenbruch des Realsozialismus stark ansteigen und im Transformationsprozess mit der Gewöhnung an das neue System langsam aber stetig wieder zurückgehen. Leider existieren keinerlei einstellungsbezogene Daten für die Zeit vor 1989. Daher können keine gesicherten Aussagen darüber getroffen werden, ob rechte Einstellungen bereits in der sozialistischen ČSSR auf einem ähnlich hohen Wert wie 1991 lagen oder ob sie in der Wende-

und frühen Transformationsphase erst angestiegen sind. Wilfried Schubarth[28] kann für Ostdeutschland zeigen, dass bei Jugendlichen rechte Einstellungen unmittelbar nach der Wende innerhalb weniger Monate sprunghaft ansteigen. Auch für Mittelosteuropa und Tschechien berichten Experten wie Ilja Srubar über die spontane »Artikulation von ethnischen und sozialen Vorurteilen, denen man als einer der ersten Äußerungen der erlangten Freiheit in den Ländern des Realsozialismus begegnet«.[29] Halten wir diese Indizien für ausreichend,[30] so finden wir eine klare Bestätigung der zweiten Hypothese: Rechte Einstellungen steigen mit dem Systemwechsel stark an und gehen im Transformationsverlauf kontinuierlich wieder zurück. Dabei gehen sie im tschechischen Fall so stark zurück, dass sie sich zehn Jahre nach der Wende auf einem mittleren westeuropäischen Niveau befinden. Wären in der sozialistischen ČSSR massenhaft autoritäre Persönlichkeiten sozialisiert worden, müssten die Einstellungen im untersuchten Zeitraum sehr viel stabiler und auch noch 1999 höher als in Westeuropa sein.[31] Damit sind die empirischen Ergebnisse ein Indiz für die Wichtigkeit von Krisenerfahrungen bei der Erklärung von rechten Einstellungen und rechtfertigen die Konzentration auf diese Fragestellung. Mit Blick auf die Theorie der autoritären Persönlichkeit stärken sie die Position Oesterreichs und die Vorstellung, Autoritarismus als menschliche Basisreaktion in kritischen Situationen aufzufassen. Als Persönlichkeitsmerkmal aufgefasster Autoritarismus scheint dagegen eine geringere Rolle zu spielen. Denkbar und wahrscheinlich ist aber auch weiterhin, dass der oben beschriebene Interaktionseffekt vorliegt: In der Zeit gesamtgesellschaftlicher Verunsicherung werden – im autoritären Staat sozialisierte und nun latent vorhandene autoritäre Persönlichkeitsstrukturen – aktiviert.

Es sollte aber auch nicht voreilig geschlussfolgert werden, dass die ursprüngliche Version der Theorie der autoritären Persönlichkeit komplett über Bord geworfen werden muss. Das liegt an einer im wissenschaftlichen Diskurs kaum hinterfragten, aber m.E. nicht ganz unproblematischen Brückenhypothese: Dass das Aufwachsen in einem

---

[28] Schubarth 1992: 83.

[29] Srubar 1991: 424.

[30] Zur qualitativen Untersuchung der Zunahme ultranationalistischer und faschistischer Semantiken in der frühen Nachwendezeit vgl. den zweiten Teil dieses Buches.

[31] Mir ist bewusst, dass man mir mit dieser Argumentation einen *ökologischen Fehlschluss* unterstellen könnte: Der Rückgang rechter Einstellungen in Tschechien beruht auf einem Vergleich der Mittelwerte, die Theorie der autoritären Persönlichkeit macht aber Aussagen über die Konstanz des Persönlichkeitsmerkmals auf der Individualebene. Ich habe die Argumentation hier trotzdem angebracht, da (relativ) stabile Einstellungen bei *allen* Gesellschaftsmitgliedern mit einem Rückgang von 86% in einem Zeitraum von nur acht Jahren auch bei der freundlichsten Interpretation nicht vereinbar sind.

autoritären Staat zwangsläufig autoritäre Persönlichkeiten hervorbringt.[32] Wenn auch die Annahme theoretisch sehr plausibel ist, muss bedacht werden, dass in *The Authoritarian Personality* insbesondere die Sozialisation im Elternhaus untersucht wurde. Die in der sozialistischen Tschechoslowakei strikte Trennung von Öffentlichem und Privatem (s. unten Kapitel 7.1) lässt zumindest die Möglichkeit offen, dass autoritäre Strukturen, die in der öffentlichen Sphäre zweifellos existierten, nicht im selben Maße in den privaten Bereich übertragen wurden. Ob aber im tschechischen Sozialismus Kinder autoritär erzogen wurden, ist letztlich eine meines Wissens bisher nicht untersuchte empirische Frage.

4.6. Zusammenfassung

Es kann festgehalten werden, dass die von vielen Beobachtern geschilderte spontane »Artikulation von ethnischen und sozialen Vorurteilen« (Srubar) in Mittelosteuropa unmittelbar nach der Wende bestätigt werden kann. Rechte Einstellungen sind in Mittelosteuropa 1991 erheblich stärker ausgeprägt als in Westeuropa. Dabei waren rechte Einstellungen unmittelbar nach der Wende sehr stark gestreut, d.h. die Mehrheit der Leute wiesen ein mittleres Maß rechter Einstellungen auf, nur wenige Leute verfügten über gar keine bzw. sehr stark ausgeprägte rechte Einstellungen. Diese Beobachtung galt 1991 mit Abstrichen auch für die Tschechische Republik, in der allerdings (zusammen mit Ostdeutschland) das geringste Ausmaß rechter Einstellungen im mittelosteuropäischen Vergleich anzutreffen war. In der kommenden Dekade gingen die Einstellungen in gesamt Mittelosteuropa deutlich zurück und nähern sich an ein westeuropäisches Niveau an, das allerdings nicht erreicht wird. Ein besonders starker Rückgang ist dabei in der Tschechischen Republik zu beobachten. 1999 liegt das Ausmaß rechter Einstellungen in der Tschechischen Republik bereits auf einem ›normalen‹ westeuropäischen Niveau. Neben dem überdurchschnittlich starken Rückgang rechter Einstellungen in Tschechien ist ein weiteres Merkmal herauszustellen, dass die Sonderstellung Tschechiens deutlich macht: Es ist das einzige Land (neben Slowenien), in dem sich die Verteilung bis 1999 an das westeuropäische Muster angenähert hat. In allen anderen mittelosteuropäischen Ländern sind weiterhin die Mittelkategorien stark ausgeprägt, d.h. die Mehrheit verfügt über Einstellungen im mittleren Bereich und nur wenige verfügen über sehr starke bzw. sehr schwache rechte Einstellungen. In

---

[32] So z.B. Heitmeyer 1992: 106, Maaz 1992.

Tschechien dagegen ähnelt die Verteilung 1999 bereits der westeuropäischen. Es gibt nun in Tschechien eine relativ große Anzahl von Personen, die keine bzw. nur wenig ausgeprägte rechte Einstellungen aufweist.

Der starke Rückgang rechter Einstellungen in allen Transformationsländern und insbesondere in der Tschechischen Republik legt es nahe, den Einfluss von Krisen und nicht den von Persönlichkeitsmerkmalen zu untersuchen.

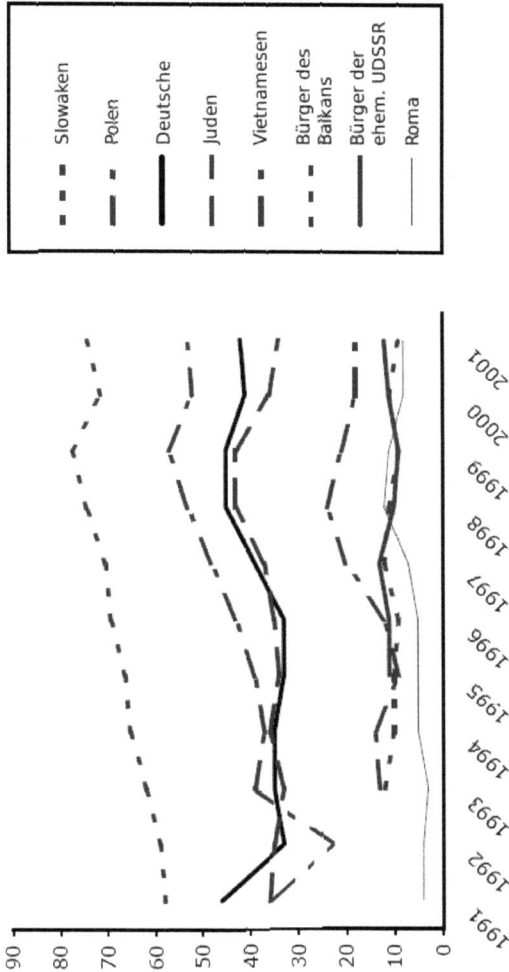

Abb. 4.5.: Entwicklungen im Verhältnis zu Angehörigen anderer Nationen (Quelle: Naše společnost 2003, Legende durch Autor über- und ersetzt.)

Teil III.

Ursachen

5. Sozialer Abstieg und »Modernisierungsverlierer«

Nachdem im vorigen Kapitel Ausmaß, Verteilung und Spezifika rechter Einstellungen in Tschechien und Mittelosteuropa beleuchtet wurden, geht es in Kapitel 5 und 6 darum, Ursachen für die Stärke rechter Einstellungen in den 1990er Jahren auszumachen. In einem ersten Schritt soll der vielleicht populärste Ansatz zur Erklärung rechter Einstellungen in Mittelosteuropa – die Modernisierungsverliererhypothese – überprüft werden. Die verfügbaren EVS-Daten ermöglichen es, statistische Zusammenhänge zwischen rechten Einstellungen und anderen Individualmerkmalen zu untersuchen. In diesem Kapitel soll daher untersucht werden, ob die im Transformationsprozess große Anzahl von *Modernisierungsverlierern* für die stark ausgeprägten rechten Einstellungen in Mittelosteuropa zu Beginn der 1990er Jahre ›verantwortlich‹ gemacht werden muss. Es besteht kein Dissens darüber, dass es Personen gibt, die vom Transformationsprozess profitieren, also zu den ›Gewinnern‹ gehören, und solche, die negative ökonomische Folgen zu tragen haben, also zu den ›Verlierern‹ des sozialen Wandels gehören. Georg Vobruba argumentiert,[1] dass jeder – im Kern ökonomische – Modernisierungsschub sowohl Gewinner als auch Verlierer ›produziert‹, wobei kurzfristig die Verluste und langfristig die Gewinne überwiegen.[2] Die Modernisierungsverliererhypothese stellt nun einen Zusammenhang her zwischen den Personen, die zu den Verlierern gezählt werden müssen und der Entstehung rechter Einstellungen.

In Kapitel 3.2.4 wurden zwei Varianten der sogenannten *Modernisierungsverliererhypothese* vorgeschlagen: Die *harte* und die *weiche* Variante. An diese Diskussion soll hier angeknüpft werden, zunächst werde ich kurz die Ergebnisse rekapitulieren. Inhaltlich lässt sich die *harte* Variante der Modernisierungsverliererhypothese auf die Faschismus-Theorie von Lipset zurückführen, der die in der Weltwirtschaftskrise abstiegsbedrohte Mittelschicht als wesentlichen Träger des Faschismus identifizierte.

---

[1] Vobruba 2007: S. 31ff.
[2] Ebd.: 38.

Neben Abstiegsbedrohung als Mechanismus finden sich Ansätze, die schnellen sozialen Wandel und die daraus folgende Verunsicherung und Orientierungslosigkeit von Individuen als ursächlich für rechte Einstellungen bzw. extreme rechte Organisationen ansehen. Als Modernisierungsverlierer entsprechend der *weichen* Hypothese fasse ich Personen auf, die durch widersprüchliche Anforderungen als Folge von Modernisierungsprozessen verunsichert sind und diese nicht adäquat verarbeiten können. Diese Interpretation der Modernisierungsverliererhypothese legt der Aufsatz von Scheuch/Klingemann nahe, auch die anomietheoretisch geprägten Arbeiten von Wilhelm Heitmeyer gehen in ihrem Kern in diese Richtung.

Im Folgenden soll die *harte* Modernisierungsverliererhypothese empirisch überprüft werden. Die *weiche* Version kann mit den zur Verfügung stehenden quantitativen Daten nicht überprüft werden. Hierzu wäre eine eigener Untersuchung notwendig, mit deren Hilfe die Wahrnehmung und Verarbeitung schnellen sozialen Wandels in geeigneter Form konzeptionalisiert und operationalisiert wird. Die in diesem Kapitel zu beantwortende Frage lautet also, ob der Mechanismus Statusverlust auf der Mikroebene zu rechten Einstellungen führt bzw. ob Modernisierungsverlierer gemäß der *harten* Hypothese die überwiegenden Träger rechter Einstellungen in Transformationsländern im allgemeinen und Tschechien im besonderen sind. Die Überprüfung soll mit dem bereits verwendeten EVS-Datensatz geschehen.

5.1. Eine polarisierte mittelosteuropäische Gesellschaft?

In Kapitel 4.3 wurden die auffällig unterschiedlichen Verteilungen rechter Einstellungen in West- und Mittelosteuropa verglichen. Dabei konnte festgestellt werden, dass in Mittelosteuropa viele Personen über mittlere Werte auf dem Index rechter Einstellungen verfügen. Diese Verteilung spricht intuitiv gegen die Modernisierungsverliererhypothese. Zur Verdeutlichung sind in Abbildung 5.1 diese unterschiedlichen Verteilungen in West- und Mittelosteuropa idealtypisch dargestellt (Die Graphen »WEST« und »OST«).[3]

Wir erinnern uns, dass auf der Abszisse die Ausprägungen auf dem Index rechter Einstellungen dargestellt sind, links ist der Anteil der Personen, die geringe rechte Einstellungen und rechts der Anteil der Person zu sehen, die über ausgeprägte rechte

---

[3] Tschechien wurde für diese Betrachtung außen vor gelassen.

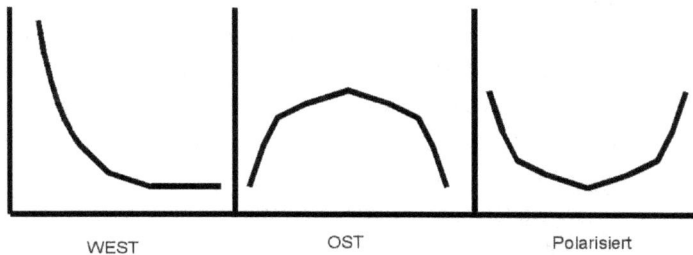

WEST   OST   Polarisiert

Abb. 5.1.: Verteilungen rechter Einstellungen: Idealtypische Darstellung (Quelle: Eigene Darstellung)

Einstellungen verfügen.[4] Wir finden nun also in Westeuropa viele Personen, die geringe rechte Einstellungen aufweisen und wenige, die zu den ›extremen Rechten‹ zu zählen sind. In Mittelosteuropa sind rechte Einstellungen ›demokratischer‹ verteilt: Der Großteil der Bevölkerung verfügt über rechte Einstellungen im mittleren Bereich.[5] Dieser Unterschied wurde im Wesentlichen bereits in Kapitel 4.3 beschrieben.

Verträgt sich aber diese empirische Beobachtung mit der Modernisierungsverliererhypothese? Die Hypothese besagt, – überspitzt zu Ende gedacht – dass es im Transformationsprozess Gewinner und Verlierer gibt. Verlierer verfügen über ein hohes Maß an rechten Einstellungen, Gewinner nicht. Mit dieser These verträgt sich die in Mittelosteuropa beobachtete Verteilung nur schlecht. Es wäre dann zu erwarten, dass es viele Personen gibt, die über ein hohes Maß an rechten Einstellungen verfügen (Verlierer) und viele Personen, die ein geringes Maß rechten Einstellungen aufweisen (Gewinner), aber nur wenige Personen, die über durchschnittliche rechte Einstellungen verfügen. Die Gesellschaft müsste also im Bezug auf rechte Einstellungen polarisieren, die idealtypische Verteilung einer solchen polarisierten Gesellschaft

---

[4] Zur besseren Vorstellung kann einen Augenblick angenommen werden, dass statt dem abstrakten Konstrukt »rechte Einstellungen« das Einkommen angegeben wäre. Die mit »West« untertitelte Kurve würde nun eine Bevölkerung darstellen, in der es sehr viele Menschen gibt, die über ein äußerst geringes Einkommen verfügen und sehr wenige Menschen, die über ein besonders hohes Einkommen verfügen. Die mit »Ost« bezeichnete Kurve würde eine Bevölkerung abbilden, in der das Einkommen stärker gleichverteilt ist. Ein Großteil der Bevölkerung bezieht Einkommen im mittleren Bereich, und nur sehr wenige Personen befinden sich am unteren bzw. oberen Ende der Einkommensskala.

[5] Die den Verteilungskurven zu entnehmende Beobachtung, dass in Mittelosteuropa viele Personen rechte Einstellungen nahe dem Mittelwert einnehmen bestätigen auch die Variationskoeffizienten (Streuung als prozentualer Anteil des Mittelwertes). Dieser beträgt in Westeuropa 0.75 und in Mittelosteuropa 0.71 (Berechnungen nach EVS 1999 ohne Tschechien: Integrated Dataset).

85

stellt der dritte Graph dar. Die Verteilungskurve zeigt aber, dass in Mittelosteuropa das Gegenteil der Fall ist: Die meisten Personen verfügen über Einstellungen im mittleren Bereich, eine polarisierende Verteilung der Einstellungen auf rechte Verlierer und demokratisch-tolerante Gewinner lässt die Verteilung nicht erkennen. Stattdessen ähnelt die westeuropäische der polarisierenden Kurve sogar stärker als die mittelosteuropäische.

Diese Argumentation hat allerdings eine wesentliche Schwäche: Sie funktioniert nur, wenn sich der Anteil der Gewinner und Verlierer im Transformationsprozess in etwa die Waage halten würde. Über den prozentualen Anteil der »Modernisierungsverlierer« ist aber zunächst nichts bekannt. Die Verteilungen können daher nur als erstes Indiz gegen die Hypothese verwendet werden.

5.2. Arbeitsplatzsicherheit und rechte Einstellungen

Die korrekte Überprüfung der harten Variante wäre einfach, wenn im Datensatz eine Variable »Modernisierungsverlierer ja/nein« enthalten wäre, die operationalisiert, ob die Person im Transformationsprozess zu den Gewinnern oder Verlierern zählt. Eine solche Variable existiert nicht. Die einzige vorhandene Variable, die direkt auf Gewinner bzw. Verlierer schließen lässt, ist die nach der subjektiv wahrgenommenen Sicherheit des Arbeitsplatzes. Die Bedrohung des Arbeitsplatzes bedeutet gleichzeitig einen möglichen sozialen Abstieg und damit Abstiegsbedrohung. Es wäre daher zu vermuten, dass es einen positiven Zusammenhang zwischen der Sicherheit des Arbeitsplatzes und rechten Einstellungen gibt.

Die Befragten wurden gebeten, die Sicherheit ihres Arbeitsplatzes auf einer Skala von 1 - 10 zu beurteilen.[6] Zur Überprüfung der Hypothese wurden alle zehn Kategorien als Dummy-Variablen codiert und eine lineare Regressionsanalyse mit dem Index rechter Einstellungen als abhängige Variable durchgeführt. Die Ergebnisse, auf deren Darstellung ich aus Platzgründen an dieser Stelle verzichte, zeigen, dass es in Tschechien keinen signifikanten Zusammenhang zwischen der Bedrohung des Arbeitsplatzes und rechten Einstellungen gibt. Wird die Regression für alle mittelosteuropäischen Länder

---

[6] »Und wie zufrieden sind Sie mit der Sicherheit ihrer Beschäftigung? Mit Hilfe dieser Karte geben Sie bitte an, wie zufrieden bzw. unzufrieden Sie sind.« (»*A jak jste spokojen(a) nebo nespokojen(a) s jistotou svého zaměstnání? S pomocí této karty prosím označte, jak jste spokojen(a) či nespokojen(a).*«)

durchgeführt, lässt sich ein signifikanter Zusammenhang nachweisen. Allerdings kann die Unsicherheit des Arbeitsplatzes nur 0,75% (korrigiertes R^2) der Varianz rechter Einstellungen erklären. Auf Grundlage dieser Operationalisierung muss die Modernisierungsverliererhypothese daher verworfen werden.

Es könnte nun argumentiert werden, die gewählte Variable sei ein ungenügender Indikator für das theoretische Konstrukt »sozialer Abstieg«. Aus diesem Grund werde ich im Folgenden weitergehende Überlegungen zur Relevanz der harten Modernisierungsverliererhypothese vornehmen.

5.3. Der Abstieg der Arbeiterklasse

Die bisher angestellten Überlegungen sind erste wichtige Hinweise, dass die Modernisierungsverliererhypothese in dieser Variante wenig zur Erklärung von rechten Einstellungen in Transformationsländern beizutragen hat. Trotzdem reichen sie nicht aus, um die Hypothese gänzlich zu verwerfen. Da die EVS-Daten keine weiteren brauchbaren Variablen enthalten, müssen – um dennoch weitere Aussagen zu treffen – Brückenannahmen getroffen werden, wer zu den Gewinnern und wer zu den Verlierern gehört. Die Brückenannahme lautet, dass die Arbeiterklasse als Verlierer des Transformationsprozesses anzusehen ist. Theoretisch und empirisch werde ich nun versuchen zu zeigen, dass im Transformationsprozess im besonderen die Arbeiterklasse von Statusverlust betroffen ist. Vor diesem Hintergrund ist dann zu erwarten, dass es einen positiven Zusammenhang zwischen Zugehörigkeit zur Arbeiterklasse und rechten Einstellungen gibt.

Lipset sieht in der Weltwirtschaftskrise der 30er Jahre die Mittelschicht als abstiegsbedroht an, und folgert daher, dass sie zum Faschismus neigen müsse. Diese Annahme kann nicht auf die mittelosteuropäische Systemtransformation übertragen werden. Mit dem Zusammenbruch des Realsozialismus existierte keine potentiell abstiegsbedrohte Mittelschicht – sie wurde unterdrückt, da sie im Marx'schen Klassenschema keinen Platz hatte.[7] Die theoretische Annahme muss vielmehr lauten, dass mit dem Übergang von Realsozialismus zu Kapitalismus die *Arbeiterklasse als abstiegsbedroht angesehen werden muss*. Selbstverständlich war die tschechische Gesellschaft vor 1989 keine klassenlose Gesellschaft im Marx'schen Sinne, sondern eine durchaus

---

[7] Večerník 1998: 205.

stratifizierte Gesellschaft.[8] Allerdings funktionierte die Verteilung von Einkommen und Lebenschancen nicht über den Marktmechanismus, sondern nach den Prinzipien des »Grundbedarfs« und der – durch die kommunistische Partei definierten »öffentlichen Nützlichkeit«.

In accordance with the ›basic needs principle‹, workers in mining, metal-working, and heavy industry were better paid, as they needed to ›eat more‹. Alongside the implicit basic needs principle, the explicit principle of labour's ›public utility‹ for the regime was applied. This endorsed higher rewards and other privileges to top party and state officials, army officers, police staff, and even top athletes and artists.[9]

Entsprechend des Grundbedarfsprinzips spielten vor allem demografische Merkmale der Bevölkerung eine Rolle bei der Verteilung von Einkommen. Die erklärungsmächtigsten Faktoren waren Alter und Gender, beide Merkmale zusammen erklärten 1988 immerhin 37% der Einkommensvarianz.[10] Mit der Entmachtung des sozialistischen Regimes und der Übernahme kapitalistischer Strukturen verloren diese Verteilungsmechanismen an Bedeutung und wurden durch neue ersetzt. 1996 konnten nur noch 18% der Einkommensvarianz über diese beiden Merkmale erklärt werden.[11] Demgegenüber nahm vor allem der Einfluss von Bildung auf Einkommensunterschiede zu – das sozialistische Tschechien war auch im Vergleich mit den anderen mittelosteuropäischen Ländern das Land mit dem geringsten Bildungsertrag.[12] Dieser verdoppelte sich zwischen 1989 und 1996 und stieg später noch weiter an.[13] Mit dem Transformationsprozess ändern sich somit die Mechanismen, nach denen Einkommen und Lebenschancen verteilt werden, was Gewinner und Verlierer impliziert. Verlierer sind Personen, die durch die sozialistischen Mechanismen der Stratifikation bevorzugt wurden, Gewinner sind Personen, die entsprechend den im Kapitalismus wirksamen Mechanismen bei der Verteilung von Arbeitsplätzen und Einkommen bevorzugt werden. Mit den sich verändernden Allokationsmechanismen einher ging eine Zunahme von Einkommensungleichheiten. Das sozialistische Tschechien war eines der Länder mit den weltweit geringsten Einkommensungleichheiten.[14] Von 1988 bis 1996 steigt der Gini-Koeffizient von 0,20 auf 0,27.[15] Auch diese Entwicklung impliziert wieder Gewinner und Verlierer,

---

8 Vgl. Machonin 2005: S. 93ff.
9 Večerník 2009: 75.
10 Vgl. ebd.: S. 78f.
11 Ebd.: S. 78f.
12 Večerník 1998: 118.
13 Večerník 2009: 138.
14 Ebd.: 77.
15 Ebd.: 77, Household Income Surveys.

also Personen, deren Einkommen mit dieser Entwicklung überdurchschnittlich steigen und Personen, deren Einkommen gleich bleiben oder sinken. Dabei müssen die Veränderungen in den neunziger Jahren als radikal eingeschätzt werden. »[...] over a relatively short time span the differentiation and structure of wages in the Czech Republic have been moving energetically towards the standard Western pattern.«[16]

Neben der sich ändernden Einkommensstruktur muss eine weiteres Phänomen betrachtet werden: die entstehende Arbeitslosigkeit und Arbeitsplatzmobilität. In der sozialistischen Tschechoslowakei bestand Arbeitsplatzsicherheit und es galt das Modell der lebenslangen Beschäftigung,[17] der Wechsel des Arbeitsplatzes war nicht vorgesehen und galt im Gegenteil als verdächtig.[18] Sowohl die Bedrohung durch Arbeitslosigkeit als auch der Wechsel des Arbeitsplatzes waren für einen Großteil der Bevölkerung daher vollkommen neue Erfahrungen. Die Erfahrung, dass die Inklusion in den Arbeitsmarkt nicht durch den Staat garantiert wird, galt im übrigen auch für die Inklusion in soziale Sicherungssysteme. Im Sozialismus war die soziale Sicherung eng an die Beschäftigung geknüpft,[19] da Vollbeschäftigung herrschte, war eine Arbeitslosenversicherung in Tschechien weder notwendig noch existent und musste 1990 erst eingeführt werden.[20] Damit begann sich die Struktur von Armut wesentlich zu wandeln: Im Realsozialismus lebten alle Menschen aufgrund von Mangelwirtschaft und geringer Einkommensunterschiede nahe dem sozialen Minimum, von Armut bedroht waren insbesondere ältere Menschen und Familien mit vielen Kindern.[21] Mit der Etablierung des Kapitalismus wurde erstmals Arbeitslosigkeit zum größten Armutsrisiko.[22] In der frühen Phase der Transformation waren von einer ersten Entlassungswelle vor allem unproduktive einfache Arbeiter betroffen.[23]

Bezogen auf Einkommen und Arbeitslosigkeit lässt sich an dieser Stelle festhalten, dass Modernisierungsverlierer im Sinne der harten Variante Personen sind, die in der sozialistischen Gesellschaft bevorzugt wurden, hierzu gehören vor allem einfache Arbeiter mit geringer Qualifikation und im besonderen Arbeiter im Bereich der Schwerindustrie. Im Vergleich zur kapitalistischen Gesellschaft wurden im sozialistischen Tschechien Personen benachteiligt, die über höhere Bildung verfügten. Perso-

---

[16] Ebd.: 87.
[17] Večerník 1998: 29.
[18] Ebd.: 29.
[19] Pesendorfer 1998: 185.
[20] Vgl. Večerník 2004: 809.
[21] Ebd.: 807.
[22] Ebd.: 807.
[23] Večerník 1998: 26.

nen mit höheren Bildungsabschlüssen sind daher zu den Modernisierungsgewinnern zu zählen.

Neben diesen Indikatoren für einen *objektiven* Aufstieg insbesondere gebildeter Bevölkerungsschichten und einen Abstieg niedrig qualifizierter Arbeiter muss eine *subjektive* Komponente betrachtet werden, die durch die zurückgehende Anerkennung der Arbeiterklasse hervorgerufen wird. Während der »sozialistische Arbeiter« in der staatlichen Propaganda und Ideologie verherrlicht wurde, erlebte er mit dem Zusammenbruch des Sozialismus einen Rückgang an sozialer Anerkennung, die sich zur Mittelklasse hin verschob. Die Mittelklasse, von den Kommunisten gefürchtet,[24] wird nun als für das Funktionieren der Demokratie besonders wichtige Bevölkerungsschicht angesehen.[25] Ein zusätzlicher subjektiver sozialer Abstieg dürfte daher bei Personen zu beobachten sein, die sich Aufgrund ihrer Qualifikation und/oder ihrer Stellung im Produktionsprozess nicht der Mittelklasse zurechnen können. Diesem Effekt muss die eigentliche Aufmerksamkeit gelten, da objektive Abstiegsmobilität einer bestimmten Schicht erst dann als relevanter Faktor untersucht werden kann, wenn die Leute sie auch als solche wahrnehmen.

Jiří Večerník untersucht die subjektiv wahrgenommene sozio-ökonomische Mobilität[26] von Personen, bei denen im Zeitraum von 1988 bis 1993 objektiv keine Statusveränderung zu beobachten gewesen ist. Abbildung 5.2 zeigt deutlich, dass selbst Personen aus der Arbeiterklasse, die *objektiv* keiner Veränderung ihres sozio-ökonomischen Status ausgesetzt waren, *subjektiv* einen Statusverlust wahrgenommen haben. Dieser Trend ist für alle vier Länder zu erkennen, wobei er in der Tschechischen Republik am deutlichsten ausgeprägt ist. Ähnliche Ergebnisse sind auszumachen, wenn statt einer Einteilung in Klassen eine Einteilung nach Bildungskategorien vorgenommen wird. Auch hier nehmen Personen mit mittlerer und höherer Bildung einen subjektiven Aufstieg und Personen mit einfacher Bildung einen Abstieg wahr, obwohl ihr objektiver Status derselbe geblieben ist. Aus Platzgründen verzichte ich hier auf eine grafische

---

[24] »For communists, the middle classes – small entrepreneurs and white-collar workers – represented, by their very existence, a challenge to the Marxist orthodoxy and were also considered to be harmful to the functioning of the communist regime. Therefore, the regime sought to squeeze them out of economic, social, and intellectual life.« (Večerník 1998: 133).

[25] Vgl. Večerník 2009: S. 127ff.

[26] Das analytische Konstrukt »subjektive sozio-ökonomische Mobilität« setzt sich aus den beiden Faktoren subjektiv wahrgenommener sozialer Status und wahrgenommene persönliche Stellung in der Einkommenshierarchie zusammen. Zur genauen Berechnung s. Večerník 1998: 180 (Anlage 2).

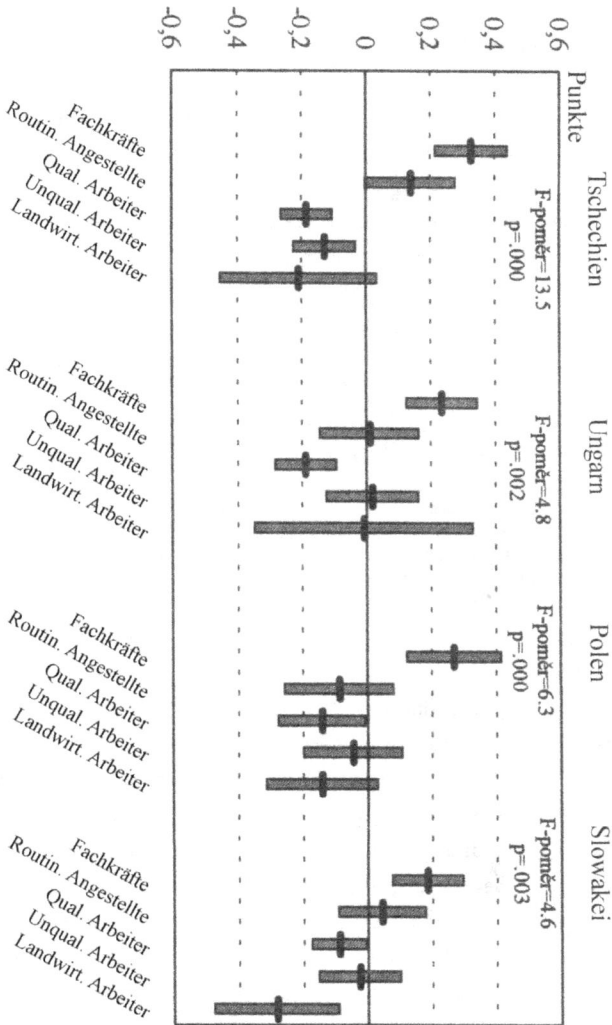

Abb. 5.2.: Subjektiv wahrgenommene sozio-ökonomische Mobilität 1988-1993 bei Personen mit objektiv stabiler sozio-ökonomischer Lage (Quelle: Večerník 1998: 171, Beschriftung durch Autor über- und ersetzt.)

Darstellung.[27] Leider sind diese Daten über die subjektiv wahrgenommene Mobilität nur für den Zeitraum 1988 – 1993 verfügbar, der EVS-Datensatz, mit dessen Hilfe die Modernisierungsverliererhypothese überprüft werden soll, stammt dagegen aus dem Jahr 1999. Ich ziehe daher noch eine weitere Untersuchung hinzu (s. Tabelle 5.1). Die Zahlen in den rechten Tabellenspalten sind eindeutig. Personen, die sich 1997

Tab. 5.1.: Change in incomes by subjective social class between 1989 and 1997 (%) (Quelle: Večerník 2009, S. 138 [1], eigene Darstellung)

	Referring to the subjective social class in 1989			Referring to the subjective social class in 1997		
Social class	Down	Stable	Up	Down	Stable	Up
Lower	32,7	35,0	32,3	45,4	36,8	17,8
Lower middle	20,9	29,3	49,8	34,7	33,8	31,5
Middle	26,0	36,2	37,7	16,6	33,8	49,6
Upper middle and upper	39,6	28,1	32,3	9,3	23,3	67,4
Total	28,3	33,7	38,0	27,7	33,6	38,7

[1] Note: The wording of the question was: »Regarding your financial situation in comparison with 1989, has it improved, worsened, or remained the same?« The subjective class ranking was surveyed for the time of data collection and retrospectively for 1989. All questions were added to the IALS module in the Czech questionnaire only.

den oberen Klassen zuordnen, haben überwiegend eine subjektive Verbesserung ihrer Einkommenssituation wahrgenommen. Personen, die sich 1997 den unteren Klassen zuordnen, haben subjektiv eine Verschlechterung ihrer wirtschaftlichen Lage erlebt. So berichten 67,4% der Personen aus den oberen Klassen eine Verbesserung, aber nur 17,8% aus der untersten Klasse. Dieser Effekt ist nicht zu beobachten, wenn auf die (retrospektiv erfragte) Klassenzugehörigkeit im Jahre 1989 Bezug genommen wird. Das mag daran liegen, dass sich in der ersten Hälfte der neunziger Jahre nur weniger als ein Zehntel der Bevölkerung überhaupt unteren Klassen zuordnete und der gesamt Rest der Mittelklasse,[28] ein weiterer Hinweis für die ideologische Deklassierung der Arbeiterklasse unmittelbar nach der Wende. Interessant ist vor allem die aus der Tabelle hervorgehende Beobachtung, dass sich Ende der 1990er Jahre Personen, die subjektive Abstiegserfahrungen hinnehmen mussten, zunehmend in die unteren Klassen einordnen. Damit kann ich empirisch begründet davon ausgehen, über die in den EVS-Daten erfragte subjektive Klassenzugehörigkeit diejenigen Personen identifizieren zu können, die zu den Modernisierungsverlierern gehören.

---

[27] S. Večerník 1998: 175.
[28] Večerník 2009: 139ff.

Vor diesem Hintergrund kann ich mich der Einschätzung von Večerník[29] anschließen, dass das »Bild der ›Gewinner‹ und ›Verlierer‹ in der ersten Transformationsphase [...] zu einem gewissen Maße das Spiegelbild der ›Gewinner‹ und ›Verlierer‹ der vorherigen sozialistischen Umverteilung« darstellt.[30] Der »doppelte Abstieg der Arbeiterklasse« besteht in einem Rückgang gesellschaftlicher Anerkennung, einhergehend mit der Feststellung, dass ihre Arbeitskraft im kapitalistischen System nun weniger wert ist.

5.4. Neigt die Arbeiterklasse zu rechten Einstellungen?

Im vorigen Kapitel wurden zwei Merkmale von Modernisierungsverlierern im Sinne der harten Modernisierungsverliererhypothese herausgearbeitet: Sie stammen aus der Arbeiterklasse und verfügen über eine niedrige Bildung. Im Datensatz findet sich die Variable Bildung[31] als ordinalskalierte Variable bestehend aus acht Kategorien; die Klassenzugehörigkeit[32] wird operationalisiert, indem die Befragten aufgefordert werden, sich selber in eine von vier vorgegebenen Kategorien einzuordnen. Entsprechend der obigen Überlegungen können beide Variablen – also Klasse und Bildung – als Indikator für sozialen Abstieg im Transformationsprozess verwendet werden. Dabei ergibt sich eine spezifische Problematik, da die beiden Variablen große Schnittmengen aufweisen: Personen aus der Arbeiterklasse verfügen häufig über geringe Bildung bzw. es rechnen sich gering gebildete Leute häufig der Arbeiterklasse zu. Beide Variablen sind erwartungsgemäß stark korreliert,[33] müssen aber trotzdem unterschiedlich interpretiert werden. Die Zugehörigkeit zur Arbeiterklasse kann im Sinne Lipsets als Abstieg einer Klasse verstanden werden und operationalisiert damit die harte Variante der Modernisierungsverliererhypothese. Die Variable Bildung dagegen kann auf zwei Arten interpretiert werden. Es kann entsprechend der obigen Annahmen geschlussfolgert werden, dass sie dasselbe wie Klasse misst, nämlich sozialen Abstieg. Sie kann aber auch im Sinne der weichen Modernisierungsverliererhypothese interpretiert wer-

---

[29] Večerník 1998: 172.
[30] *I tento výsledek naznačuje, že obraz »vítězů« a »pražených« v první fázi transformace je do značné míry srcadlovým »vítězů« a »pražených« někdejší socialistické redistribuce.*
[31] Zur genauen Operationalisierung s. unten, Fußnote 35
[32] Zur genauen Operationalisierung s. unten, Fußnote 34
[33] Kendall's tau-b = -0,5738

den. Zur Erinnerung: Modernisierungsverlierer im Sinne der weichen Variante sind Personen, die schnellen sozialen Wandel und damit einhergehende widersprüchliche Anforderungen nicht adäquat verarbeiten können. Es kann nun plausibel argumentiert werden, dass wenig gebildete Menschen aufgrund ihres begrenzten Erfahrungshorizontes größere Probleme haben, sich auf neue Situationen einzustellen. Gebildete Menschen dagegen können sozialen Wandel in einen größeren Kontext einordnen und verfallen daher weniger schnell in rigide Denkstrukturen. Wenn in den Daten gezeigt werden kann, dass ein negativer Zusammenhang zwischen Bildungsniveau und rechten Einstellungen besteht, so kann damit sowohl die harte als auch die weiche Modernisierungsverliererhypothese bestätigt werden. Oder anders herum: Über den Mechanismus, der rechte Einstellungen begünstigt, kann in diesem Fall keine weitergehende Aussage getroffen werden.

Zur Überprüfung, ob die Zugehörigkeit zur Arbeiterklasse Einfluss auf das Vorhandensein rechter Einstellungen hat, wurde die Klassenzugehörigkeit dichotomisiert, d.h. die Variable kann jetzt nur noch die zwei Werte *Arbeiterklasse* oder *nicht Arbeiterklasse* annehmen.[34] Es zeigt sich, dass sich die beiden Gruppen signifikant von einander unterscheiden. Auf dem Index rechter Einstellungen (Wertebereich (0;3)) weisen Personen, die sich der Arbeiterklasse zugehörig fühlen, im Mittel einen Wert von 0,73 auf, Personen, die sich nicht der Arbeiterklasse zurechnen, haben einen Mittelwert von 0,54. In Tabelle 5.2 sind zwei lineare Regressionsmodelle dargestellt. Im ersten Modell ist nur die dichotome Variable Arbeiterklasse als unabhängige Variable aufgenommen worden. Dieses Ergebnis reproduziert die genannten Mittelwertunterschiede: Der Wert der Konstante (0,51) gibt den durchschnittlichen Wert der Personen auf dem Index rechter Einstellungen wieder, die sich nicht der Arbeiterklasse zurechnen. Der Mittelwert der Personen aus der Arbeiterklasse ist 0,22 Punkte größer, es gibt also einen positiven Zusammenhang zwischen rechten Einstellungen und der Zugehörigkeit zur Arbeiterklasse. Der Unterschied ist hoch signifikant, d.h. es kann davon ausgegangen werden, dass der Unterschied nicht nur in der Stichprobe,

---

[34] Die subjektive Einschätzung der Klassenlage wurde in der Tschechischen Republik mit folgender Frage erhoben: »In welche der folgenden gesellschaftlichen Gruppierungen oder Klassen würden Sie sich selber einordnen?« (»*Do které z následujících společenských skupin či tříd byste se sám(a) zařadil(a)?*«). Die Antwortmöglichkeiten lauteten »untere Klasse«, »Arbeiterklasse«, »untere Mittelklasse«, »Mittelklasse«, »obere Mittelklasse«und »Oberklasse«. Die Kategorien »untere Klasse« und »Arbeiterklasse« wurden als »Arbeiterklasse« zusammengefasst. Diese Dichotomisierung macht vor dem theoretischen Hintergrund Sinn, außerdem sinkt der Anteil der erklärbaren Varianz nach der Dichotomisierung nur minimal, d.h. es entsteht dadurch kaum Informationsverlust.

Tab. 5.2.: Klassenlage und Bildungsabschlüsse als Bestimmungsfaktoren rechter Einstellungen, lineare Regressionsmodelle (Quelle: Eigene Berechnungen mit EVS 1999: Czech Republic)

	Modell 1	$P>\vert t\vert$	Modell 2	$P>\vert t\vert$
Arbeiterklasse	0,219	0,000	0,126	0,000
Universitäre Bildung Magister			-0,549	0,016
Universitäre Bildung Bachelor			-0,515	0,038
Mittelschule mit Abitur			-0,448	0,048
Mittelschule ohne Abitur			-0,383	0,097
Berufsschule mit Abitur			-0,181	0,451
Grundbildung mit Ausbildung			-0,387	0,088
Grundbildung			-0,276	0,226
Konstante	0,513	0,000	0,958	0,000
R^2 (korrigiert)	0,043		0,061	

sondern auch in der Grundgesamtheit, also der gesamten tschechischen Bevölkerung, anzutreffen ist. Im zweiten Modell sind die Bildungsstufen[35] als Dummy-Variablen in die Regression mit aufgenommen worden. Die Referenzkategorie stellen Personen mit der niedrigsten Bildung dar.[36] Die negativen Vorzeichen vor den Koeffizienten zeigen an, dass es den erwarteten negativen Zusammenhang zwischen Bildungsniveau und rechten Einstellungen gibt. Gebildete Personen weisen durchschnittlich geringere rechte Einstellungen auf, als Personen, die über niedrige Bildung verfügen.[37] Der Koeffizient der Variable Arbeiterklasse geht nach Kontrolle der Bildungsabschlüsse deutlich zurück (von 0,22 auf 0,13). Ein Großteil der Unterschiede zwischen Angehörigen der Arbeiterklasse und Personen, die sich nicht dieser Kategorie zuordnen, muss also darauf zurück geführt werden, dass Arbeiter häufig über geringere Bildung verfügen. Trotzdem bleibt der Einfluss der Variable Arbeiterklasse statistisch signifikant, es gibt also auch nach Kontrolle der Bildungsvariablen einen statistisch unabhängigen Effekt der Zugehörigkeit zur Arbeiterklasse auf rechte Einstellungen.

---

[35] Referenzkategorie ist »unvollständige Grundbildung« (»Neúplné základní vzdělání«). Die weiteren Bezeichnungen der Bildungsabschlüsse im tschechischen Original (in Tabelle 5.2 von unten nach oben): »Základní vzdělání«, »Základní vzdělání a vyučen«, »Učňovská škola s maturitou«, »Středoškolské vzdělání bez maturity«, »Středoškolské vzdělání s maturitou«, »Vysokoškolské vzdělání s bakalářským diplomem«, »Vysokoškolské vzdělání s magisterským diplomem«.

[36] Der Wert der Konstante (0,96) gibt also den für uns uninteressanten Mittelwert von Personen an, die nicht der Arbeiterklasse angehören und über die niedrigst mögliche Bildung verfügen.

[37] Aufgrund der schwierigen Vergleichbarkeit des deutschen und des tschechischen Bildungssystems wurde auf eine Zusammenfassung von Bildungsabschlüssen verzichtet. Durch die dadurch bedingten teilweise niedrigen Fallzahlen ist der Einfluss einzelner Bildungsabschlüsse nicht signifikant.

Kann damit die *harte* Version der Modernisierungsverliererhypothese empirisch bestätigt werden? Immerhin verfügen Angehörige der Arbeiterklasse – wie durch die Hypothese vorhergesagt – tatsächlich im Durchschnitt über ausgeprägtere rechte Einstellungen als der Rest der Bevölkerung. Der Einfluss ist statistisch signifikant und das auch nach Kontrolle des Bildungseinflusses, der im Bezug auf die Hypothese als ambivalent eingeschätzt werden muss.

Nicht trotz, sondern wegen dieser Ergebnisse muss meiner Einschätzung nach die harte Modernisierungsverliererhypothese stark relativiert oder sogar verworfen werden. Zwei Gründe sprechen für eine solche Interpretation der Ergebnisse. *Erstens* die Schwäche des Zusammenhangs. Auf die geringe Erklärungskraft des Modells weist der Anteil der erklärten Varianz (R^2) hin. Nur 4,3% der Varianz kann über die Zugehörigkeit zur Arbeiterklasse erklärt werden, was im Umkehrschluss bedeutet, dass über 95% der Varianz nicht auf den Abstieg der Arbeiterklasse zurückgeführt werden kann. Auch wenn der Einfluss der Bildung in das Modell mit aufgenommen wird, kann nur unwesentlich mehr erklärt werden. Bildung und die Zugehörigkeit zur Arbeiterklasse haben zwar Einfluss auf das Ausmaß rechter Einstellungen, die Erklärungskraft ist aber äußerst begrenzt. *Zweitens* zeigen die Koeffizienten im zweiten Modell an, dass der Einfluss von Bildung auf rechte Einstellungen wesentlich größer ist als der der Zugehörigkeit zur Arbeiterklasse. Der ohnehin schon geringe Unterschied zwischen Arbeitern und Nicht-Arbeitern von 0,22 Punkten auf dem Index sinkt nach Kontrolle der Bildung auf 0,13 Punkte. Es gibt zwar weiterhin einen signifikanten Unterschied zwischen Arbeitern und Nicht-Arbeitern, ob dieser Unterschied aber als relevant angesehen werden kann, muss in Frage gestellt werden. Wenn – trotz der geringen Erklärungskraft des Modells – einer der Variablen besondere Erklärungskraft beigemessen werden soll, so ist es der Bildungseinfluss. Dieser aber muss nicht als Bestätigung der harten Modernisierungsverliererhypothese interpretiert, sondern kann auch als Hinweis auf die Relevanz der weichen Variante verstanden werden.

Damit können an dieser Stelle die Ergebnisse der bislang umfangreichsten Studie zu rechtsextremen Einstellungen in Deutschland bestätigt werden. Decker und Brähler kommen darin zu dem Schluss, dass »die weit verbreitete hohe Gewichtung der wirtschaftlichen Deprivation in der politischen Diskussion, angesichts des vergleichsweise geringen Unterschieds, zu relativieren« ist.[38]

---

[38] Decker und Brähler 2006: 89.

Die Modernisierungsverliererhypothese im europäischen Kontext

Zuletzt wurde die Regressionsanalyse, also die Untersuchung des Einflusses von Zugehörigkeit zur Arbeiterklasse und Bildung auf rechte Einstellungen, im gesamteuropäischen Kontext durchgeführt. Wenngleich die Brückenhypothese, dass die Arbeiterklasse der eigentliche Verlierer im Transformationsprozess ist, nur für die Tschechische Republik empirisch untersucht wurde, so soll sie an dieser Stelle auf alle Transformationsländer übertragen werden. Gehen wir also davon aus, dass es in Mittelosteuropa zu einem rasanten sozialen Wandel, einhergehend mit einer schnellen Veränderung der sozialen Stratifikation gekommen ist und von diesem Wandel die Arbeiterklasse sowie Personen mit geringer Bildung besonders stark betroffen waren. Dann können wir die Hypothese ableiten, dass die Gruppe der Arbeiter und niedrig Gebildeten in den Transformationsländern in stärkerem Maße rechte Einstellungen ausgebildet hat als die gleiche Gruppe in Westeuropa. Die Variablen Arbeiterklasse und Bildung[39] müssten also in Mittelosteuropa einen größeren Anteil rechter Einstellungen erklären können als in Westeuropa, wo dieser rasante Wandel nicht stattgefunden hat. Die Ergebnisse, auf deren exakte tabellarische Darstellung hier verzichtet wird, widerlegen die Hypothese klar. In Mittelosteuropa kann über dieses Modell ein noch geringerer Anteil der Varianz erklärt werden als in Westeuropa.[40] Auch diese Ergebnisse sprechen damit gegen die harte Modernisierungsverliererhypothese.

5.5. Zusammenfassung

Es ließen sich, selbst nach intensiver Suche, nur wenige Indizien finden, die die harte Modernisierungsverliererhypothese verifizieren würden. Zwar konnte ein Zusammenhang zwischen sozialem Abstieg und rechten Einstellungen nachgewiesen werden indem über Brückenannahmen geschlussfolgert wurde, dass die Arbeiterklasse mit dem Zusammenbruch des Realsozialismus in Tschechien einen gravierenden sozialen

---

[39] Zu beachten ist, dass im europaweiten Vergleich die *objektive* Klassenzugehörigkeit durch den Interviewer festgestellt wurde, im tschechischen Datensatz wurde die subjektive Selbsteinschätzung erfragt. Außerdem fehlt die Variable Klassenzugehörigkeit in einigen Ländern, diese fielen daher aus dem Vergleich heraus. Das betrifft Kroatien, Griechenland, Russland, Luxemburg, Ukraine und Weißrussland. Bei diesen Berechnungen wurde Tschechien, da es gesondert behandelt wurde, nicht betrachtet.

[40] Korrigiertes R^2 in Transformationsländern: 0,0067; Nicht-Transformationsländer: 0,0427

Abstieg hinnehmen musste. Dieses Vorgehen orientierte sich an der Argumentation Lipsets, dass die abstiegsbedrohte Mittelschicht wesentlicher Träger des deutschen Nationalsozialismus gewesen ist.[41] Dieser Zusammenhang ist allerdings zu gering, als dass die Modernisierungsverliererhypothese in ihrer harten Variante bestätigt werden könnte. Der Einfluss der Variable Arbeiterklasse schwächt sich weiter ab, wenn zusätzlich der Einfluss der Bildung kontrolliert wird. Gegen die These spricht darüber hinaus, dass ein ähnlich schwacher Zusammenhang in einer aktuellen Studie auch für Deutschland berichtet wird und der Einfluss der Variablen Bildung und Arbeiterklasse in Mittelosteuropa sogar noch schwächer ausgeprägt ist als in Westeuropa. Auch die Betrachtung der Verteilung rechter Einstellungen sowie der nicht vorhandene Zusammenhang zwischen Arbeitsplatzsicherheit und rechten Einstellungen spricht gegen die Hypothese.

Die Ergebnisse müssen allerdings mit der gebotenen Vorsicht interpretiert werden. In den Daten selber konnte »Abstiegsbedrohung« nicht ausreichend operationalisiert werden, weshalb dies über den Umweg des Abstiegs der Arbeiterklasse geschehen musste. Solch ein Vorgehen ist fehleranfällig, war aber aufgrund der Datenlage nicht zu umgehen. Ein weiterer Einwand wurde bereits an anderer Stelle diskutiert: Aufgrund der Art der Fragestellung ist es insbesondere gebildeten Personen einfach möglich gewesen, in einem sozial erwünschten Sinne zu antworten. Dieser Einwand muss bei der Interpretation des Bildungseinflusses berücksichtigt werden und kann dazu führen, dass der ohnehin nicht übermäßig stark ausgeprägte Bildungseinfluss noch überschätzt wird. Vor dem Hintergrund dieser Probleme bei der Interpretation der Daten sind Untersuchungen notwendig, über die »Modernisierungsverlierer« geeigneter operationalisiert wird, als dies über die EVS-Daten möglich war.

Dennoch kann diese Untersuchung als Bestätigung der Annahme von Decker/-Brähler[42] angesehen werden, dass der Einfluss von Deprivationserfahrungen in der Diskussion ganz offensichtlich stark überbewertet wird. Aufgrund der Vielzahl der dar-

---

[41] Die Rückführung auf Lipset ist nicht ganz unproblematisch. Die undemokratische Ideologie der Arbeiterklasse nach Lipset ist der *Kommunismus*, keinesfalls der *Rechtsextremismus* (s. unten, Fußnote 21). Dieser wichtigen Annahme Lipsets wurde in dieser empirischen Untersuchung nicht ausreichend Rechnung getragen, da der Zusammenhang zwischen Arbeiterklasse und *rechten Einstellungen* untersucht wurde. Über die EVS-Daten ließ sich »kommunistische Ideologie« nicht operationalisieren. Um aber dem Einwand zu begegnen wurde der Zusammenhang zwischen nur den beiden Variablen, die im *Index rechter Einstellungen* das undemokratische Element operationalisieren (vgl. Fußnote 9) und der Zugehörigkeit zur Arbeiterklasse überprüft. Der Zusammenhang ist tendenziell noch schwächer als der zwischen rechten Einstellungen und Arbeiterklasse, womit die These Lipsets nicht bestätigt werden kann.
[42] Decker und Brähler 2006: 86ff.

gestellten Indizien die gegen die harte Modernisierungsverliererhypothese sprechen, muss diese verworfen werden. Es wäre zu einfach, die Problematik rechter Einstellungen und extremer rechter Organisationen in Transformationsländern auf (ökonomische) »Modernisierungsverlierer« abzuwälzen. Die Ursachen sind *nicht* in sozioökonomischen Abstiegserfahrungen zu suchen. Zwar sind rechte Einstellungen etwas überdurchschnittlich in dieser Gruppe zu finden, zu großen Teilen aber eben auch bei den »Modernisierungsgewinnern«. Der letztendlich auf Interessenbedrohung zurückgehende Ansatz auf der Mikroebene ist nicht länger zu halten. Aufgrund der schwachen Zusammenhänge kann nicht davon ausgegangen werden, dass der Mechanismus, der rechte Einstellungen entstehen lässt, darin besteht, dass die Interessen und Privilegien einer Bevölkerungsgruppe bedroht sind.

6. Krisentheorie

Im vorangegangenen Kapitel wurde dargelegt, dass die harte Modernisierungsverlie-rerhypothese – also sozialer Abstieg und ökonomische Deprivation – keinen wesent-lichen Beitrag zur Erklärung rechter Einstellungen im Transformationsprozess leisten kann. Daher müssen nun weitere Überlegungen zu den Ursachen rechter Einstellun-gen im Transformationsprozess angestellt werden. Zunächst sind einige weitergehende theoretische Überlegungen notwendig. Es wurde bereits angedeutet, dass sich theo-retische Erklärungsansätze danach unterscheiden lassen, ob rechte Einstellungen als Persönlichkeitsmerkmal oder aber als Reaktion in bestimmten Situationen aufgefasst werden. Besonders plastisch wurde dieser Unterschied bei der Darstellung von Theo-rien zum *Autoritarismus*. Im Sinne von Adorno et al.[1] wird Autoritarismus als Persön-lichkeitsmerkmal aufgefasst, im Sinne Detlef Oesterreichs[2] handelt es sich um eine *autoritäre Reaktion* in Krisenzeiten. Ansätze, die rechte Einstellungen als Reaktion in – wie auch immer gearteten – ›schwierigen‹ Zeiten auffassen, implizieren, dass die Einstellungen wieder zurückgehen, wenn sich die Situation wieder ›bessert‹. Der star-ke Rückgang rechter Einstellungen innerhalb relativ kurzer Zeit (s. oben, Kapitel 4.4) legte den Schluss nahe, dass rechte Einstellungen als Folge *krisenhaften Situationen* auftreten, oder aber dass ein *Interaktionseffekt* vorliegt: Es sind die autoritär soziali-sierten Persönlichkeiten, die in Krisenzeiten zu ultranationalistischen oder faschis-tischen Deutungsmustern neigen (s. oben, Kapitel 3.2.2). Dieser Interaktionseffekt scheint mir vor dem Hintergrund des Forschungsstandes als der wahrscheinlichste. Zur Erklärung von rechen Einstellungen in Transformationsgesellschaften erfordern die zwei Ansätze ein unterschiedliches methodisches Vorgehen. Fassen wir rechte Ein-stellungen als Persönlichkeitsmerkmal auf, müssten *Sozialisationsbedingungen* in der sozialistischen Tschechoslowakei untersucht werden. Gehen wir von einer Reaktion in bestimmten Situationen aus, so muss der Fokus auf die *krisenhafte Entwicklung* der tschechischen Gesellschaft im Transformationsprozess gerichtet werden. Beiderlei Vor-

---

[1] Adorno u. a. 1959.
[2] Oesterreich 2001.

gehen wäre notwendig, wenn davon ausgegangen wird, dass es im besonderen autoritär sozialisierte Persönlichkeiten sind, die in krisenhaften Situationen zu rechten Einstellungen neigen. Wenngleich ich von einem Interaktionseffekt ausgehe, geht es mir hier um den Einfluss von krisenhaften Situationen. Es soll also der Einfluss *krisenhafter Entwicklungen im tschechischen Transformationsprozess* auf die Entwicklung rechter Einstellungen untersucht werden. Zunächst werde ich die möglichen krisenhaften Situationen auf theoretischer Ebene spezifizieren.

6.1. Zur Unterscheidung von Krisenphänomenen

Zur Untersuchung von Krisenphänomenen im Transformationsprozess ist es zunächst notwendig, einige Begriffe zur Beschreibung von Krisen zu erarbeiten. Eine Gemeinsamkeit verschiedener Krisenbegrifflichkeiten ist die Vorstellung einer Krise als Entscheidungssituation.[3] Eine widersprüchliche Situation erfordert die Interpretation der Situation und eine Entscheidung darüber, wie der Situation zu begegnen ist. Im ursprünglichen medizinischen Sinne geht es um die Diagnose und die Entscheidung für eine Therapie.[4] Bezogen auf eine gesellschaftliche Krise geht es um systematische Widersprüche, die eine Interpretation und Entscheidung von mehr als einer Person verlangen. Wenn widersprüchliche Situationen aufgrund von Veränderungen gesellschaftlicher Institutionen auftreten, so ist die Krise eine Folge sozialen Wandels.

Krisen haben stets eine *objektive* und eine *subjektive* Komponente. In jeder Gesellschaft finden sich objektive Widersprüche, zu einer Krise werden diese Widersprüche aber erst, wenn eine ausreichend große Zahl von Menschen diese Widersprüche als problematisch wahrnimmt. Wenn sich also, um mit Georg Vobruba zu sprechen, »Funktionsstörungen eines sozialen Systems [...] in Veränderungen der Lebensbedingungen seiner Mitglieder« niederschlagen und diese »Routineverluste« erfahren.[5] In der Theorie treten rechte Einstellungen als Folge individuell problematisch verarbeiteter widersprüchlicher Anforderungen auf. Damit ist die subjektive Komponente, also sozialer Wandel auf der Ebene der Individuen, von besonderer Wichtigkeit. Erst wenn die Widersprüche von den Individuen als solche wahrgenommen werden, können rechte

---

[3] Vgl. Conze, Brunner und Koselleck 1982.
[4] Ebd.: 626.
[5] Vobruba 1983: 9.

Einstellungen entstehen. Eine Krisenanalyse muss sowohl die objektiven Widersprüche erfassen, als auch die subjektive Wahrnehmung derselben durch die Individuen untersuchen, oder mit Habermas: Aspekte des Gesellschaftssystems (Systemintegration) und Aspekte der Lebenswelt der Akteure (Sozialintegration) in den Blick nehmen und diese verknüpfen.[6]

> Erst wenn die Gesellschaftsmitglieder Strukturwandlungen als bestandskritisch *erfahren* und ihre soziale Identität bedroht fühlen, können wir von Krisen sprechen. Störungen der Systemintegration sind nur in dem Maße bestandsgefährdend, als die *soziale Integration* auf dem Spiel steht, d.h. als die Konsensgrundlage der normativen Strukturen so weit beeinträchtigt wird, daß die Gesellschaft anom wird. Krisenzustände haben die Form einer Desintegration der gesellschaftlichen Institutionen.[7]

Unabhängig von diesen beiden Ebenen jeder Krise lassen sich Krisenphänomene durch weitere Begriffspaare unterscheiden. Die erste Unterscheidung, die ich treffen möchte ist die zwischen *einmaligen* und *wiederholbaren* Krisen. Erstere lassen sich in Analogie zum jüngsten Gericht als grundlegende Umbrüche verstehen, nach denen »alles anders« ist, wiederholbare Krisen dagegen folgen der ursprünglichen medizinischen Bedeutung und können wie Krankheiten wiederholt auftreten.[8] Die Vorstellung von sich wiederholenden Krisen lässt sich verallgemeinern, so dass Krise zum »Dauerbegriff«[9] wird. Dieser Krisenvorstellung folgen implizit Scheuch/Klingemann und andere Modernisierungstheoretiker, die Rechtsradikalismus als »normale Pathologie«[10] in modernen Industriegesellschaften auffassen. In der Moderne ist schneller sozialer Wandel zum Normalfall geworden, weswegen es immer Personen gibt, die diesen nicht verarbeiten können, »sich in der Krise befinden« und zu Rechtsradikalismus neigen, so die Argumentation. Auch die bisher elaborierteste Theorie zur Verbindung von Krisenerscheinungen und *gruppenbezogener Menschenfeindlichkeit* von Wilhelm Heitmeyer hält krisenhafte Erscheinungen im Kapitalismus für dauerhaft und nimmt so in ihrer Erklärung eine kapitalismuskritische Färbung an. Die zweite Unterscheidung betrifft die zwischen Krisen, die das *gesamte Gesellschaftssystem* erschüttern und Krisen, die auf *Teilbereiche der Gesellschaft* beschränkt bleiben. In modernen, funktional differenzierten Gesellschaften können sich krisenhafte Entwicklungen auf ein Teilsystem der Gesellschaft beschränken und müssen nicht zwangsläufig auf ande-

---

[6] Habermas 1979: 14.
[7] ebd.: 12, Hervorhebungen im Original.
[8] Conze, Brunner und Koselleck 1982: 626.
[9] Ebd.: 626.
[10] Scheuch 1967.

re Teilsysteme überspringen. Durkheim untersucht die Entstehung von Anomie noch im Hinblick auf die Gesamtgesellschaft.[11] Merton geht einen Schritt weiter und kommt zu dem Schluss, dass anomisches Verhalten (in diesem Falle Kriminalität) verstärkt dann auftritt, wenn die gesellschaftlich definierten Ziele und die als legitim angesehenen Mittel zum Erreichen dieser Ziele auseinander klaffen.[12] Das ist bekanntlich in unteren sozialen Schichten im besonderen der Fall. Die Krise, also der Widerspruch zwischen gesellschaftlich definierten Zielen (z.B. Konsum) und als legitim erachteten Mitteln (z.B. Erwerbsarbeit) bleibt damit auf einen Teilbereich der Gesellschaft beschränkt, z.b. auf Personen, die aufgrund niedriger Bildung keine Chancen auf höhere Einkommen haben.

Die dritte Unterscheidung ist die zwischen *Identitäts-* und *Interessenkrisen* und wird im nächsten Abschnitt ausgeführt. Sie beruht auf zwei Mechanismen, die die Entstehung von rechten Einstellungen begünstigen: Abstiegsangst und ökonomische Deprivation vs. Verarbeitung schnellen sozialen Wandels.

6.2. Identitäts- und Interessenkrisen

Wir gehen also davon aus, dass es bestimmte gesellschaftliche Situationen gibt, in denen Menschen zu rechten Einstellungen neigen. Dabei finden sich divergierende Ansichten darüber, wie diese Situationen beschaffen sein müssen. Eine Vorstellung wurde bereits ausführlich diskutiert und zurückgewiesen: Entsprechend der harten Modernisierungsverliererhypothese neigen Menschen in Situationen, in denen sie von sozialem Abstieg und ökonomischer Deprivation betroffen sind zu rechten Einstellungen. Diese Hypothese trifft Aussagen auf der Mikroebene und korrespondiert auf der Makroebene mit Theorien, die Ungleichgewichtszustände und Unzufriedenheit betonen (wobei ich mich exemplarisch auf die Überlegungen von Lipset beziehe). Demgegenüber betonen anomietheoretische Ansätze (mit Wilhelm Heitmeyer als herausragendem Vertreter) den Einfluss von gesellschaftlicher Verunsicherung und Regellosigkeit. Hiermit korrespondiert die weiche Modernisierungsverliererhypothese in ihrer ursprünglichen Variante nach *Scheuch/Klingemann*. Die Darstellung in einer Vierfeldertafel (Tabelle 6.1) macht den Zusammenhang der Ansätze deutlich.

Die weiche Modernisierungsverliererhypothese nach Scheuch/Klingemann trifft

---

[11] Durkheim 1983.
[12] Merton 1995.

Tab. 6.1.: Erklärungsansätze (Quelle: Eigene Darstellung)

Grundgedanke	Anomie (Regellosigkeit)	sozialer Abstieg (Interessen)
Mikro	weiche MVH (Scheuch/Klingemann)	harte MVH (Rezeption)
Makro	Identitätskrisen (Heitmeyer)	Interessenkrisen (Lipset)

MVH = Modernisierungsverliererhypothese

Annahmen auf der Mikroebene: Personen, die widersprüchliche Anforderungen in Folge schnellen sozialen Wandels nicht adäquat verarbeiten können, neigen zu rechten Einstellungen. Dahinter steht die Vorstellung, dass sich in Folge schnellen sozialen Wandels bestehende Werte- und Normensysteme auflösen. Der Anomiebegriff bezeichnet einen solchen Zustand der Regellosigkeit, in dem handlungsleitende Werte und Normen ihre Gültigkeit verloren haben und auf individueller Ebene Verunsicherung entsteht. Auf der Makroebene korrespondieren hiermit Vorstellungen von Krisen, die durch diese Auflösung bestehender Regelsysteme gekennzeichnet sind. In solchen gesellschaftlichen Zuständen wird es für die Individuen zunehmend schwierig, sich selber innerhalb der Gesellschaft zu verorten. Identität konstruiert sich immer »zwischen dem subjektiven ›Innen‹ und dem objektiven ›Außen‹«.[13] Wenn das »Außen« schnellem Wandel unterworfen ist, muss das Individuum sich stets neu in der Gesellschaft verorten und die eigene Identität konstruieren. Im Extremfall bspw. ehemaliger Mitarbeiter der Staatssicherheit kann äußerer Wandel die grundlegende Neubewertung der eigenen Biographie notwendig machen. Ich spreche daher von *Identitätskrisen*, um deutlich zu machen, dass es sich um Krisen handelt, bei denen gesamte soziale Ordnungen und Wertesysteme ihre Gültigkeit verlieren und damit gleichzeitig die Stellung bzw. Identität von Personen innerhalb des sozialen Gefüges. Der Transformationsprozess als ein Prozess, der einen gleichzeitigen Wandel von Wirtschaft, Politik und Staat[14] bedeutet, ist ohne Zweifel eine in diesem Sinne zu verstehende Krise.

Einen gänzlich anderen Grundgedanken finden wir in der rechten Spalte. Seymour Martin Lipset untersucht den Aufstieg des Faschismus in Deutschland und kommt zu dem Schluss, dass Hitler im besonderen von der – in der Weltwirtschaftskrise abstiegsbedrohten – Mittelschicht unterstützt wurde. Zu rechten Einstellungen neigen

---

[13] Keupp 2001: 244.
[14] Offe 1991.

also Personen, die aufgrund von gesellschaftlichem Wandel ihre Privilegien wie Einkommen oder sozialen Status bedroht sehen. Diese Vorstellung ist inzwischen vielfach kritisiert worden, so kommt Jürgen Falter zu dem Schluss, dass die These vom Faschismus als einer reinen Mittelstandsbewegung nicht haltbar ist.[15] Der Zusammenhang zwischen sozialem Abstieg und »Rechtsextremismus« wird aber in der Forschung weiterhin hergestellt und findet sich beispielsweise in der dargestellten harten Modernisierungsverliererhypothese wieder. Auf der Makroebene korrespondiert hiermit eine Form der Krise, die ich im Folgenden *Interessenkrise* nennen werde. Eine Interessenkrise bedeutet nicht, dass sich Werte und Normensysteme ändern müssen, vielmehr sind aufgrund von Modernisierungsprozessen ganz konkret die Interessen bestimmter Bevölkerungsgruppen betroffen. Wenn beispielsweise durch Fortschritte in der Produktion ehemals wertvolle Berufsqualifikationen ›entwertet‹ werden, sind die Interessen der Inhaber der entsprechenden Bildungszertifikate bedroht. Folgt man der Schumpeter'schen Vorstellung der „schöpferischen Zerstörung",[16] kommt es im Kapitalismus permanent zu Interessenkrisen, die aber noch keine Krise des Systems darstellen. Auch die Vorstellung von Konjunkturzyklen illustriert das Bild der Interessenkrisen: In den Rezessionsphasen sind Interessen und Privilegien bestimmter Gruppen bedroht, ohne dass sich der Kapitalismus damit in einer essenziellen Krise befindet. Das Organisationsprinzip der Gesellschaft und auch die Mechanismen, die individuellen Erfolg ermöglichen, bleiben bestehen.

Diese sich aus der Analyse der Erklärungsansätze ergebende Trennung in Interessen- und Identitätskrisen[17] deckt sich mit einer Überlegung Detlef Oesterreichs, aus dessen Forschung zur *autoritären Reaktion* eine Beschäftigung mit Krisenphänomenen fast zwingend folgt.

Ich denke, man muß unterscheiden zwischen Konflikten und Krisen, die nur die Inter-

---

[15] Falter 1991.
[16] Schumpeter 1997.
[17] Es ließe sich einwenden, dass ich die genannten Ansätze unzulässig stark vereinfache und diesen in ihrer Komplexität nicht gerecht werde. So versucht Heitmeyer in seinen Ansätzen Überlegungen zum Statusverlust zu integrieren, und auch Lipset wird man nicht gerecht, wenn man seinen Ansatz darauf reduziert, dass der Mittelstand in der Weimarer Republik seine Interessen bedroht sah. Mit dieser zugespitzten Darstellung erhebe ich aber auch nicht den Anspruch, vorhandene Erklärungsansätze exakt zu referieren. Es geht mir vielmehr darum, zwei theoretische Ansätze zu unterscheiden, die sich auf zwei grundlegend unterschiedliche Vorstellungen darüber beziehen, wie rechte Einstellungen entstehen: *Statusverlust* durch sozialen Abstieg vs. *Verunsicherung und Orientierungslosigkeit* aufgrund des Wandels von Werten und Normen. Nur indem die Mechanismen genau herausgearbeitet werden, ist es möglich, weitergehende Erkenntnisse über die tatsächlichen *Ursachen* von rechten Einstellungen zu gewinnen.

essen von Individuen berühren (wie z.b. gesellschaftliche Verteilungskonflikte), und solchen, die von den Individuen als beängstigende und verunsichernde Situationen erlebt werden, wie z.b. Angriffe auf die eigenen Werte und die psychische Identität. Letzteres ist der Fall im Zusammenhang mit Diskriminierungen, Ausgrenzungen und Statusbedrohungen. Zweifellos mischen sich in den meisten Konflikt- und Krisensituationen die Elemente konfligierender Interessen und psychische Verunsicherung. Im Zuge der Eskalation von Konflikten treten in der Regel Emotionalisierungen auf. Um ein Beispiel zu geben: Ein Lohnarbeitskampf zwischen Gewerkschaften und Arbeitgebern kann durchaus in Gewalt eskalieren. Dennoch bleibt er in erster Linie ein Interessenkonflikt, der trotz starker Emotionen die Individuen in der Regel nicht in ihrer psychischen Identität bedroht. [...] Anders ist die Situation bei Erfahrungen sozialer Ohnmacht, sozialer Diskriminierung oder der Antizipation eines Statusverlustes. Solche Erfahrungen sind psychisch bedrohlich. Sie stellen das Selbstbild in Frage, verrücken die gewohnte Welt, bedrohen die Identität. Krisenerfahrungen dieses Typus aktivieren ein Bedürfnis nach emotionaler Unterstützung, nach Schutz und Sicherheit, nach Orientierung, Sinngebung, individueller Aufwertung.[18]

Ich halte diese Überlegungen Oesterreichs für äußerst bedeutsam und stimme ihnen grundlegend zu. Allerdings muss – entsprechend der obigen empirischen Ergebnisse – *Statusbedrohung* in die Kategorie der *Interessenkrise* eingeordnet werden: Es konnte kein relevanter Zusammenhang zwischen sozialem Abstieg und rechten Einstellungen ausgemacht werden. Leider sind diese Überlegungen Oesterreichs meines Wissens nach bisher nicht systematische weiterverfolgt worden. Forschung zum Zusammenhang von Krisenerfahrungen und rechten Einstellungen steht damit – abgesehen vom dargestellten Ansatz Heitmeyers – noch weitestgehend am Anfang.

Mit der Ablehnung der harten Modernisierungsverliererhypothese lässt sich die These vertreten, dass die Bedrohung von Interessen zunächst nicht zu rechten Einstellungen führt. *Erst wenn aus der Interessen- eine Identitätskrise wird und Verunsicherung im Sinne der weichen Hypothese nach Scheuch/Klingemann auftritt, neigen Menschen zu rechten Einstellungen.* Diese These ist nicht übermäßig originell: Die empirische Überprüfung der Annahme Lipsets durch Jürgen Falter geht in diese Richtung. Oliver Decker und Elmar Brähler[19] können zeigen, dass der Einfluss von Deprivationserfahrungen in der Diskussion stark überschätzt wird. Auch Jürgen Winkler stellt fest, dass »Status- und Deprivationstheorien, die die Erfolge rechtsextremer Bewegungen auf eine Form der Unzufriedenheit zurückführen [...] keinen wesentlichen

---

[18] Oesterreich 2001: S. 284f.
[19] Decker und Brähler 2006: S. 86ff.

Erklärungsbeitrag leisten« können.[20] Die dargestellten Ergebnisse Oesterreichs legen die Vorstellung ohnehin nahe. Umso mehr überrascht es, wie wenig auf diese Studien Bezug genommen wird und wie regelmäßig im wissenschaftlichen wie politischen Diskurs ein Zusammenhang zwischen (ökonomischer) Deprivation und Rechtsextremismus hergestellt wird. Die assoziative Kombination von »Rechtsextremismus« als etwas ›Schlechtem‹ und der Vorstellung, dass es ›Rechtsextremisten schlecht gehen‹ müsse und diese ›Verlierer‹ seien, scheint äußerst stark zu sein und vielleicht auch über eine entlastende Funktion zu verfügen.[21] In der populären Beschreibung von »Rechtsextremisten« als Verlierer im Transformationsprozess wird diese Vorstellung erneut deutlich.

6.3. Zusammenfassung

Nach der Auswertung bestehender Ansätze zur Erklärung rechter Einstellungen konnte eine wesentliche Unterscheidung getroffen werden: Es existieren Ansätze, die auf der Annahme beruhen, dass sozialer Abstieg rechte Einstellungen begünstigt (harte Modernisierungsverliererhypothese) und Ansätze, die Desorientierung aufgrund schnellen sozialen Wandels in den Vordergrund stellen (weiche Modernisierungsverliererhypothese). Mit diesen Mechanismen auf der Mikroebene korrespondieren zwei Vorstellungen von Krise, die ich mit Interessen- vs. Identitätskrise beschrieben habe. Nach der deskriptiven und multivariaten Analyse von Einstellungsdaten konnten zwei Schlussfolgerungen gezogen werden. *Erstens* spricht viel dafür, dass sich rechte Einstellungen *situativ* als »menschliche Basisreaktion« (Oesterreich) in Krisenzeiten herausbilden und in gesellschaftlich stabileren Zeiten wieder zurückgehen. *Zweitens* musste die harte Modernisierungsverliererhypothese verworfen werden. Es konnte kein ausreichend starker Zusammenhang zwischen sozialem Abstieg und rechten Einstellungen nachgewiesen werden, als dass dieser Mechanismus weiterhin als ursächlich angesehen werden kann. Damit bleibt – nach dem Ausschlussverfahren – die Vorstellung nach Scheuch/Klingemann, dass rechte Einstellung als Folge »inadäquat« verarbeiteten schnellen sozialen Wandels auftreten. Wie bereits ausgeführt, kann diese Theorie mit den vorhandenen quantitativen Daten empirisch nicht überprüft werden. Ich werde daher im Folgenden eine andere Perspektive einnehme und statt statistischer Zu-

---

[20] Winkler 2001: 55.
[21] Zur Problematik der Modernisierungsverliererhypothese s. ausführlich: Ferger 2011.

sammenhänge auf der Mikroebene die Entwicklung rechter Einstellungen vor dem Hintergrund des tschechischen Transformationsverlaufes untersuchen. Die Frage lautet damit, ob das Auftreten von Identitätskrisen die Entwicklung rechter Einstellungen erklären kann.

7. Schnelle Modernisierung als krisenhafte Entwicklung

Den Zusammenhang zwischen schneller Modernisierung und Krisen zu untersuchen würde ein eigenes Forschungsprojekt darstellen. Ich halte mich an dieser Stelle an die praktikable Arbeitshypothese, dass von einer Krise dann gesprochen werden kann, wenn radikale Modernisierung von den Leuten als krisenhaft wahrgenommen wird. Bisher konnte gezeigt werden, dass Statusverlust ein schlechter Prädikator für rechte Einstellungen ist und die Ursachen vermutlich auf der Ebene sich wandelnder Werte- und Normensysteme zu suchen sind. In diesem Kapitel soll es zunächst darum gehen, Modernisierung im Transformationsprozess differenzierter zu betrachten. Was bedeutete Modernisierung im Falle der mittelosteuropäischen Systemtransformation? Auf welchen Ebenen war der Modernisierungsprozess besonders spürbar, auf welchen fand er langsamer statt? Dabei wird der Schwerpunkt darauf gelegt, was Modernisierung für die Leute bedeutet, es steht also die Lebenswelt der Akteure im Fokus. Diese lebensweltliche Perspektive ist weit weniger gut erforscht als die systemtheoretische. Ihr kommt aber bei der Entstehung von rechten Einstellungen besondere Bedeutung zu, da ja »erst bestimmte subjektive Verarbeitungen von ökonomisch-sozialen Alltagserfahrungen erfolgen müssen, bevor rechtsextremistische Konzepte überhaupt Anschlußstellen [...] erhalten«.[1] Hier besteht eine wesentliche theoretische und empirische Lücke: Die Transformationsforschung hat die Perspektive der Individuen systematisch vernachlässigt. »Merkels (1994) Übersicht der Systemwechseltheorien unterscheidet nur noch zwischen einer strukturellen bzw. systemtheoretischen Sicht und einer Akteursperspektive, wobei unter Akteuren in der Regel kollektive Akteure verstanden werden«.[2]

---

[1] Heitmeyer 1992: 100.
[2] Srubar 2007: 511, zur systemtheoretischen Transformationsforschung s. Merkel 2010.

7.1. Zur Modernität der sozialistischen Gesellschaft

Ilja Srubar untersucht in dem wegweisenden Aufsatz »War der reale Sozialismus modern?«[3] die Modernität und die Integrationsmechanismen der sozialistischen Gesellschaft anhand eines an Max Weber orientierten Begriffes der Modernisierung. Ich habe darauf verzichtet, das phänomenologische Herangehen von Ilja Srubar oben als eigenen Ansatz zur Erklärung von rechten Einstellungen in Transformationsstaaten einzuordnen, da Srubar nie behauptet hat, über eine diesbezügliche Theorie zu verfügen. Seine Untersuchungen auf der Ebene der *Lebenswelt* sind aber äußerst relevant, um weitergehende Überlegungen anzustellen, *wo* Modernisierung im Transformationsprozess stattfindet und Modernisierungsverlierer entsprechend der *weichen* Version auszumachen sind.

Srubar kommt zu dem Schluss, dass der Sozialismus auf der Ebene der Sozialstruktur durchaus moderne Züge aufwies, die mit der Struktur westlicher kapitalistischer Gesellschaften vergleichbar sind. So brachte der Sozialismus ebenfalls »jene Entwicklungstendenzen in der Stratifizierungs- und Berufsstruktur – wenn auch verlangsamt – [hervor], die die Entwicklung der Sozialstruktur der westlichen Staaten bestimmten.«[4] Auch im Sozialismus fand ein Anwachsen der Arbeiterschaft gegenüber den Beschäftigten in der Landwirtschaft statt, es kam zu einem Anwachsen des Dienstleistungssektors. Auch im Sozialismus gingen technische Innovationen mit einer Veränderung der Berufsstruktur einher, die Schichtung ähnelte der im Westen, bei der die Mehrheit der Arbeiter die unteren und die Mehrheit der Angestellten die mittleren Positionen besetzten, stets der Entwicklung im Westen hinterher laufend.[5] Srubar spricht daher von einer »nachhaltige[n] Verlangsamung des Modernisierungsprozesses«.[6] Entsprechend diesen Überlegungen wies also der Sozialismus im Bereich der Sozialstruktur Modernisierungsrückstände auf, es sind jedoch keine qualitativ grundlegenden Unterschiede zur westlichen Moderne auszumachen.

Qualitative Unterschiede im Modernisierungsprozess macht Srubar dagegen auf der »Ebene der sozialen Beziehungen und normativen Muster«[7] aus, deren Entste-

---

[3] Srubar 1991: 427.
[4] Ebd.: 427.
[5] Ebd.: 427.
[6] Ebd.: 427.
[7] Ebd.: 428.

hung im Wesentlichen durch Mangelwirtschaft und staatliche Willkür begünstigt wurde. Die willkürlichen staatlichen Entscheidungen machten das Handeln des bürokratischen Apparates unkalkulierbar,[8] ermöglichten gleichzeitig ein willkürliches Handeln der Beamten und förderten somit Korruption und Patronage.[9] Im Zusammenspiel mit der sozialistischen Mangelwirtschaft[10] und der faktischen Abstinenz legaler privater Erwerbsquellen führte das dazu, dass das zwar illegale, von staatlicher Seite aber im Wesentlichen tolerierte Abzweigen von Staatseigentum und die Überführung in Privateigentum zu einer üblichen Quelle der Bereicherung wurde. Arbeitszeit wurde in großen Teilen für private Dinge verwendet.[11] Personen, die an den Schaltstellen der Warenverteilung saßen und über ihre Arbeitszeit relativ frei disponieren konnten, gehörten zu den Gewinnern des Systems. Der Besitz von Geld war aufgrund der Mangelwirtschaft nicht hinreichend, um Waren erwerben zu können, notwendig war außerdem das Wissen darüber, wo das Gesuchte zu finden war sowie der Kontakt zu Personen, die Zugang zu der gesuchten Ware hatten. Diese Bedingungen begünstigten die Entstehung dessen, was üblicherweise »Schattenwirtschaft« genannt wird und die Entstehung von privaten »Umverteilungsnetzwerken«,[12] die der Organisation dieser Art des Wirtschaftens dienten. Eine typische Handlung der Menschen im Realsozialismus bestand darin, mit Hilfe privater Netzwerke in den Grauzonen der Legalität etwas »aufzutreiben«.

Aufgrund dieser hier knapp skizzierten Bedingungen werden zwei demodernisierende Elemente des Sozialismus deutlich. Erstens wurde die Kalkulierbarkeit der Handlungen von Institutionen und Personen, die wie Behörden, Ämter, Geschäfte und ihre jeweiligen Angestellten zur Organisation des Alltags unabdingbar waren, aufgehoben.[13] Zweitens verlor Geld seine Bedeutung als generelles Tauschmedium: Der Einzelne konnte nicht damit rechnen, unabhängig von seiner sozialen Position (d.h. hier der Zugehörigkeit zu Umverteilungsnetzwerken) allein durch die Verfügbarkeit von Geld auch Waren erwerben zu können. Damit waren zwei Merkmale moderner sozialer Integration nicht gegeben, die das Verhalten des anderen nicht nur kalkulierbar, sondern auch unabhängig von der sozialen Position Egos (Stand, Zugehörigkeit zu einer bestimmten Gruppe etc.) machen und somit die *Individualisierung* und *Emanzipation*

---

[8] Ebd.: 418.
[9] Ebd.: 419.
[10] Ebd.: 420.
[11] Holy 1996: 25.
[12] Srubar 1991: 421.
[13] Ebd.: 428.

des Subjekts erst ermöglichen.[14]

Die entstandenen alternativen Integrationsmechanismen in der sozialistischen Gesellschaft wiesen »nichtmoderne« Züge auf.[15] Zu nennen ist hier die »für die Aufrechterhaltung der Netzwerke unentbehrliche ›vormoderne‹ Institution der Gabe, durch die der notwendige Schein der Symmetrie und die Reziprozität von Netzwerkbeziehungen aufrecht erhalten werden« konnte.[16] Außerdem analysiert Srubar die Unterscheidung von »wir« und »die anderen«: Während für die »wir-Gruppe«, d.h. für Verwandte, Freunde und das Umverteilungsnetzwerk Kalkulierbarkeit von Erwartungen, Reziprozität und Moral galt, traf das auf alle anderen nicht zu. Diese theoretischen Überlegungen korrespondieren mit den Berichten vieler Beobachter,[17] die in der ehemaligen Tschechoslowakei einen starken Rückzug ins Private sowie eine strikte Trennung zwischen Privatem und Öffentlichem ausmachten. Während die Pflicht, Alten und Hilfsbedürftigen zu helfen in der privaten Sphäre uneingeschränkt galt, hatte Moral in der öffentlichen Sphäre nichts zu suchen.[18] Srubar erkennt darin »strukturelle Merkmale jener Unterscheidung von Innen- und Außenmoral, die Max Weber als ein Charakteristikum vormodernen Wirtschaftens hervorhebt«.[19] Empirische Umfragen zeigen, »that Czechs see the destruction of basic moral principles not only as the major failing of the socialist system but as the legacy which will probably take longest to change«.[20]

Die Organisation des Alltags, in der der Zugang zu privaten Gütern nicht über den Zugang zum Arbeitsmarkt gesichert und über individuelle Leistung legitimiert wurde, sondern von dem Zugang zu Umverteilungsnetzwerken abhing, schlug auf die Selbstdefinition der Individuen nieder.[21] Menschen definierten sich ganz wesentlich über die Zugehörigkeit zu privaten Netzwerken, das heißt zu wir-Gruppen, und nahmen alles andere, d.h. andere Personen, Gruppen und Institutionen als »Feindesland«

---

[14] Srubar 1991: 428.
[15] Ebd.: 428.
[16] Ebd.: 428.
[17] Holy 1996: 21.
[18] ebd.: 24. Dieses Muster setzte sich fort und betraf Freundlichkeit und Hilfsbereitschaft (jeder Tourist kennt die unbeschreibbar unfreundlichen Bedienungen in Mittelosteuropa) bis hin zu der Unterscheidung von privatem und öffentlichen Eigentum. Während privates Eigentum geachtet wurde, waren »czech public lavatories [...] notorious for their lack of towels, soap, and toilet paper, which as a rule disappeared as soon as they were put there« (ebd.: 24).
[19] Srubar 1991: 428.
[20] Holy 1996: 17.
[21] Srubar 1991: 424.

war,[22] da deren Verhalten nicht kalkulierbar war. Damit ging einher, dass Erfolg in Form einer privilegierten Güterversorgung u.a. nicht durch legitime, individuelle Leistung erreicht werden konnte. Was innerhalb des eigenen Netzwerkes als normal und legitim (Innenmoral) galt, nämlich Waren irgendwie »aufzutreiben« – und das bedeutete meist Staatseigentum in Privateigentum umzuwandeln – galt auch für »die anderen«, die aber (Außenmoral) mit anderen Maßstäben beurteilt wurden: Wer von »den anderen« über ein höheres Lebensniveau verfügte, war entweder politisch privilegiert (dann aber beruhte der Lebensstandard nicht auf der eigenen Leistung), und wenn der Lebensstandard auf eigener Anstrengung beruhte, dann musste er irgendwie nicht ganz legal zustande gekommen sein.[23] Es entstand Ablehnung und ein grundsätzliches Misstrauen gegenüber »den anderen«, was Srubar die »sozialistische Variante des Ressentiments« nennt, »in der zwar die Symmetrie der Erwartungen erhalten bleibt – was ich von mir erwarte, erwarte ich auch von anderen –, in der aber die Wertung des gleichermaßen Erwarteten asymmetrisch ist – in bezug auf Ego und seine Netzwerke positiv, in Bezug auf andere negativ«.[24]

Es fällt auf, dass dieser von Srubar entwickelte Modernisierungsbegriff dem, was in Kapitel 5 unter Modernisierungsverlierern verstanden wurde, nämlich Personen, die innerhalb der Sozialstruktur abgestiegen sind, diametral entgegen steht. Srubar macht auf der Ebene der Sozialstruktur keine demodernisierenden, sondern allenfalls modernisierungsverlangsamende Elemente aus. Modernisierung findet nach Srubar also im Wesentlichen gar nicht auf der Ebene *sozialstruktureller Veränderungen*, sondern auf der Ebene *sozialer Beziehungen und normativer Muster* statt. Auf der Ebene sozialer Beziehungen sei hier an die zur Versorgung mit Konsumgütern so wichtigen Umverteilungsnetzwerke und den Rückzug ins Private erinnert, auf der Ebene normativer Orientierungen an das Fehlen universeller Moral, mangelnde Individualisierung und Emanzipation des Individuums sowie die Beziehungen strukturierende vormoderne Institution der Gabe. Diese Unterscheidung der Modernisierungsebenen soll in den nächsten beiden Abschnitten am Beispiel der Tschechischen Republik weiter verfolgt werden. Schließen wir uns dieser Vorstellung von Modernisierung an, bleibt für eine wie auch immer geartete »Modernisierungsverliererhypothese« wenig Platz. Modernisierungsvorgänge wie Emanzipation, Individualisierung, die Ausbildung universeller Moral oder auch die abnehmende Bedeutung von Umverteilungsnetzwerken sind nicht

---

[22] Ebd.: 424.
[23] Ebd.: 425.
[24] Ebd.: 425.

nur bei Menschen zu erwarten, die aufgrund schlechter Bildung, veralteter Berufsqualifikation etc. zu den Verlierern des Systemwechsels gehören. Die Verarbeitung dieser Modernisierungsprozesse muss vielmehr von allen Individuen geleistet werden, quer zu sozialstrukturellen Merkmalen wie Bildung oder Klasse. Die geringe Erklärungskraft sozialstruktureller Merkmale wird so verständlich. Von extremen Rechten als Modernisierungsverlierern zu sprechen macht vor diesem Hintergrund nur noch Sinn, wenn »Rechtsextremismus« im normativen Sinne (dieses normative Element schwingt in der Scheuch/Klingemann'schen Beschreibung der »inadäquaten Verarbeitung« (!) schnellen sozialen Wandels immer mit) als sozial unerwünschtes Verhalten dargestellt werden soll. Für die sozialwissenschaftliche Analyse zeigt sich der Begriff »Modernisierungsverlierer« zunehmend unbrauchbar.

7.2. Modernisierung auf der Ebene der Sozialstruktur

Zum Modernisierungsprozess auf der Ebene der Sozialstruktur wurde bereits einiges gesagt. In Kapitel 5.3 wurde herausgearbeitet, nach welchen Mechanismen Privilegien im tschechischen Realsozialismus verteilt wurden, wie sich die Schichtung der Gesellschaft im Kapitalismus änderte und wer zu den Gewinnern und den Verlierern dieses Umbruchs gehörte. In den neunziger Jahren ging der Einfluss von demographischen Merkmalen auf die Einkommensstruktur deutlich zurück, dagegen stieg die Bedeutung von Bildung.[25] Verlierer des Umbruchs waren daher im besonderen die einfachen »sozialistischen Arbeiter« und Personen mit niedriger Bildung.

Weniger beachtet wurde bisher, in welchem zeitlichen Rahmen diese Veränderungen vor sich gingen. Auch wenn der genaue Verlauf der Modernisierung kaum zu rekonstruieren ist, lassen sich einige grundlegende Aussagen treffen. Für die Tschechische Republik wurde ein äußerst schmerzhafter Transformationsschock erwartet, der den Menschen insbesondere in der Anfangsphase der Transformation hohe Kosten abverlangen würde. Diese Vermutung war zweifach plausibel. Zunächst durch den besonders hohen Zentralisierungsgrad der tschechischen Wirtschaft: Die Planwirtschaft war in der ČSFR im Vergleich zu den meisten anderen ehemals sozialistischen Ländern besonders »erfolgreich« implementiert worden. Privatwirtschaftliche Aktivitäten wur-

---

[25] Večerník 2009: 87.

den nahezu vollkommen unterdrückt,[26] das Prinzip der Egalität soweit umgesetzt wie in keinem anderen Land des ehemaligen Ostblocks.[27] Die Einkommensungleichheiten waren äußerst gering, 1979 war das höchste Einkommen nur 2,5 mal so groß wie das niedrigste Einkommen.[28] Dazu kam die gewählte Privatisierungsstrategie, die unter Václav Klaus, einem Ökonom der neoklassischen Schule,[29] voran getrieben wurde. Klaus forderte eine »Marktwirtschaft ohne Adjektive«[30] und strebte die Privatisierung der tschechischen Wirtschaft in Form einer Schocktherapie an. Durch die gewählte Form der Privatisierung, die so genannte Voucher- oder Koupon-Privatisierung,[31] sollte das wesentliche Ziel der Regierung Klaus – Schnelligkeit[32] – erreicht werden.

Die so prognostizierte (und politisch gewünschte) kurze und schmerzhafte tschechische Transformation fand nicht statt. Das liegt zum einen daran, dass die von Klaus praktizierte Wirtschaftspolitik entgegen seiner Rhetorik keine Schocktherapie war,[33] zum anderen bestätigt die Langsamkeit der sich wandelnden Institutionen einmal mehr die institutionenökonomische Sichtweise. Die Beschäftigungsstruktur veränderte sich nur langsam, ebenso langsam baute sich die lang anhaltende Überbeschäftigung ab.[34] Schattenwirtschaft blieb mit geschätzten 20-30% lange Zeit ein bedeutender Wirtschaftsfaktor,[35] was auch einen Hinweis auf das weitere Funktionieren der Umverteilungsnetzwerke darstellt. Damit verlief die wirtschaftliche Transformation zunächst

---

[26] Vgl. der Anteil der Beschäftigten im Privatsektor in Tabelle 7.1

[27] Holy 1996: 1.

[28] Ebd.: 160.

[29] Als wesentlicher Architekt des tschechischen Transformationsprozesses muss Václav Klaus aufgefasst werden. Klaus, der zunächst Finanzminister, dann Ministerpräsident war und zur Zeit in der zweiten Amtsperiode tschechischer Staatspräsident ist, kam schon zu sozialistischen Zeiten mit den Schriften Friedrich August von Hayeks in Berührung. Er gilt als einer der überzeugten Anhänger Hayeks, dessen Handschrift in vielen Äußerungen Klaus' wiederzufinden ist. Die nach westlich-kapitalistischen Vorstellungen vorbildliche Transformation der Tschechischen Republik trägt zu großen Teilen seine Handschrift.

[30] »trh bez přívlastků« (Večerník 1998: 77).

[31] Durch die Koupon-Privatisierung wird das Staatseigentum quasi verschenkt. Jeder volljährige Bürger konnte gegen den geringen Preis von 1000,- Kč die gleiche Anzahl von Bonusheften erwerben und diese später gegen Unternehmensanteile an den privatisierten Unternehmen umtauschen (Eckert 2008: 22). Die Koupon-Privatisierung war zwar das wesentliche, aber nicht das einzige Instrument der tschechischen Privatisierung da sich Václav Klaus mit seinen radikalen Vorstellungen nicht komplett durchsetzen konnte (ebd.: 215). Das Ergebnis ist daher ein Kompromiss und Mix verschiedener Privatisierungsmodellen, wobei die Koupon-Privatisierung das markanteste Element darstellt.

[32] »The main goal of the Czech privatization became the speed of change, and speed it was – at all costs« (Mlčoch 2000: 60).

[33] Pesendorfer 1998: 188, Srubar 1998: 345.

[34] Večerník 1998: 34.

[35] Srubar 1998: 343.

verhältnismäßig mild. Die Befürchtungen von Anfang der neunziger Jahren vor krassen Einschnitten sind nicht eingetreten. So tadelte sogar die OECD die (mit hohen Transformationskosten rechnenden) tschechischen Skeptiker, dass sie hohe Arbeitslosigkeit vorhergesagt hatten, anstatt vor den Gefahren des »goldenen tschechischen Weges«[36] zum Kapitalismus ohne Opfer zu warnen.[37] Wesentliches Merkmal war dabei die in der Tschechischen Republik überdurchschnittlich niedrige Arbeitslosenquote. Zwar stieg die Arbeitslosigkeit unmittelbar nach der Wende auf 4,1% (1991).[38] Damit einher ging hohe Inflation, die ein Einbrechen der Reallöhne auf fast 70% des Ausgangsniveaus zur Folge hatte.[39] Diese Situation konnte aber relativ schnell wieder unter Kontrolle gebracht werden, auch wenn die Inflation erst 1994 auf 10% (1993 noch 20,8%) sank und seit 1999 vollständig unter Kontrolle ist,[40] so stiegen doch die Reallöhne seit 1991 wieder an.[41] Die Arbeitslosigkeit blieb in der ersten Hälfte der neunziger Jahre bei – im Vergleich mit anderen Transformations- und Nicht-Transformationsländern – sehr niedrigen Werten um die 4%.[42]

Zusammenfassend lässt sich an dieser Stelle im Hinblick auf die Integration in den Arbeitsmarkt festhalten, dass diese, trotz einer sicher nicht unerheblichen, in der Statistik nicht auftauchenden verdeckten Arbeitslosigkeit, bis in die Mitte der neunziger Jahre aufrecht erhalten werden konnte. Die Tschechische Republik war damit im Vergleich zu den anderen Transformationsländern ein Sonderfall. Diese relative Arbeitsplatzsicherheit wurde freilich durch niedrige Löhne nahe der Existenzgrenze erkauft. So wenig über die individuellen Lebenslagen in der frühen Transformationsperiode

---

[36] »zlatá česká cesta«.
[37] Večerník 1998: 89.
[38] Ebd.: 31.
[39] Ebd.: 124.
[40] Český statistický úřad 2008.
[41] Večerník 1998: 124.
[42] Český statistický úřad 2008. Die Löhne sind in weiten Teilen so niedrig, dass sie faktisch zum Überleben nicht ausreichen und durch weitere Einkommensquellen wie die Schattenwirtschaft ergänzt werden mussten. 56% der Tschechen verdienen weniger als der Durchschnittslohn von 5800 Kronen, 25% sogar nur die Hälfte des Durchschnittslohnes, also weniger als 3000 Kronen (Srubar 1998: 342). (Die von Srubar angeführten Vergleiche illustrieren die niedrigen Einkommen: Der billigste Škoda kostete 150.000 Kronen, ein paar billige Schuhe 500 Kronen.) Die niedrigen Löhne bedeuten in der ersten Hälfte der neunziger Jahre ein Absinken des Lebensstandards für weite Teile der Bevölkerung, die Reallöhne sinken um ca. 18% (ebd.: 342). Zweitens gelang es die drohende Arbeitslosigkeit von großen Teilen der älteren Bevölkerung durch Frühverrentung aufzufangen, im Zeitraum von 1988 bis 1993 wechselten immerhin 5,1% der Beschäftigten in den vorzeitigen Ruhestand (Večerník 1998: 163). Die Arbeitslosenstatistik spiegelt allerdings auch nur einen Teil der Realität wieder: Neben den Personen, die vorzeitig in den Ruhestand wechselten, verschwanden von 1992 bis 1994 weitere 850.000 Beschäftigte (ca. 16%) aus den Statistiken, ohne dass sie anderweitig wieder auftauchten (Srubar 1998: 343).

bekannt ist, lässt sich dennoch zeigen, dass sich an den (rein objektiven) Lebenslagen vieler Personen gar nicht so viel geändert hat: Integration in den Arbeitsmarkt
bei gleichzeitig knapper Güterversorgung. Wenngleich die materielle Güterversorgung
in der frühen Transformationsphase zunächst schlechter wird, handelt es sich hierbei nicht um ein qualitativ neues Phänomen. Güter irgendwo »auftreiben« (Srubar)
gehörte im von chronischer Güterknappheit betroffenen Realsozialismus zum alltäglichen Leben dazu. Die mittelosteuropäische Bevölkerung war damit auf die mit dem
Systemkollaps einhergehende prekäre Versorgungslage gut vorbereitet. Damit dürfte
die individuelle Überlebensstrategie nach 1989 auch im Wesentlichen die gleiche geblieben sein, wie sie für den Realsozialismus von vielen Anthropologen beschrieben
wird.

> They have paid particular attention to the fact that in most socialist countries, »most
> of the time, ›most ordinary people‹ simply took the system for granted, accomodated
> to it, and got on with their lives without joining either the Communist party or a
> dissident group. In other words, they ›muddled through‹, just as people do in other
> kinds of society«.[43]

Zu dieser Sicht auf die Lebenslagen kommt eine weitere subjektive Komponente, die
inzwischen von vielen Autoren beschrieben worden ist: Die Erwartungen der Leute
und ihre Bereitschaft, auf die materiellen Gewinne des Transformationsprozesses zu
warten.

> Sie müssen, wenn die *gleichzeitige* Bewältigung der drei Modernisierungsaufgaben
> gelingen soll, bereit sein, ein hohes Maß an Geduld und Zuversicht aufzubringen. Sie
> müssen sich *rasch* an die neuen Verhältnisse anpassen und dann *lange* auf die Früchte
> dieser Anpassung zu warten bereit sein. Diese Geduld benötigen sie, um die ›schöp-
> ferische Zerstörung‹, die ja, wie beabsichtigt, auf die Preis- und Eigentumsreformen
> folgen wird, nicht anzuhalten, obwohl sie dazu durch Wahrnehmung neu gewonnener
> demokratischer Bürgerrechte sehr wohl imstande wären. Gefordert sind mithin genau
> die Tugenden der Flexibilität, des geduldigen Abwartens und der Toleranz für unglei-
> che Einkommensentwicklungen, die in zwei (beziehungsweise im Falle der Sowjetunion
> sogar drei) Generationen des »Aufbaus einer sozialistischen Gesellschaft« entweder
> völlig unterbeansprucht waren oder aber arg auf die Probe gestellt und im Ergebnis
> enttäuscht worden sind.[44]

Die Bereitschaft, hohe Transformationskosten mitzutragen, war zu Beginn der Transformationsperiode stark ausgeprägt. Die nach der Wende eingeleiteten (und unter

---

[43] Holy 1996: 16, inneres Zitat: Hann 1993: S. 11f.
[44] Offe 1991: 289, Hervorhebungen im Original.

Klaus mit entsprechender neoliberaler Rhetorik verkauften) Reformen beinhalteten immer auch das Versprechen, dass ein Zurückschrauben der Interessen heute steigenden Wohlstand in Zukunft bedeuten würde.[45] Mit diesem Glauben an eine gute Zukunft bestand große Euphorie in der Bevölkerung, die sich in breiter Unterstützung für die marktliberalen Reformen der Regierung (und damit auch der Koupon-Privatisierung) niederschlug.[46] 1990 akzeptierten beispielsweise noch 90% der Bevölkerung größere Einkommensunterschiede.[47]

> Der mit der sanften Revolution einhergehende und vor allem in Tschechien [...] in den frühen 90er Jahren fortdauernde Konsens zwischen Führung und Bevölkerung, der sich auf das Bewußtsein um die Überwindung eines inkompetenten Regimes stützte, war stark genug, um die zeitweiligen Einkommensverluste in Kauf zu nehmen.[48]

Die Entwicklung der Arbeitslosenquote zeigt, dass die zu erwartenden Transformationskosten erst Ende der 1990er Jahre auf die tschechische Bevölkerung zukamen.[49] Einhergehend mit wirtschaftlicher Stagnation begann der Anstieg der Arbeitslosigkeit 1997 auf 4,8%, diese erreichte in den Jahren 1999 und 2000 mit fast 9%[50] ihren bisherigen Höhepunkt. 1997 und 1998 sank das Bruttoinlandsprodukt nach deutlichem Wachstum in den vergangenen Jahren wieder, was 1998 auch zu einem Rückgang der Reallöhne führte. Einhergehend mit der bis dahin in unbekannte Dimensionen ansteigenden Arbeitslosigkeit nahm das Armutsrisiko in der Bevölkerung erheblich zu.[51] Diese Entwicklung zeigt, dass Institutionen wie der Arbeitsmarkt auch auf radikale Veränderungen wie sie in Ostmitteleuropa stattgefunden haben, äußerst träge reagieren. Tabelle 7.1 zeigt die zögerliche Veränderung der beruflichen Stratifikation. Im Zeitraum von 1988 bis 1993 änderte sich an der Zusammensetzung der arbeitenden Bevölkerung nach Berufsgruppen noch äußerst wenig. Diese Veränderung beschleunigte sich im zweiten beobachteten Zeitraum deutlich. Der Anteil der Selbstständigen sowie der Fachangestellten nahm zu, der Anteil der – zuvor als Modernisierungsverlierer identifizierten – Arbeiter ging deutlich zurück. Das betraf insbesondere den

---

[45] Zu dieser Argumentation vgl. auch Vobruba 1991.
[46] Večerník 1998: 182ff.
[47] Ebd.: 131.
[48] Kosta 1997: 21, zitiert nach Eckert 2008: 219.
[49] Alle folgenden Daten nach Český statistický úřad 2008.
[50] Entwicklung der Arbeitslosenzahlen: 1993 4,3%, 1994 4,3%, 1995 4,0%, 1996: 3,9%, 1997 4,8%, 1998 6,5%, 1999 8,7%, 2000 8,8%, 2001 8,1%, 2002 7,3%, 2003 7,8%, 2004 8,3%, 2005 7,9%, 2006 7,1%, 2007 5,3%, 2008 4,4%), Berechnung entsprechend der Methoden von ILO und Eurostat (ebd.).
[51] Vgl. Večerník 2004.

Tab. 7.1.: Zusammensetzung ökonomisch aktiver Personen nach Berufsgruppen (%)
(Quelle: Večerník 1998, S. 207 (Tabelle 9.1), Übersetzung des Autors)

Soziale Gruppe	1988	1993	1997
Höhere Fachkräfte	9,4	9,1	13,7
Niedrige Fachkräfte	15,5	16,8	20,0
Routinierte Angestellte	14,0	14,1	14,8
Selbstständige ohne Angestellte	0,0	1,2	3,2
Selbstständige mit Angestellten	0,6	4,3	3,2
Meister, Techniker	5,0	3,9	7,9
Qualifizierte Arbeiter	19,4	17,9	15,5
Unqualifizierte Arbeiter	29,3	27,1	20,0
Landwirtschaftliche Arbeiter	6,7	4,9	1,3
Private Landwirte	0,2	0,7	0,4
Gesamt	100,0	100,0	100,0

Anteil der unqualifizierten Arbeiter, der im Zeitraum von 1993 bis 1997 um 26% zurückging. Mit diesem sich auf der Ebene der Sozialstruktur gegen Ende der 1990er Jahre beschleunigenden sozialen Wandel trat das von Claus Offe antizipierte Problem auf: Die Geduld der Bevölkerung ließ nach, ihre Bereitschaft zu Interessenaufschüben erschöpfte sich. 1998 war die Zustimmung zur Frage nach der Legitimität größerer Einkommensunterschiede auf fast die Hälfte des Wertes von 1990 gesunken,[52] damit einher ging eine deutlich sinkende Zustimmung zur »Marktwirtschaft ohne Adjektive«. Wie verschiedene Studien belegen, nahm die Zufriedenheit mit der wirtschaftlichen und sozialen Situation in der Bevölkerung rapide ab.[53] Statt Wohlstand für alle drohte für immer größere Teile der Bevölkerung die Exklusion aus dem Arbeitsmarkt und Armut. Mit der Verabschiedung restriktiver Haushaltsmaßnahmen, sogenannten »Paketen« (»balíčky«)[54] wurde 1997 der Beginn der ökonomischen Stagnation und politischen Krise symbolisiert.[55] Die Atmosphäre in dieser Zeit war geprägt von Finanz- und Parteispendenaffären. Im Verlaufe der Koupon-Privatisierung kam es zu vielen illegalen Geldtransfers auf Privatkonten, »tunelování« (soviel wie »aushöhlen« oder »untertunneln«) wurde zum geflügelten Wort dieser Zeit, viele Menschen fühlten sich verraten. In dieser Zeit wirtschaftlich schlechter Entwicklung und steigender Arbeitslosigkeit kam es Ende der neunziger Jahre zu »schlechter Laune«,[56] wie der

---

[52] Večerník 1998: 131.
[53] Řeháková 1999: 311.
[54] Císař 2008: 43.
[55] Ebd.
[56] »blbá nálada«, zitiert nach ebd.: 43.

ehemalige Staatspräsident Václav Havel die Stimmung in dieser Zeit beschrieb. 1998 kam es zu vorgezogenen Neuwahlen und zur Abwahl der Regierung Klaus. Zugewinne konnten in den Wahlen die soziale Sicherheit versprechenden Sozialdemokraten (ČSSD) und Kommunisten (KSČM) verzeichnen.[57] Die politische Krise verschärfte sich 1999 mit Korruptionsvorwürfen gegen die Regierung und der Kampagne »Danke, geht!«,[58] mit der die gesamte damalige postkommunistische Elite zum Rücktritt aufgefordert wurde.[59]

Zusammenfassung

Es lässt sich festhalten, dass es zu Beginn der 1990er Jahre noch zu keinen wesentlichen Veränderungen auf der Ebene der Sozialstruktur gekommen war und die Institutionen sich erst langsam zu wandeln begannen. In dieser Zeit, in der zwar der größte Teil der Bevölkerung von Inflation und schlechter Güterversorgung betroffen war, war die Euphorie groß. Ebenso groß war die Bereitschaft, schmerzhafte Reformen mitzutragen.

Zur transformationsbedingten Wirtschaftskrise, einhergehend mit einer sich beschleunigenden Veränderung der Sozialstruktur und steigender Arbeitslosigkeit, kam es erst Ende der 1990er Jahre. Auf der Ebene objektiver Mobilität kam es zum Abstieg vieler Menschen in die Arbeitslosigkeit. Die Veränderungen in der Sozialstruktur zeigen, dass sich die Mechanismen, die die Verteilung von Einkommen und Lebenschancen steuern, in dieser Zeit zu wandeln begannen. Die nun zunehmend die materiellen Kosten der Transformation tragende Bevölkerung empfand dies als ungerecht. Weitere Einkommensungleichheiten wurden abgelehnt, viele Menschen hatten das Gefühl, um den ihnen zustehenden Teil vom versprochenen Kuchen betrogen worden zu sein. In dieser Zeit, in der die Modernisierungskosten für die Bevölkerung zunahmen, nahm die Geduld und die Bereitschaft zu Interessenaufschüben ab. Diese Entwicklung zeigte sich in der von Havel treffend beschriebenen »schlechten Laune«.

Einhergehend mit der ökonomischen Krise kam es zu einer politischen Krise, die auch nach der Abwahl der Regierung Klaus und dem Erfolg linker Parteien andauerte. Die neue Elite hatte das Vertrauen der Bevölkerung verspielt. Entsprechend der diskutierten Definition von relativer Deprivation lässt sich die Situation Ende der

---

[57] Zu dieser Wahl in der Krisenzeit und ihrer Auswirkungen auf den Stimmenanteil der »rechtsextremen« SPR-RSČ s. ausführlich oben, Kapitel 10.3.1.

[58] *»Děkujeme, odejděte!«*

[59] Vgl. Císař 2008.

1990er Jahre mit diesem Begriff gut beschreiben. Es bestand eine wahrgenommene Diskrepanz zwischen dem, auf was die Leute nach dem »Tal der Tränen«[60] glaubten einen berechtigten Anspruch zu haben (nämlich Wohlstand auf der ökonomischen und Demokratie auf der politischen Ebene) und der tatsächlich wahrgenommenen Entwicklung: Ökonomische Stagnation und korrupte Eliten.

7.3. Modernisierung auf der Ebene sozialer Beziehungen und normativer Muster

Anknüpfend an die phänomenologischen Überlegungen Srubars ließ sich ausmachen, dass die Gesellschaften des real existierenden Sozialismus insbesondere auf der Ebene sozialer Beziehungen und normativer Muster Modernisierungsrückstände aufwiesen. Damit waren Individualisierungs- und Emanzipationsprozesse systematisch verstellt. Wesentliche Alltagshandlungen wie der Warenerwerb waren in enge, partikularisierte Gemeinschaften (Umverteilungsnetzwerke) eingebunden, damit strenger sozialer Kontrolle unterworfen und die Individualisierung des Individuums nur beschränkt möglich. Die Netzwerke boten gleichzeitig Rückzugsmöglichkeiten in einer als feindlich und als nicht kalkulierbar wahrgenommenen Umwelt, nur hier war es möglich, von der Staatsmacht unbeobachtet zu handeln.[61] Die Netzwerke kennzeichneten sich durch die »vormoderne Institution« der Gabe aus, darüber hinaus konnte sich keine moderne universalistische Moral ausbilden. Für Personen außerhalb der Netzwerke galten andere moralische Maßstäbe, ihr Handeln wurde mit grundsätzlichem Misstrauen betrachtet. Srubar spricht in diesem Zusammenhang von der »sozialistischen Variante des Ressentiments«.

Damit ist schnelle Modernisierung auf dieser Ebene der normativen Muster und sozialen Beziehungen auszumachen. Es ist davon auszugehen, das dieser mit dem Übergang zu Demokratie und Kapitalismus stattfindende Wandel von allen Individuen verarbeitet werden musste – unabhängig davon, ob sie zu den (ökonomischen) Gewinnern oder aber Verlierern des Transformationsprozesses gehörten. So überzeu-

---

[60] Dahrendorf 1990: 41.
[61] In der Tschechischen Republik fand dieser Rückzug jedes Wochenende und die gesamten Ferien über in die Datschen (*chaty*) statt, das einzige Privateigentum, dass im Sozialismus geblieben war. »That was that bit of the world where even our ›working man‹ was free for two days of the week, for he could, in his own way, without any interference from the state, care about a small part of the world« (Holy 1996: 157).

gend diese Argumentation auch sein mag, sie bleibt unbefriedigend, so lange keine empirischen Studien über die sich im Transformationsprozess wandelnden Lebenswelten vorliegen. Solche Studien sind mir nicht bekannt und können im Rahmen dieser Arbeit nicht durchgeführt werden. In Bezug auf empirisches Wissen über individuelle Handlungs- und Verarbeitungsstrategien von Menschen in der frühen Transformationsphase besteht erheblicher wissenschaftlicher Nachholbedarf. An dieser Stelle kann daher nicht mehr geleistet werden, als Indizien für die enorme normative Verunsicherung der Bevölkerung Anfang der 1990er Jahre anzuführen. Dabei muss, aufgrund der Datenlage, teilweise auf das Beispiel der ehemaligen DDR verwiesen werden.

Bezogen auf Transformationsländer bedeutet Regellosigkeit, dass die Regeln, die im sozialistischen Staat galten und repressiv durchgesetzt wurden, innerhalb kürzester Zeit ihre Gültigkeit verloren. Die sozialistischen Normen und Wertvorstellungen waren in der tschechischen Bevölkerung kaum internalisiert, der Staat und das sozialistische Weltbild diskreditiert – mit dem Zusammenbruch des Staatsapparates konnten Regelbrüche nun mit einem Mal nicht mehr sanktioniert werden. Die Menschen befanden sich also in einer Situation, in der alte Regelsysteme ihre Gültigkeit verloren hatten und sich neue noch nicht etabliert hatten. Spielregeln der Demokratie und des Kapitalismus mussten erst erlernt werden. Welche – für im Kapitalismus sozialisierte Individuen grundlegenden – Handlungsprinzipien erst erlernt werden mussten, belegen Artikel in Zeitungen und Magazinen mit Handlungsempfehlungen wie der folgenden: »*If you think it is expensive, do not buy it. If they cannot sell it for its asking price, they will have to lower the price.*«[62] Für das Individuum bedeutet Regellosigkeit vor allem Handlungsunsicherheit. Normen strukturieren bekanntlich das Handeln und reduzieren Komplexität. Individuen, die ihr Handeln von geltenden Normen leiten lassen, können davon ausgehen, dass ihr Handeln gesellschaftlich akzeptiert wird und kalkulierbare Folgen hat, also mit einer gewissen Wahrscheinlichkeit zum gewünschten Ergebnis führen wird. Insbesondere in der frühen Phase der Transformation standen gültige Normen zur Disposition, wobei sich noch keine neuen Normen etabliert hatten. Es kam, um mit Goffman zu sprechen, zu Rahmenbrüchen,[63] die eine Neubewertung und interpretative Auseinandersetzung mit der Situation erforderlich machten. Die Vielzahl der in der Transformation neu zu interpretierenden Situationen machte die Lebenswelt für die Akteure mit einem Schlag unüberschaubar komplex. »Durch das hohe Tem-

---

[62] Holy 1996: 159.
[63] Zu Goffman und dem Framing-Ansatz s. unten, Kapitel 9, S. 140.

po und die Radikalität der Veränderungsprozesse werden insbesondere die mentalen Probleme verschärft, was die psychosoziale Belastungskapazität des Einzelnen z.T. überfordert, der sich in einer bisher nicht gekannten Extremsituation wiederfindet.«[64] Der Zusammenhang zur Definition von Krise als *Entscheidungssituation* wird an dieser Stelle besonders deutlich. Dass die Situation unmittelbar nach der Wende mit Anomie treffend beschrieben wird, belegen typische Erscheinungen wie stark zunehmender Drogenkonsum und ein starker Anstieg der Kriminalitätsrate um 80% zwischen 1990 und 1994.[65] Auch die Abtreibungsrate, die in Tschechien Anfang der neunziger Jahre auf 83% anstieg und damit kurzzeitig die höchste weltweit war,[66] belegt enorme Verunsicherung und Zukunftsangst in der Bevölkerung.

Schubarth[67] stellt den »Individualisierungsschock«, dem die Menschen nach der Wende ausgesetzt waren, am Beispiel Jugendlicher aus der ehemaligen DDR dar, denen nach der Wende ein selbstbestimmtes Leben offen stand, die aber nie gelernt hatten, dieses auch zu leben. Jugendforscher sind sich einig, dass in der ehemaligen DDR der Lebenslauf früh geplant wurde, dies die Jugend auf zukünftige Aufgaben vorbereiten sollte und wenig Wahlmöglichkeiten bestanden.[68] Autonomiebestrebungen von Jugendlichen wurden daher »als Abweichungen und ›Irrtümer‹ definiert und entsprechend autoritär auf den funktionalen Weg verwiesen.«[69]

> Die Notwendigkeit des möglichst raschen Übergangs von einer eher passiven, ausführenden zu einer aktiven, agierenden Lebenshaltung wird wohl nirgends deutlicher als bei der Herausforderung, die der Arbeitsmarkt für die Jugendlichen darstellt, die bisher nur eine weitgehende Lehrstellen- und Arbeitsplatzsicherheit kannten.[70]

Diese neuen Wahlmöglichkeiten und die neu erworbene Freiheit bedeuteten eben nicht nur Befreiung, sondern auch den Zwang zu wählen, das eigene Leben selbstständig zu gestalten und auch mögliches individuelles Scheitern auf eigene Fehlleistungen zurückzuführen. Heitmeyer[71] spricht von der »Sonnenseite« der Individualisierung wie der Zunahme von Freiheiten, der Freiheit der Gestaltung des eigenen Lebenslaufes, der Wahl von Lebensstilen, Möglichkeiten des individuellen Konsums etc., der er die

---

[64] Schubarth 1992: 78.
[65] Pesendorfer 1998: 193.
[66] Ebd.: 193.
[67] Schubarth 1992: 78ff.
[68] Ebd.: 78ff.
[69] Ebd.: 102.
[70] Ebd.: 79.
[71] Heitmeyer 1992: 106.

ausgeführten »Schattenseiten« gegenüber stellt. Während Menschen in Westeuropa in diese Anforderungen hineinwachsen und entsprechend sozialisiert werden, fand diese Veränderung in der Transformationsphase abrupt statt.

7.4. Krisenphänomene im tschechischen Transformationsprozess

Über die theoretische und empirische Analyse des tschechischen Transformations-verlaufes konnten in den 1990er Jahren zwei Krisensituationen ausgemacht werden. Umgangssprachlich lässt sich die Krise zu Beginn der 1990er Jahre mit dem Begriff der gesamtgesellschaftlichen Verunsicherung, die Krise Ende der 1990er Jahre mit den Begriffen Unzufriedenheit und Enttäuschung beschreiben. Unter Zuhilfenahme der in Kapitel 6 erarbeiteten Begrifflichkeiten zur Unterscheidung von Krisen können diese exakter gefasst werden: Anfang der 1990er Jahre handelte es sich um eine *Identitäts-* und knapp zehn Jahre später um eine *Interessenkrise*, die Krise Anfang der 1990er Jahre hatte *einmaligen*, letztere *wiederholbaren* Charakter. Erstere Krise erschütterte das *gesamte* Gesellschaftssystem, letztere blieb in ihren Auswirkungen auf *Teilbereiche* beschränkt. In Tabelle 7.2 ist die Unterscheidung der Krisen anhand dieser Gegen-satzpaare dargestellt. In den Jahren, die auf die samtene Revolution folgen, lässt sich

Tab. 7.2.: Krisensituationen Anfang und Ende der 1990er Jahre (Quelle: Eigene Dar-stellung)

1991	1999
Identitätskrise	Interessenkrise
einmalig	wiederholbar
Gesamtgesellschaft	Teilsysteme

von einer *Identitätskrise* sprechen. Wenn das gesamte Werte- und Normengefüge ei-ner Gesellschaft quasi über Nacht in Frage gestellt wird, neue Orientierungspunkte aber noch nicht in Sicht sind, steht zwangsläufig die Identität der Person in Frage. Identität definiert sich immer in Abgrenzung zu einer äußeren Umwelt. Wenn diese radikalem Wandel ausgesetzt ist, ist der Mensch gezwungen, seine Identität neu zu definieren und im Extremfall seine ganze Biographie in einem neuen Kontext zu inter-pretieren und zu legitimieren. Zu Beginn der 1990er Jahre war nicht nur die alte Elite, sondern das gesamte sozialistische Weltbild und damit einhergehend das Werte- und

Normensystem der Gesellschaft diskreditiert, neue Orientierungsrahmen waren aber noch nicht in Sicht. Der Zustand wurde daher mit dem Begriff »Transformationsanomie«[72] treffend beschrieben. Von den Individuen erforderte dieser Zustand erhebliche Interpretationsleistungen: Die eigene Identität musste in einen neuen Kontext eingeordnet, beständig neue Situationen interpretiert und Entscheidungen getroffen werden. Orientierungslosigkeit, Handlungsunsicherheit und Zukunftsangst waren die Folge. Gleichzeitig war die Situation aber geprägt von Euphorie und großen Hoffnungen. Die Bereitschaft materielle Einbußen hinzunehmen und Reformen mitzutragen war groß, da die Menschen glaubten, dass materielle Einbußen zu diesem Zeitpunkt bald zu steigendem Wohlstand und westlichem Lebensstandard für alle führen würden.

Die Krise Ende der 1990er Jahre hatte eine grundlegend andere Dimension, die ich mit *Interessenkrise* beschrieben habe. Zwei typische Merkmale der neuen kapitalistischen Gesellschaftsordnung wurden nun spürbar: Zunehmende soziale Ungleichheit und Arbeitslosigkeit. Während die Arbeitslosigkeit zu Beginn der Transformation aufgrund sich langsam wandelnder Institutionen auf einem niedrigen Niveau blieb, stieg sie Ende der 1990er Jahre in bis dahin unbekannte Höhen. Personen, die mit ihren Qualifikationen den Anforderungen des neuen Systems nicht gerecht wurden, waren nun zunehmend von sozialem Abstieg bedroht. Die entstehende Spaltung der Gesellschaft in Arme und Reiche wurde jetzt von immer mehr Menschen als ungerecht empfunden. Statt Wohlstand für alle hatte das neue System zunächst Wohlstand für wenige gebracht. Weiter auf sich warten lassende Transformationsgewinne für breite Teile der Bevölkerung ließen bei vielen das Gefühl aufkommen, jetzt nicht zu bekommen, was ihnen nach Jahren der Entbehrungen zustand. Der Neid auf Gewinner der Modernisierung nahm zu, der plötzliche Reichtum einiger weniger wurde skeptisch beäugt und auf illegitime Praktiken zurückgeführt. Die Unzufriedenheit zeigte sich in zunehmender Wut auf die herrschenden Eliten und in der Abwahl der Regierung Klaus. Die Unzufriedenheit und »schlechte Laune« in dieser Zeit lässt sich mit dem in Kapitel 3.2.1 ausgeführten Begriff der *relativen Deprivation* gut beschreiben: Es bestand eine subjektiv wahrgenommene Diskrepanz zwischen den tatsächlichen Möglichkeiten zur Bedürfnisbefriedigung und dem, worauf die Leute nach den Entbehrungen im Transformationsprozess glaubten einen berechtigten Anspruch zu haben. Es kann damit von Interessenkrise gesprochen werden, da die als legitim erachteten Interessen auf steigenden Wohlstand zehn Jahre nach dem Systemwechsel nicht erfüllt wurden.

---

[72] Kabele 1992: 11.

Der Zustand der »Transformationsanomie« dagegen war vorüber. Die tschechische Gesellschaft hatte sich stabilisiert und es hatte eine Gewöhnung an das neue System stattgefunden. Ein Systemumbruch wie 1989 in Mittelosteuropa ist als *einmalige* Krise aufzufassen. Die Einmaligkeit der postkommunistischen Systemtransformation machte unter der Bezeichnung »Dilemma der Gleichzeitigkeit«[73] eine bemerkenswerte Karriere, auch wenn die Einmaligkeit in der Schwierigkeit der zu bewältigenden Aufgaben inzwischen berechtigt angezweifelt wird.[74] Wichtig ist, dass die Ereignisse von 1989 von den Akteuren als einmaliges Ereignis interpretiert wurden, was aufgrund der Wucht der Umwälzungen nach über 40 Jahren Realsozialismus verständlich ist. Die Wirtschaftskrise Ende der 1990er Jahre stand mit den Ereignissen 1989 sicher in Verbindung, trotzdem handelte es sich in ihrem Ausmaß um eine Wirtschaftskrise, wie sie in kapitalistischen Gesellschaften mit bekannter *Regelmäßigkeit* auftritt. Auch für die tschechische Bevölkerung brachte die Krise keine qualitativ neuen Situationen mit sich: Wirtschaftlich schlechte Situationen war sie aus der sozialistischen Vergangenheit ebenso gewohnt wie eine Regierung, die nicht im Interesse des Volkes handelt.[75] Als qualitativ neues Element muss allerdings die Bedrohung durch Arbeitslosigkeit aufgefasst werden.

Der Systemumbruch von 1989 ist darüber hinaus ein Ereignis, das die *gesamte Gesellschaft* erschütterte. Die von Srubar ausgemachten nun einsetzenden Modernisierungsprozesse beschränkten sich nicht auf bestimmte Teilsysteme oder Bevölkerungsgruppen. Der Wandel sozialer Beziehungen und normativer Muster betraf alle Bevölkerungsschichten und musste von allen Individuen verarbeitet werden. Freiheiten in der Gestaltung des eigenen Lebenslaufes, möglich werdende Emanzipation und Individualisierung mit all ihren »Sonnen-« und »Schattenseiten« eröffneten sich scheinbar für alle. Wer von den neuen Möglichkeiten profitieren würde und wer zu den Verlierern gehören würde, war in dieser Zeit noch nicht abzusehen. Von der Krise und dem Ende der 1990er Jahre verstärkt auftretenden Wandel auf der Ebene der Sozialstruktur war dagegen nicht die gesamte Gesellschaft betroffen. Zwar war die ausgemachte »schlechte Laune« und Unzufriedenheit mit dem Transformationsverlauf und damit relative Deprivation in weiten Teilen der Bevölkerung anzutreffen, der einsetzende Strukturwandel aber ›produzierte‹ zunehmend Gewinner und Verlierer.

---

[73] Offe 1991.
[74] Merkel 2007.
[75] Vgl. Holy 1996.

Nicht alle Bevölkerungsgruppen waren gleichermaßen betroffen, vor allem einfache Arbeiter und ungebildete Personen erlebten Statusverluste, gut gebildete Personen dagegen konnten in der sozialen Hierarchie aufsteigen.

8. Krisen, Desintegration und rechte Einstellungen

Ein Blick zurück auf die Entwicklung rechter Einstellungen nach 1989 (s. oben, Kapitel 4.4) zeigt ein klares Bild: Rechte Einstellungen waren zum Zeitpunkt der untersuchten Identitätskrise Anfang der 1990er Jahre besonders stark ausgeprägt und gingen daraufhin deutlich zurück. Mit dem Höhepunkt der Interessenkrise Ende der 1990er Jahre sind rechte Einstellungen auf ihr wohl bisher niedrigstes Niveau gefallen. Seit dem scheinen sie wieder anzusteigen.[1]

8.1. Krisenphänomen und die Entwicklung rechter Einstellungen

Ein Einfluss der 1997 einsetzenden und mehrere Jahre andauernden Wirtschafts- und Vertrauenskrise auf die Entwicklung rechter Einstellungen konnte damit nicht nachgewiesen werden. Diese Beobachtung alleine reicht – da andere Einflussfaktoren nicht kontrolliert werden konnten – sicher nicht aus, um den Einfluss von Interessenkrisen auf rechte Einstellungen vollkommen auszuschließen. Zusammen mit der Überprüfung statistischer Zusammenhänge zwischen sozialem Abstieg und rechten Einstellungen verfestigt sich aber das Bild: Ökonomische Deprivation hat mit rechten Einstellungen äußerst wenig zu tun. Die essenzielle Verunsicherung in breiten Teilen der Bevölkerung, die sich in der Phase der »Transformationsanomie« unmittelbar nach der Wende einstellte, hatte dagegen zu einem deutlichen Anstieg rechter Einstellungen geführt. Das Ergebnis bestätigt daher Theorien zur Erklärung rechter Einstellungen, die anomische Tendenzen in den Mittelpunkt ihrer Erklärung stellen.

Über die Krisentypologie kann damit möglicherweise neben der Entwicklung auch

---

[1] Zur aktuellen Entwicklung rechter Einstellungen in der tschechischen Republik s. unten, Kapitel 11.2.

die Verteilung rechter Einstellungen in Tschechien erklärt werden. Die Krise in der Frühphase der Transformation wurde als eine Krise charakterisiert, die sich über das gesamte Gesellschaftssystem erstreckte und nicht nur auf wenige Teilbereiche beschränkt blieb. Wie in Kapitel 4.4 gezeigt wurde, waren rechte Einstellungen 1991, also in einer Zeit, in der die *gesamte Gesellschaft* von einer Identitätskrise betroffen war, noch *breit* in der tschechischen Bevölkerung gestreut. In den westeuropäischen Gesellschaften dagegen beschränken sich rechte Einstellungen in größerem Umfang auf eine kleine Gruppe, die dafür aber über besonders stark ausgeprägte rechte Einstellungen verfügt. Modernisierungstheoretisch lässt sich argumentieren, dass in den stabilen westlichen Demokratien Identitätskrisen auf bestimmte Subsysteme beschränkt bleiben und nicht mehr die gesamte Gesellschaft betreffen. An diese Verteilung haben sich rechte Einstellungen in der Tschechischen Republik zehn Jahre nach der Wende *mit dem Rückgang der gesamtgesellschaftlichen Verunsicherung* weitestgehend angepasst.

Ein weiteres Argument gegen Interessenkrisen als Prädikator für rechte Einstellungen soll an dieser Stelle dargelegt werden. Es setzt an dem in Kapitel 4 deutlich gewordenen Sonderstatus Tschechiens in Bezug auf Ausmaß und Verteilung rechter Einstellungen im mittelosteuropäischen Vergleich an. Dort wurde ausgeführt, dass rechte Einstellungen in der Tschechischen Republik im Vergleich zu allen anderen mittelosteuropäischen Ländern äußerst niedrig sind. Über die EVS-Erhebung von 1999 lässt sich Tschechien eindeutig in die Gruppe der westeuropäischen Länder einordnen. Dieser Sonderstatus lässt sich wiederum dann verstehen, wenn wir Interessenkrisen als Ursache ausschließen und Identitätskrisen betonen. Wie bereits ausgeführt, war Tschechien so etwas wie ein ›Musterland des Realsozialismus‹: Privatwirtschaftliche Aktivitäten waren nahezu vollständig unterdrückt, die Einkommensunterschiede waren so gering wie in sonst keinem anderen sozialistischen Staat und der Einfluss von Bildung auf Berufschancen minimal. Auf der Ebene der Sozialstruktur kommt es daher im Transformationsprozess zu starken Veränderungen, die in der Tschechischen Republik kaum geringer ausgefallen sein können als in den anderen Transformationsländern, in denen mehr unternehmerische Freiheit und größere Einkommensunterschiede bestanden. Die sich ändernde Sozialstruktur und die Zunahme von Einkommensungleichheit impliziert Gewinner und Verlierer, also Personen, die Einkommenseinbuße und Statusverluste hinnehmen müssen und solche, die in der sozialen Hierarchie aufsteigen. Wären die Ursachen rechter Einstellungen im Transformationsprozess auf der *Ebe-*

ne der sich modernisierenden Sozialstruktur zu suchen, ließe sich kaum verstehen, dass diese in der Tschechischen Republik so viel schwächer sind als in den anderen Transformationsländern.

8.2. Zusammenfassung und Ausblick

In diesem Teil des Buches ging es mir darum, Ursachen der Entstehung rechter Einstellungen im Transformationsprozess auszumachen. Als Grund für »Rechtsextremismus/-radikalismus Osteuropa« wird von vielen Autoren der im Transformationsprozess stattfindende schnelle soziale Wandel genannt. Außerdem wird regelmäßig auf die »Modernisierungsverliererhypothese« verwiesen, die besagt, dass insbesondere die Verlierer des Modernisierungsprozesses Träger rechter Einstellungen sind. Diese Hypothesen sollten daher einer Überprüfung unterzogen werden. Zunächst wurden die Begriffe *Modernisierungsverlierer, schneller sozialer Wandel* und damit eng verwandt der Begriff der *Krise* in die Forschung eingeordnet und spezifiziert. Gemeinsam ist allen mit diesen Begriffen operierenden Ansätzen, dass sie rechte Einstellung als menschliche Reaktion in ›schwierigen‹ Situationen ausmachen. In Zeiten von schnellem sozialen Wandel, Krisensituationen oder drohendem Statusverlust neigen Menschen zur Abwertung von Fremdgruppen und suchen Schutz bei Autoritäten.

Über die Trennung von *Identitäts-* und *Interessenkrisen* wurde versucht, die Art krisenhafter Situationen, in denen Menschen zu rechten Einstellungen neigen, genauer zu spezifizieren. Dabei konnte gezeigt werden, dass Interessenkrisen, also Statusverlust und ökonomische Deprivation nur äußerst geringen Einfluss auf die Entstehung rechter Einstellungen haben. Während ich der Ansicht bin, den geringen Einfluss von ökonomischer Deprivation und Statusverlust überzeugend nachgewiesen zu haben, besteht weiterhin dringender Forschungsbedarf bei der Untersuchung der spezifischen Verunsicherung in der frühen Transformationsperiode. Zwar wurde von vielen Autoren auf den »Transformationsschock«, »Transformationsanomie« und allgemein die große Verunsicherung unmittelbar nach dem Systemwechsel hingewiesen. Untersuchungen aber, wie die Leute den Systemwechsel wahrgenommen haben und welche Verarbeitungsstrategien gewählt wurden, sind Mangelware. Hier ist vor allem empirische Arbeit notwendig, um die Verunsicherung auf der Mikroebene differenzierter beschreiben zu können. Weitere Studien in Transformationsländern können hier wertvolle neue Erkenntnisse liefern. Indem die Erforschung von Sozialisationsbedingungen mit einbezogen wird, dürfte es auch möglich sein, den vermuteten Interaktionseffekt zwischen autoritärer Persönlichkeit und autoritärer Reaktion in Krisenzeiten genauer zu spezifizieren.

Die Unterscheidung von Krisentypen stellt eine besondere Herausforderung dar, da die verschiedenen Krisen eng miteinander zusammenhängen und in der gesellschaftlichen Wirklichkeit oft parallel auftreten. Besonders deutlich wird die Problematik am Beispiel des Statusverlust-Arguments. Üblicherweise wird Statusverlust in die Kategorie der Identitätskrisen eingeordnet. Das trifft auf den Ansatz Lipsets zu.

> *The political consequences of status frustrations are very different from those resulting from economic deprivation, for while in economic conflict the goals are clear – a redistribution of income – in status conflict there are no clear-cut solutions.*[2]

Und auch Detlef Oesterreich folgt dieser Ansicht: Statusverlust sei ein Angriff auf »die eigenen Werte und die psychische Identität«.[3] Ich habe in dieser Arbeit Statusverlust in die Kategorie Interessenkrise eingeordnet, im Wesentlichen empirisch-induktiv begründet, da ich keinen Zusammenhang zwischen Statusverlust und rechten Einstellungen nachweisen konnte. Hier ist weitere Arbeit notwendig, um die Krisen theoretisch begründet exakter unterscheiden zu können.[4] Empirisch können Identitäts- und Interessenkrisen zusammenfallen. In unterschiedlichen Phasen gesellschaftlicher Entwicklung kann dies mehr oder weniger stark der Fall sein. Mit der frühen Transformationsphase wurde eine gesellschaftliche Situation ausgemacht, in der sich die gesamte Gesellschaft in einer Identitätskrise befand, nicht jedoch in einer Interessenkrise. In dieser Situation verfügte daher die gesamte Gesellschaft über ein hohes rechtes Einstellungspotential, unabhängig von der wirtschaftlichen Situation der Individuen. Die empirischen Daten weisen darauf hin, dass mit fortschreitender Transformation die breite Streuung rechter Einstellungen in der Bevölkerung zurückgeht und sich die Verteilung an ein westeuropäisches Muster annähert,[5] in der es Gruppen gibt, die über sehr geringe, und Gruppen, die über stark ausgeprägte rechte Einstellungen verfügen. Diese sich abzeichnende Entwicklung ist modernisierungstheoretisch zu verste-

---

[2] Lipset 1964: 309.

[3] Oesterreich 2001: 284.

[4] Die Arbeiten Heitmeyers zum Zusammenhang von gruppenbezogener Menschenfeindlichkeit und Krisen bieten hier wichtige Anhaltspunkte. Leider werden die verschiedenen Krisentypen als jeweils eigenständige unabhängige aufgefasst, ohne dass der Zusammenhang und mögliche Überschneidungen theoretisch ausreichend diskutiert werden. Eine Weiterentwicklung erscheint aber aussichtsreich (Heitmeyer 1997, Mansel, Endrikat und Hüpping 2006, Anhut und Heitmeyer 2007).

[5] Mit der bald verfügbaren EVS-Erhebung von 2009 kann das Bild der Entwicklung rechter Einstellungen vervollständigt werden.

hen. Mit der zunehmenden Differenzierung der postkommunistischen Gesellschaften treten rechte Einstellungen nicht mehr gleichmäßig in der gesamten Gesellschaft auf, sondern bleiben auf Teilsysteme der Gesellschaft beschränkt.

Damit stellt sich die Frage, in welchen Bereichen Identitätskrisen und damit rechte Einstellungen verstärkt auftreten. Entsprechend meiner Untersuchungen muss es sich dabei um Teilbereiche der Gesellschaft handeln, in denen verstärkt normative Verunsicherung auszumachen ist, in denen sich also die Menschen nur schwach mit den Werten und Normen der Gesellschaft identifizieren. Heitmeyer weist hier auf den Zusammenhang von normativer Verunsicherung und Desintegration hin (s. oben, Kapitel 3.2.3). Ich verstehe den Zusammenhang derart, dass Personen, die nur unzureichend in gesellschaftliche Teilsysteme integriert sind, nicht die Möglichkeit haben, Werte und Normen der Gesellschaft ausreichend zu internalisieren. Es ist also ein positiver Zusammenhang zu erwarten zwischen rechten Einstellungen und der Integrationsfähigkeit der Gesellschaft gegenüber ihren Mitgliedern.[6] Vor dem Hintergrund dieser These müssen nun schwach integrierte Personengruppen ausgemacht werden und überprüft werden, ob dort tatsächlich verstärkt rechte Einstellungen anzutreffen sind. In modernen kapitalistischen Gesellschaften, die sich mit hoher Arbeitslosigkeit arrangiert haben, sind für einen größer werdenden Teil der Bevölkerung die Inklusionschancen systematisch verstellt.

Der nur zeitweilige Verlust eines Arbeitsplatzes kann, im besonderen bei gebildeten Personen, die auf baldige Wiedereinstellung hoffen können, gut verarbeitet, zeitweilige Einkommensverluste können verkraftet und durch den Wohlfahrtsstaat abgefedert werden. Auch sozio-ökonomischer Wandel, der den Status ganzer größerer Gruppen bedroht, muss nicht zu einer Bedrohung der Identität führen. In der Bezugsgruppe kann das Selbstbild auch bei gesellschaftlichem Wandel aufrecht erhalten werden, Unzufriedenheit kann sich sehr wohl auch in klaren politischen Forderungen wie der nach Staatshilfen für bestimmte Industriezweige niederschlagen.

Wahrscheinlicher dagegen sind Identitätsprobleme und normative Verunsicherung bei Personen, die langfristige Exklusionserfahrungen hinnehmen müssen. Durch fehlendes Einkommen ist gesellschaftliche Teilhabe verstellt. Bei Personen, die sich langfristig in der Arbeitslosigkeit befinden, lösen sich die sozialen Netzwerke häufig auf. Für diese Menschen wird es zunehmend schwieriger, sich mit den Normen und

---

[6] Auch hier stimme ich mit den Überlegungen von Heitmeyer u.a. überein. Vgl. Anhut und Heitmeyer 2000: 53, vgl. Dollase u. a. 2000: 138.

Werten einer Gesellschaft zu identifizieren, in der sie dauerhaft nicht gebraucht werden und durch einen »fordernden« Sozialstaat sowie entsprechende politische Rhetorik zu Sündenböcken der Gesellschaft abgestempelt werden. Ich vermute also ein zunehmendes rechtes Einstellungspotential bei Bevölkerungsgruppen, denen die Inklusion in die Gesellschaft systematisch verwehrt bleibt und die es gleichzeitig nicht schaffen, alternative Orte der sozialen Teilhabe zu finden. Zur Überprüfung dieser These sind andere Forschungsdesigns notwendig. In Standard-Surveys, die auf Querschnittsdaten beruhen, können langfristig Exkludierte nicht geeignet identifiziert werden, außerdem sind die Fallzahlen zu gering, als dass über diese Gruppe statistisch signifikante Aussagen getroffen werden können.

Für Tschechien würde diese These bedeuten, dass rechte Einstellungen, die bis 1999 kontinuierlich gesunken sind, in dem darauf folgenden Zeitraum wieder ansteigen werden. Die Zunahme wird allerdings nicht in allen Bevölkerungsschichten gleichermaßen anzutreffen sein, sondern sich auf diejenigen Personen beschränken, die zu den langfristigen Verlierern des Systemwechsel gehören, bei denen Desintegrationserfahrungen und Identitätskrise zum Dauerzustand werden. Damit würde dann auch der Zusammenhang zwischen Identitäts- und Interessenkrisen weiter zunehmen.

Für die politische Präventionsarbeit tut sich damit ein sehr viel weiteres Betätigungsfeld auf. Neben der üblicherweise geforderten Bildung und Aufklärung muss es darum gehen, den Menschen Teilhabe- und Partizipationschancen zu eröffnen. Eine Frage, die mit sinkenden Wachstumsraten, sich verfestigender Arbeitslosigkeit und zunehmender sozialer Ungleichheit an Brisanz gewinnt.

Teil IV.

Organisationsstrukturen und Semantiken

9. Semantiken

Unter Semantik verstehe ich mit Luhmann »höherstufig generalisierten, relativ situationsunabhängig verfügbaren Sinn«.[1] Bezogen auf das in Kapitel 3.1 dargestellte allgemeine Erklärungsmodell besteht damit große Ähnlichkeit zu dem, was Scheuch/Klingemann mit dem Begriff »politische Philosophien«[2] bezeichnen und bereits im Kapitel »Politische Kultur« (Kapitel 3.2.5) ausgeführt wurde. Entsprechend dieser Vorstellungen müssen im kulturellen System einer Gesellschaft Ideologiefragmente eines rechten Weltbildes vorhanden sein, damit faschistische Organisationen überhaupt Anschlussstellen finden und mögliche Anhänger mobilisieren können.

> Rechte Ideologien entstehen nicht im luftleeren Raum. Selbst dort, wo sie sich in vermeintlich hegemonialer Weise entfalten können, erfinden sie nicht ihre eigene Welt. Sie greifen vielmehr auf vorformatierte Elemente dieser Welt zurück, genauso, wie auch ihre Formationsarbeit in das Wissen über diese Elemente mit einfließt. Die Frage nach diesem »kleinen Grenzverkehr« lässt sich [...] in Form von Möglichkeiten stellen: Wie ermöglichen also »ganz normale« Denkfiguren und die sie prägenden und produzierenden institutionalisierten Praktiken den Anschluss rechtsextremer Ideologien?[3]

Stichweh konkretisiert den Begriff der Semantik dahingehend, dass diese die für eine Gesellschaft *möglichen* Strukturen beschreibt.[4] Durch ein einfaches (und simplifiziertes) Beispiel lässt sich diese Vorstellung illustrieren und für diese Untersuchung brauchbar machen: Die tschechische Nation verstand sich nie als Großmacht, Bestrebungen zur Errichtung eines »Großtschechischen Reiches« sind aus der tschechischen Geschichte nicht bekannt. Damit fehlt die entsprechende Semantik, über die eine potentielle faschistische Gruppierung die Wiederherstellung »Großtschechiens« fordern könnte, eine solche Organisation ist in der nationalistischen Semantik Tschechiens (im Unterschied bspw. zu der Ungarns) nicht angelegt.

---

[1] Luhmann 1980: 19.
[2] Scheuch 1967: 20.
[3] Buck, Kausch und Rodatz 2007: 12f.
[4] Stichweh 2000: 248.

An dieser Stelle wird wiederum die Nähe zu Framing-Ansätzen[5] aus der sozialen Bewegungsforschung deutlich, die sich auf interpretative soziologische Ansätze, insbesondere solche Goffmans,[6] beziehen. Goffman analysiert *Frames* als Erfahrungs- und Handlungsschemata, als Antworten auf die berühmte Frage »What is it that's going on here?«.[7] Situationen werden innerhalb eines Frames verstanden und gedeutet, dabei werden diese Rahmen nicht ständig neu konstruiert, sondern bilden einen impliziten Wissensbestand, der meist nicht von denjenigen konstruiert wird, die sich in der Situation befinden, »ein Wissen, was wann und wo zu tun und zu lassen ist«.[8] Frames sind als handlungsleitende Deutungsmuster der Akteure über die soziale Welt zu verstehen, die ihr Denken und Handeln strukturieren und leiten.[9] Soziale Bewegungsorganisationen[10] und somit auch faschistische Akteure verwenden viel Arbeit darauf, *collective action frames* zu konstruieren, »intended to mobilize potential adherents and constituents, to garner bystander support, and to demobilize antagonists«.[11] Dieser Prozess wird von Snow und Mitautoren als *frame alignment* analysiert und muss als Aushandlungsprozess verstanden werden, in dem die sozialen Bewegungsorganisationen versuchen, ihre und die Semantik der zu mobilisierenden Akteure in Übereinstimmung zu bringen. Wenn es also gelingt, *bystanders* zu überzeugen, dass ihre Vorstellungen schon immer mit denen der Bewegungsorganisationen deckungsgleich waren, dann werden diese unter Umständen bereit sein, aktiv an der sozialen Bewegung zu partizipieren. Diese ›Überzeugungsarbeit‹ wird einem faschistischen Akteur naturgemäß dann leichter fallen, wenn seine Vorstellungen und die der

---

[5] Grundlegend: Snow u. a. 1986.

[6] Goffman 1974.

[7] Ebd.: 8.

[8] Lenz 2001: 250.

[9] Goffman beschäftigt sich zu einem großen Teil mit Problemen und Bruchstellen, die bei Rahmungen entstehen. Schwierigkeiten, d.h. Situationen, die nicht unmittelbar in den Rahmen passen, verlangen der raschen Klärung des Rahmens (ebd.: 251), müssen aber nicht unbedingt zu einem Bruch führen. Zu Rahmenbrüchen kommt es erst, wenn die Schwierigkeiten »die Schwelle des Nicht-mehr-ignorierbaren übersteigen« (ebd.: 251). Rahmenbrüche werden begleitet von Emotionen, einem – zumindest kurzzeitigen – aktiven Auseinandersetzen mit der Frage, was hier eigentlich vorgeht und dem Versuch, wieder einen klaren Rahmen herzustellen. Das kann erreicht werden durch eine Rückkehr in den gestörten Rahmen oder aber einen Rahmenwechsel.

[10] Mit »soziale Bewegungsorganisation« schließe ich mich den inzwischen gängigen Begrifflichkeiten von McCarthy und Zald (1977) an und spreche von *Social movement organizations* als »a complex, or formal organization which identifies its goals with the preferences of a social movement or countermovement and attempts to implement these goals«. *Social movements* sind dieser Definition folgend »a set of opinions and beliefs in a population which represents preferences for changing some elements of the social structure and/or reward distribution of a society« (McCarthy und Zald 1977: 1217f).

[11] Benford und Snow 2000: 614.

Mehrheitsgesellschaft bereits gewisse Schnittmengen aufweisen, er also an Ultranationalismus, Antiziganismus etc. anknüpfen kann.

Unabhängig davon, ob von »politischen Philosophien«, »Semantiken«, oder aber »Frames« gesprochen wird, ist die Forschung leider weit davon entfernt, klare Aussagen darüber zu treffen, wie sich der Zusammenhang zwischen gesellschaftlichen Sinnstrukturen und sozialen Strukturen, in unserem Fall dem Erfolg faschistischer Organisationen, darstellt.[12] In den allermeisten Fällen beschränken sich die Autoren auf eine Beschreibung erfolgreicher Frames bzw. Semantiken. Ich verstehe den Zusammenhang hier folgendermaßen: Das Auftreten von Identitätskrisen (s. oben, Kapitel 6.2) führt dazu, dass verunsicherte Individuen für faschistische Ideologien empfänglich werden. Da aber Faschismus nur *eine* mögliche Form der Krisenverarbeitung darstellt, hängt der Erfolg faschistischer Gruppierungen zusätzlich davon ob, inwiefern an faschistische Ideologien anschlussfähige Semantiken in der Gesamtgesellschaft verbreitet sind. Die Bedrohung durch den Faschismus nimmt also dann zu, wenn die Verunsicherung steigt *und* anschlussfähige Semantiken in der Bevölkerung große Verbreitung und Akzeptanz genießen. Während Ideologien »rechtsextremer« Gruppierungen in der tschechischen Literatur relativ ausführlich beschrieben sind,[13] sind Arbeiten, die Anschlussstellen faschistischer Semantiken im ›Mainstream-Diskurs‹ aufzeigen, bisher kaum zu finden. Exemplarisch werde ich in diesem Kapitel einige Semantiken beschreiben und mögliche Anschlussstellen an faschistische Ideologien aufzeigen.

Die Vorstellung, dass »wenigstens einige der Symbole und Ideologiefragmente«[14] notwendig sind, damit sich faschistische Ideologien etablieren können, hat immer auch politische Sprengkraft. In diesem Fall darf sich der Sozialwissenschaftler nicht mehr auf die Untersuchung »extremistischer« Ideologien beschränken, sondern muss auch im ›Mainstream-Diskurs‹ entsprechende Ideologiefragmente ausmachen, die Anschluss an explizit faschistische Ideologien versprechen. Damit werden die Ursachen des Faschismus nicht mehr bei »extremistischen« Gruppierungen gesucht werden, sondern auf (gesamt)gesellschaftliche Strukturen und Semantiken zurück geführt. Insbesondere konservative Akteure, die die in den Blick genommenen Strukturen und Semantiken für bewahrenswert erachten, verwahren sich daher üblicherweise gegen solche Unter-

---

[12] Zur Schwierigkeit einer systemtheoretischen Bestimmung des Zusammenhangs von Semantik und Sozialstruktur s. Stichweh 2000, Stäheli 1998. Zum deskriptiven Charakter des Framing-Ansatzes s. Benford 1997
[13] Auch hier sei auf Mareš 2003 verwiesen.
[14] Winkler 2001: 58.

suchungen. Wenn beispielsweise über Einstellungsuntersuchungen oder die Analyse politischer Rhetorik gezeigt werden kann, dass Roma-/Zigeunerfeindlichkeit in der tschechischen Gesellschaft weit verbreitet ist und sich Gewalttaten und der Erfolg faschistischer paramilitärischer Einheiten aus dieser Feindschaft speisen, so wird damit der Blick weg von den gewalttätigen Neonazis und hin zur Gesamtgesellschaft gelenkt. Präventionsstrategien laufen dann auf Aufklärung, Bildung und Integrationsbemühungen gegenüber der Minderheit hinaus – gesamtgesellschaftlich sehr viel kostspieliger und politisch unpopulärer als verstärkte Repressionen gegenüber »extremistischen« Gruppierungen. Dass sich die Extremismus-Theorie (s. oben, Kapitel 2.1) dieser Problematik weitgehend entzieht, indem sie den gesellschaftlichen Kontext, innerhalb dessen »Extremisten« agieren schlicht ausblendet, mag auch einen Grund für ihre Popularität darstellen.

9.1. Nationalismus

Jahn definiert Nationalismus als ein »oftmals durch starke Gefühle besetztes Gedankengebäude und ein daraus resultierendes Verhalten [...] das für eine als Nation verstandene Großgruppe den Anspruch auf eigene Staatlichkeit, d.h. auf ein bereits bestehendes, ein wiederherzustellendes oder erst neu zu schaffenden Staatsgebilde begründet«.[15] Ultranationalismus dagegen ist eine radikal anti-liberale Form des Nationalismus, in der die Interessen aller anderen Gruppen und Individuen den vermeintlichen Interessen der Nation untergeordnet sind. Ultranationalismus und damit auch Nationalismus sind entsprechend der Griffin'schen Definition notwendige Bestandteile des Faschismus. Bei der Konstruktion faschistischer Semantiken greifen Faschisten bereits vorhandene Ideologien auf. Der in Tschechien vorherrschende Nationalismus wird dementsprechend Auswirkungen darauf haben, welche Form tschechischer Faschismus annimmt bzw. annehmen würde.

Nationalismus ist eine Ideologie, die es ermöglicht, soziale Konflikte und Spannungen verschiedenster Art in die »nationale Sprache« zu übersetzen, diese damit zu kanalisieren und stellvertretend zu lösen. Hroch versteht Nationalismus[16] als »Reak-

---

[15] Jahn 2008: 45.
[16] Zu beachten sind die unterschiedlichen Begrifflichkeiten. Hroch versteht »unter Nationalismus [...] eine Einstellung, welche die nationale Identität allen anderen sozialen Interessen und Gruppenzugehörigkeiten überordnet und den Vorrang der Interessen der eigenen Nation verlangt« (Hroch 2008: 99). Damit entspricht die Hroch'sche Nationalismus-Definition im Wesentlichen dem, was hier unter Ultranationalismus verstanden wird.

tion auf außerordentliche soziale Streßsituationen. Diese Reaktion kann auch als eine gesteigerte, gereizte, nach außen gerichtete Äußerung der nationalen Identität betrachtet werden, in der die Betonung der nationalen Zugehörigkeit und der nationalen Interessen ›stellvertretend‹ für andere Interessen, soziale Spannungen bzw. Konflikte wirkt«.[17] Sowohl in Identitätskrisen (Reduktion nicht zu verarbeitender Komplexität durch einfache Erklärungsangebote) als auch in Interessenkrisen (Benennung von Schuldigen für die derzeitige missliche Lage) kann damit Nationalismus seine Funktion entfalten. Die im ersten Teil dieses Buches durchgeführten Einstellungsuntersuchungen legen allerdings nahe, dass übersteigerter Nationalismus die Folge normativer Verunsicherung ist und seine Funktion im Besonderen in Zeiten gesamtgesellschaftlicher Verunsicherung entfaltet. Nationalismus weist weiterhin die Eigenschaft auf, mit allen grundlegenden Ideologien vereinbar zu sein: »mit dem Konservatismus, mit dem Liberalismus, mit dem Klerikalismus, ja sogar mit dem Sozialismus«[18], und, wie kaum erwähnt zu werden braucht, mit dem Faschismus.

In der Literatur findet sich häufig die Vorstellung, dass tschechischer Nationalismus in die von Hans Kohn (und ihn zuspitzend Snyder)[19] geprägte Kategorie der »nicht-westlichen« Nationalismen falle. Diese »autoritativ wiederholt[e]« Vorstellung,[20] dass »es einen grundlegenden Unterschied zwischen dem westlichen, liberalen und fortschrittlichen Nationalismus einerseits, und dem rückständigen, reaktionären östlichen Nationalismus andererseits« gibt,[21] ist auch bei der Untersuchung von Rechtsextremismus/Radikalismus in Osteuropa weit verbreitet. Die bereits kritisierte, undifferenzierte Gegenüberstellung von Ost- und Westeuropa findet sich damit auch bei der Untersuchung mittelosteuropäischer Nationalismen. Paradigmatisch für eine solche Auffassung sei Thieme zitiert,[22] der eine »historische Ursache« des ostmitteleuropäischen Nationalismus in der Gemeinsamkeit der verspäteten Nationenbildung ausmacht:

> Geringes Demokratieverständnis und das Fehlen liberaler, basisdemokratischer Parteien und Bewegungen ermöglichten und begünstigten den raschen Aufstieg der jeweiligen Nationalismen nach 1918: »Polen, Tschechen und Ungarn [...] wurden von der kohäsiven Wirkung der Demokratie – jeder nach der eigenen Katastrophe enttäuscht,

[17] Ebd.: 110.
[18] Ebd.: 110.
[19] Vgl. Kořalka 1994: 264.
[20] Hroch 2008: 100.
[21] Ebd.: 100.
[22] Thieme 2006: 324.

und als sie vor die Alternative gestellte wurden, den demokratischen Werten treu zu bleiben oder ihren territorialen Ansprüchen, wählten sie ohne zu zögern letzteres.[23]

Auch Beichelt/Minkenberg sehen das »ethnische« Nationenverständnis in Tschechien als Ursache an, das Einfluss auf die Art (nicht den Umfang) des dortigen Rechtsextremismus hat.[24] Diese durch westliche Autoren meist vorschnell vorgenommene Kategorisierung ist von ausgewiesenen Experten wie Miroslav Hroch zu Recht zurückgewiesen worden.[25] Eine differenzierte Sichtweise auf den tschechischen Nationalismus bietet Jiří Kořalka. Der tschechische Historiker untersucht Elemente des »westlichen« und »nicht-westlichen« Nationalismus im Prozess der tschechischen Nationenbildung.[26] Er fasst dabei die beiden Typen als idealtypische Konstruktionen auf und verweist auf die Nähe zum Gegensatz von offener, pluralistischer Gesellschaft vs. autoritär geschlossener Gemeinschaft.[27] Der idealtypischen Vorstellung folgend, lässt sich die Zuordnung zu dem einen oder anderen Typ nicht *a priori* geographisch bestimmen. Stattdessen enthält jeder Nationalismus als Realtyp immer Elemente beider Idealtypen. Welcher Typ in welcher historischen Epoche überwiegt, ist dann eine empirisch zu beantwortende Frage. Kořalka kann zeigen, dass bereits in der Phase der tschechischen »Nationalen Wiedergeburt« *(národní obrození)* sowohl Elemente eines »westlichen« als auch eines »nicht-westlichen« Nationalismus zu finden sind und im 19. Jahrhundert der staatspolitische Nationenbegriff eine wichtige Rolle spielte.[28] Der österreichische Staat setzte dem nationalen Aufstieg der Tschechen bis zum ersten Weltkrieg keine großen Hindernisse entgegen. Durch das österreichische Schulsystem hatten die Tschechen zwischen 1900 und 1910 die niedrigste Analphabetenquote aller Nationalitäten innerhalb der k. u. k. Monarchie. Die verhältnismäßig liberale Verfassung ermöglichte darüber hinaus politischen Pluralismus und den Tschechen einen Anteil an der Verwaltung der Gemeinden, einschließlich Prags.[29] »Ohne auf der staatspolitischen Ebene einen markanten Durchbruch erzielt zu haben, bildete sich allmählich eine sozial und politisch differenzierte tschechische Nationalgesellschaft heraus, die die anfänglichen Entwicklungsstufen des ›nicht-westlichen‹ Nationalismus zu über-

---

[23] Thieme 2006: 324, inneres Zitat: Istvan Bibo.
[24] Beichelt und Minkenberg 2002a: 261.
[25] Hroch 2008: 99ff.
[26] Kořalka 1994.
[27] Ebd.: 267.
[28] Ebd.: 270.
[29] Ebd.: 270.

winden imstande war.«[30] Bereits zur Jahrhundertwende kam es in Tschechien zu einer
»weitreichende[n] Differenzierung des parteipolitischen Lebens [...] es bildete sich ein
festes System von modernen tschechischen Massenparteien heraus.[31] Diese Parteien
bestimmten das Bild bis zum Ende der 1. Republik,[32] mit der sich die Tschechen bis
heute rühmen können (und es gerne tun) »in der Zwischenkriegszeit im Gegensatz
zu allen anderen ostmitteleuropäischen Staaten eine ›Insel der Demokratie‹ in einem
Meer konservativ-autoritärer und halbfaschistischer Regime gewesen zu sein«.[33] Die
Zeit der 1. Republik »verstärkte bei den Tschechen die Tendenz zur offenen, europä-
isch orientierten, bürgerlichen Gesellschaft«.[34] Bemerkenswert ist das zu dieser Zeit
bei tschechischen Intellektuellen stark vertretene klare Bekenntnis zu Europa. »[...]
wir haben in der Geschichte unsere Tradition eines mehr oder weniger breit und be-
wußt aufgefaßten, politischen Europäertums« schrieb der tschechische Schriftsteller
Karel Čapek 1931.[35] Lassen sich also spätestens zur Zeit der 1. Republik überwiegend
Elemente eines »westlichen« Nationalismus ausmachen, so ändert sich die Situation
mit der außenpolitisch unsicherer werdenden Lage, dem Münchener Abkommen und
der Besetzung durch die Deutschen: »Der ›nicht-westliche‹ Nationalismus feiert bei
den Tschechen einen zeitbedingten Erfolg«.[36]

Diese knappe Darstellung der Ergebnisse Kořalkas macht zweierlei deutlich. Zum
einen sollten die irreführenden Bezeichnungen »westlicher« und »nichts-westlicher«
Nationalismus nicht als geographische und überzeitliche Kategorien missverstanden
werden. Wenn denn mit dem Gegensatzpaar gearbeitet werden soll, so müssen die
Kategorien als Idealtypen aufgefasst werden. Im Laufe der Zeit kann innerhalb einer
Gesellschaft das eine oder das andere Nationenverständnis in den Vordergrund treten.
Zum anderen kann der tschechische Nationalismus nicht per se als »nicht-westlicher«
Nationalismus bezeichnet werden. Vielmehr haben in der tschechischen Geschichte
eine ganze Zeit Elemente des Idealtypus »westlicher Nationalismus« überwogen.

Die empirischen Ergebnisse Kořalkas wie auch die Ergebnisse aus dem ersten Teil
dieses Buches lassen die Vermutung zu, dass der autoritäre, »nicht-westliche« Nationalismus als *Reaktion* in gesellschaftlichen »Streßsituationen«[37] auftritt, während

---

[30] Ebd.: 270.
[31] Ebd.: 270.
[32] Ebd.: 270.
[33] Heumos 1994: 221.
[34] Kořalka 1994: 273.
[35] Zitiert nach ebd.: 273.
[36] Ebd.: 274.
[37] Hroch 2008: 110.

sich der staatsbürgerliche Nationalismus in sicheren, gesellschaftlich prosperierenden Zeiten durchsetzen kann. Westliche Autoren, die über den in »Osteuropa historisch bedingten autoritären Nationalismus« pauschal Rückschlüsse auf den dort heute vorzufindenden »Rechtsextremismus« ziehen, bewegen sich daher argumentativ auf sehr dünnem Eis. Wenn auf dieser Ebene argumentiert werden soll, so ist eine Untersuchung *landesspezifischer* Nationalismen unumgänglich. Außerdem müsste gezeigt werden, *wie* der jeweilige Nationalismus auf den vorgefundenen »Rechtsextremismus« wirkt.

Der Nationalismus der Samtenen Revolution

Nationalismus kann nicht nur Bestandteil rechter Ideologien sein. Er war ebenso Bestandteil der Ideologie der sozialistischen Tschechoslowakei. Mit den Beneš-Dekreten, der Vertreibung der Deutschen, aber auch der Benachteiligung der Ungarn ging Nationalismus der Gründung des kommunistischen Staates voraus.[38] Die tschechoslowakische Föderation war auf dem Prinzip zweier gleichberechtigter Nationen aufgebaut,[39] die Föderalversammlung als oberstes gesetzgebendes Organ bestand sowohl aus dem Haus des Volkes als auch aus dem Haus der Nationen.[40] Nationalistische Gefühle waren auch im Sozialismus vorhanden, wenngleich ihr politischer Ausdruck unterdrückt wurde.[41] Holy kommt daher zu dem Schluss, dass die Ansicht, die kommunistische Ideologie sei nach dem Zusammenbruch des sozialistischen Systems durch die Ideologie des Nationalismus ersetzt worden, nicht zu halten sei.

Weiter oben wurde die Vermutung angestellt, dass das »nicht-westliche« Nationenverständnis in Zeiten gesamtgesellschaftlicher Verunsicherung zunimmt. Welche Rolle kommt Nationalismus zur Zeit der Samtenen Revolution zu? Der Nationalismus dieser Zeit wird auf Bildern von 1989 deutlich, die ein Meer von tschechischen Nationalflaggen zeigen, wie es heute nur noch bei Spielen der Eishockey-Nationalmannschaft anzutreffen ist. Tatsächlich war Nationalismus ein wichtiger Teil des tschechischen Aufbegehrens gegen den Sozialismus. In der Verunsicherung nach dem Zusammenbruch des Realsozialismus suchten die Menschen »nach neuen Bindungen und die nationale Identität bot ihnen ein allgemein verständliches, überzeugendes System neuer Sicherheiten«, das »überzeugender [wirkte] als gelehrte Disputationen

---

[38] Vgl. Holy 1996: 8f.
[39] Vgl. ebd.: 8.
[40] Simka und Spengler 2000: 55.
[41] Holy 1996: 7.

146

über Themen wie individuelle Menschenrechte oder konsoziale Demokratie«.[42] Holy
zeigt überzeugend, wie die Revolution gegen das sozialistische System im Namen der
Nation geführt wurde, bzw. wie der Systemkonflikt in eine nationale Sprache ›übersetzt‹ wurde.

> I argue that the opposition to the communist system was carried out in the name of the
> nation and was construed as the nation's rising against what was generally perceived
> as foreign oppression. The rise of nationalist sentiment, far from being a result of the
> fall of communism, in fact preceded it and stemmed from the perception of socialism
> as an alien, Soviet imposition which had ruthlessly destroyed the traditions and values
> which people saw as ›theirs‹. The opposition to this alien system was construed and
> understood as ›us‹ (the nation) standing against ›them‹ (the alien system embodied
> in the socialist state), and the overthrow of socialism took the form of a national
> liberation.[43]

Im nationalistischen Deutungsmuster war der Sozialismus »a system alien to our
nature«,[44] das von fremden Mächten (konkret: den Sowjets) aufgezwungen wurde.
Die tschechische Nation ist das Opfer fremder Mächte, die ihr temporär ein »wi-
dernatürliches« System aufgezwungen haben. In Tschechien kann diese Vorstellung
insbesondere vor dem Hintergrund der gewaltsamen Niederschlagung des Prager Früh-
lings durch Truppen des Warschauer Pakts am 21. August 1968 Plausibilität bean-
spruchen.[45] Damit bekommt auch das Wort »Freiheit« in der Revolution eine nationalistische Konnotation. Diese wird nicht positiv definiert (Freiheit wofür?) sondern
negativ (Freiheit wovon?), in diesem Fall die Freiheit der tschechischen Nation von
der Besatzung durch die fremde Macht.[46] Es geht also in dieser Zeit weniger um
konkrete Vorstellungen von Freiheit wie Marktfreiheit, freie Meinungsäußerung, par-
lamentarische Demokratie etc. sondern konkret um die Befreiung der tschechischen
Nation von dem »Alien« Sozialismus. Nationalismus konstruiert Individuen als Teile
eines überindividuellen Ganzen, der Nation. In der nationalistischen Ideologie ist das
Individuum frei, wenn die Nation frei ist, also der Staat die Interessen der Nation vertritt.[47] Im Realsozialismus war die Nation in dieser Perspektive unfrei, da die illegitime
Regierung nicht im Sinne der Nation handelte. Daher ist tschechischer Nationalismus

---

[42] Hroch 2008: 108.
[43] Holy 1996: 10.
[44] Verdery 1992: 10.
[45] Kořalka 1994: 274.
[46] Holy 1996: 156.
[47] Ebd.: 55 und 61.

eng mit der Befreiung vom Sozialismus verbunden. Der Nationalismus der Samtenen Revolution ist *antikommunistisch*.

Nach Verdery gibt der Nationalismus eine Antwort darauf, wer Schuld ist an der derzeitigen Misere und lässt sich leicht in ethnischen Kategorien weiterführen, wie am Beispiel Rumäniens ausgeführt wird:

> Why are there no goods in the store? because Gypsies are ripping off merchandise from warehouses and selling it in Yugoslavia. Why is everything such a mess? because the Russians imposed on us a system alien to our nature, and the Jews helped them do this. Why are foreign investors not coming? because Hungary provoked ethnic violence in March 1990 that scared them away. For every question that can be asked, some nationality other than Romanians can be found to provide the best account. Who is to blame? »They are, not we«. The »they« used to be Communists; now it is those other Others.[48]

Zeigt sich also in der Verunsicherung der frühen 1990er Jahre wieder das »böse« Gesicht des »nicht-westlichen«, ethnisch-autoritären Nationalismus? Im tschechischen Fall lassen sich in dieser Zeit auch Elemente des Idealtypus »westlicher Nationalismus« nachweisen. Dies zeigt schon die Kombination der Begriffe Nation und Bürger, die mit der Samtenen Revolution eine Renaissance erfuhren.[49] »Die Begriffe *občan* und *občanský* (Bürger und bürgerlich im Sinne des französischen *citoyen*) fanden eine ähnliche Verbreitung wie die Begriffe *vlastenecký* (patriotisch, vaterländisch) in der ersten und *národní* (national) in der zweiten Hälfte des 19. Jahrhunderts«.[50] Die Befreiung von der Fremdherrschaft geht einher mit dem tschechischen Nationenbild, das schon von Masaryk formuliert wurde: Das Bild einer kultivierten, nämlich inhärent humanistischen und gebildeten Nation mit langen demokratischen Traditionen.[51] Diese Vorstellung einer tschechischen *kulturnost* wird dazu genutzt, den Anspruch der tschechischen Nation auf Zugehörigkeit zu (West-)Europa zu formulieren und sich vom Osten abzugrenzen.[52]

> The image which the Czechs have of themselves as a highly cultured and well-educated nation motivates what they call their ›return to Europe‹ and view as the ultimate goal of their revolution. Czechs have always detested being classified as Eastern Europeans and are quick to point out that Prague is west of Vienna and west of the line between

---

[48] Verdery 1992: 10.
[49] Kořalka 1994: 274.
[50] Ebd.: 275.
[51] Holy 1996: 127.
[52] Ebd.: 151.

148

Vienna and Berlin. For Czechs, Eastern Europe is Russia, Romania, Bulgaria, and possible Poland, but their country is part of Central Europe and it is commonly described as lying in ›the heart of Europe‹ or even as being ›the heart of Europe‹. Czechs use the concept of *kulturnost* to construct a boundary between themselves and the uncultured East into which they were lumped after the communist coup d'état in 1948, and they see their proper place as alongside the civilised, cultured, and educated nations of Western Europe.[53]

Die tschechische Nation wird als Subjekt und als Opfer verstanden, das seit jeher nach den europäischen Werten Humanismus und Demokratie gestrebt hat, in diesem Streben aber immer wieder durch fremden Einfluss behindert wurde.[54] Die Zeit des Realsozialismus wird damit als erneute *Diskontinuität* in der tschechischen Geschichte verstanden: Durch den »Alien« Sozialismus war die tschechische Nation temporär von ihrem Weg der *kulturnost* abgekommen, mit der Befreiung der tschechischen Nation geht somit das vielleicht auch wichtigste Ziel der Transformation einher: »*Zpátky do Evropy*« (Zurück nach Europa), wobei unter Europa in diesem Kontext Westeuropa verstanden werden muss, da es in Abgrenzung zu Osteuropa verstanden wird, zu dem Tschechien vor der Revolution *wider ihrer Natur* gehört hatte. Diese Überzeugung der Tschechen, seit jeher ein ›natürlicher‹ Bestandteil Europas gewesen zu sein, wird im Ausland aufgrund der euroskeptischen Äußerungen von Staatspräsidenten Václav Klaus oft übersehen.[55] Es greift aber zu kurz, die Tschechen schlicht als euroskeptisch zu beschreiben.[56] Stattdessen halte ich die Verbundenheit zu Europa für einen so integralen Bestandteil des tschechischen Nationalismus, dass keine nationalistische, und damit auch keine ultranationalistische Semantik denkbar ist, die Tschechien nicht als Teil (West-)Europas konstruiert. Der Nationalismus der Samtenen Revolution lässt Kořalka[57] optimistisch jubeln, dass »die Idee der nationalen Emanzipation keinesfalls im Gegensatz zur Öffnung der Staatsgrenzen, zur allseitigen Zusammenarbeit mit den Nachbarnationen, zur ›Rückkehr nach Europa‹ stand. »Es scheint, als ob alle wichtigen Merkmale des ›westlichen‹ Nationalismus in der tschechischen Gesellschaft endlich zur Geltung kommen sollten«. Sicher war diese Sichtweise zu op-

---

[53] Ebd.: 151.
[54] Ebd.: 119.
[55] Gehring und Jung 2009: 32.
[56] Gerald Schubert, Chefredakteur von Radio Prag, bringt diese Fehlinterpretation auf den Punkt: »Die sprichwörtliche und meiner Meinung nach gar nicht mal so vorhandene EU-Skepsis der Tschechen ist eine falsche Interpretation einer allgemeinen Politikskepsis. Ich glaube, die Tschechen sind allgemein mehr politikskeptisch als EU-skeptisch« (zitiert nach: Ebd.: 38).
[57] Kořalka 1994: 274.

timistisch. Die Auffassung des Sozialismus als Fremdkörper in der Geschichte spricht dagegen, die ausufernde Gewalt gegen Roma/Zigeuner ebenso wie die ultranationalistische Semantik, auf die weiter unten eingegangen wird. Es kann aber festgehalten werden, dass auch in der »gesellschaftlichen Stresssituation« zur Zeit der Samtenen Revolution und der frühen Transformationsphase Elemente eines »westlichen« Nationalismus zu finden sind. Gleichzeitig aber scheint diese Form des Nationalismus ein Ansteigen rechter Einstellungen, ethnische Vorurteile und Gewalttaten nicht verhindert zu haben. Ich vermute daher, dass in der Literatur nicht nur die Vorstellung eines »nicht-westlichen« Nationalismus in ganz Mittelosteuropa differenzierter gesehen werden muss. Auch sollte der Zusammenhang zwischen »nicht-westlichem« Nationalismus und dem starken »Rechtsextremismus« mit entsprechender Vorsicht formuliert werden. Ich vertrete vielmehr die Auffassung, dass im Wesentlichen die Stärke der Identitätskrisen Antwort darauf gibt, wie stark rechte und nationalistische Einstellungen ausgeprägt sind.

9.2. Antiziganismus

Neben Nationalismus stellen Semantiken, die Heitmeyer unter dem Begriff *gruppenbezogene Menschenfeindlichkeit*[58] zusammenfasst, einen wichtigen Bestandteil faschistischer Ideologie dar. Sogenannte Fremdgruppen, die nicht in das im Ultranationalismus zu findende Bild einer homogenen Nation passen, werden zu Sündenböcken, die Schuld an der bisherigen unzureichenden Verwirklichung der »Volksgemeinschaft« und dem Aufblühen der Nation tragen und darüber hinaus an den Erträgen der Nation »schmarotzen«. Es kann sich dabei um die verschiedensten, durch unterschiedliche Merkmale zu identifizierenden Gruppen handeln und auch die Begründungszusammenhänge (*warum* die entsprechende Gruppe schuld, minderwertig etc. ist), können variieren. Neben der klassischen rassistischen Begründung (rassische Minderwertigkeit aufgrund von Abstammung) findet sich zunehmend eine kulturalistische Argumentation (Differenzierung anhand verallgemeinerter und als unveränderlich aufgefasster kultureller Merkmale).[59] Das vielleicht interessanteste Beispiel einer neuen Kategorie gruppenbezogener Menschenfeindlichkeit stellt in Deutschland die »Ablehnung von

---

[58] Vgl. Wilhelm Heitmeyer, Hrsg. *Deutsche Zustände*. Bd. 1-8. Frankfurt am Main: Suhrkamp, passim.

[59] Vgl. Leicht 2009: 142ff, zum Begriff des Ethnopluralismus, dem diese Argumentation zugrunde liegt s. unten, Kapitel 9.5.

Langzeitarbeitslosen« dar,[60] die interessante Überschneidungen mit der Ablehnung der Roma-/Zigeuner-Minderheit in Tschechien aufweist. Durch die zunehmende Ökonomisierung des Sozialen dringen Imperative des Marktes wie Effizienz, Nützlichkeit, Verwertbarkeit etc. in das Denken der Menschen ein und werden zur Bewertung bzw. Abwertung von Menschen genutzt.[61] Die Differenz zwischen den Gruppen besteht hier also in ihrer wirtschaftlichen Produktivität. Wirtschaftlich unproduktive Gruppen gelten in Zeiten, in denen die Nationalstaaten als »Wirtschaftsstandorte« um möglichst hohe Wachstumsraten konkurrieren, als »überflüssig« und »nutzlos«, da sie nicht zur Steigerung des Bruttoinlandsproduktes beitragen und so das (wirtschaftliche) Wachstum der Nation bremsen.

In dieser Arbeit soll nur eine Kategorie gruppenbezogener Menschenfeindlichkeit diskutiert werden: der *Antiziganismus*. Dabei kann es nicht darum gehen, die Problematik des Zusammenlebens von Minderheit und Mehrheitsbevölkerung zu untersuchen, historische Gründe zu analysieren, geschweige denn »Schuldige« (auf Seiten der Mehrheit oder der Minderheit) für die katastrophale Lage der Roma/Zigeuner in der Tschechischen Republik auszumachen. Vielmehr werde ich zunächst anhand einiger Zahlen und Beispiele auf die Bedeutung des Antiziganismus als Anknüpfungspunkt faschistischer Ideologien verweisen, um dann zu versuchen, mich der Ideologie des Antiziganismus auf semantischer Ebene zu nähern.

Zur Verbreitung antiziganistischer Ressentiments

Die Ablehnung der Roma-/Zigeuner-Minderheit ist nicht nur in Tschechien, sondern in ganz Europa eines der virulentesten Ressentiments[62] und steht damit im krassen Gegensatz zu seiner Wahrnehmung als Problem. In der tschechischen Bevölkerung steht Antiziganimus damit in auffälligem Gegensatz zum Antisemitismus, der dort im Vergleich zu vielen anderen Ländern überaus schwach ausgeprägt ist.[63] Nur knapp 4% der Tschechen wollen keinen Juden als Nachbarn haben, so wenig wie in kaum einem anderen europäischen Land. Diese Zahl korrespondiert mit der Beobachtung, dass Naziaufmärsche, die offen antisemitisch sind, in der Bevölkerung fast immer auf massiven Widerstand und Gegendemonstrationen stoßen, Naziaufmärsche, die sich gegen Roma/Zigeuner richten, werden dagegen von der Bevölkerung oft mehr oder weniger

---

[60] Vgl. Endrikat und Heitmeyer 2008.
[61] Ebd.: 57.
[62] End, Herold und Robel 2009: 14.
[63] *Lidové Noviny* (2008a) (9. Apr. 2008). *Antisemitismus v Cesku: nejvíce je ho na stadionech.*

151

offen unterstützt. Zu nennen ist hier beispielsweise die Demonstration von Neonazis am 1.3.2008 in Pilsen, die unter dem Slogan »Pochod za svobodu slova« (Marsch für die Redefreiheit) stattfand. Dabei wurde die Pilsener Synagoge trotz Demonstrationsverbots aktiv von Gegendemonstranten geschützt.[64] Dass eine von Roma/Zigeunern bewohnte Lokalität aktiv vor Neonazis geschützt wird, ist dagegen kaum vorstellbar. Illustriert wird dieser Sachverhalt auch dadurch, dass sich der ehemalige tschechische Ministerpräsident Jan Fischer[65] zum jüdischen Glauben bekannte – eine Tatsache, die in den tschechischen Medien kaum diskutiert wurde, was einen Hinweis auf das unproblematische Verhältnis der tschechischen Bevölkerung zum Judentum darstellt.[66]

Diese Beobachtungen sollen keine Verharmlosung antisemitischer Tendenzen in der tschechischen Bevölkerung darstellen, können aber als Plädoyer verstanden werden, die Aufmerksamkeit verstärkt auf den Antiziganismus zu lenken. Im Vergleich zur Antisemitismus-Forschung ist die Literatur zum Antiziganismus äußerst überschaubar. Erst in den letzten Jahren erfährt Antiziganismus als Forschungsgegenstand langsam Aufmerksamkeit.

Auch in der tschechischen Bevölkerung ist das Wissen über die Minderheit marginal. So ist beispielsweise den allerwenigsten bekannt, dass es im Nationalsozialismus neben der systematischen Judenvernichtung auch einen Holocaust an den Sinti und Roma gab, dass die Nazis neben der »Endlösung der Judenfrage« auch die »Endlösung der Zigeunerfrage« planten.[67] Die Zahl der ermordeten Sinti und Roma lässt sich nur ungenau bestimmen, Schätzungen schwanken zwischen 20.000 und 50.000.[68] Von den ca. 6.500 um 1940 in Tschechien lebenden Roma/Zigeuner überlebten nur wenige die Konzentrationslager.[69] Heute leben ca. 200.000 Roma/Zigeuner in der Tschechischen Republik.[70] Diese Zahl ist zum einen durch die starke Migration zu erklären, die nach 1945 aus der Slowakei in die entvölkerten Sudetengebiete stattfand. Hinzu

---

[64] Hospodářské noviny (2008a) (3. März 2008). Neonacisté v Plzni skandovali hesla »z papírků«.
[65] Jan Fischer war Ministerpräsident der Tschechischen Republik und leitete die Übergangsregierung vom 8. Mai 2009 bis zum 13. Juli 2010.
[66] Diese Feststellung bedeutet nicht, dass es keine antisemitischen Äußerungen gab. So wurde der wurden von Seiten militanter Neonazis Drohungen gegen den Sohn Jan Fischers ausgesprochen, der daraufhin Polizeischutz bekommen musste (Lidové Noviny 2009a). Auch die antisemitischen Äußerungen des damaligen Vorsitzenden der Bürgerdemokraten (ODS) Mirek Topolánek sind hier zu nennen (Lidové noviny 2010).
[67] Wippermann 1997: 156.
[68] Ebd.: 156.
[69] Guy 1998a: 25.
[70] Vláda České Republiky 2008.

kommt das starke Bevölkerungswachtum der Minderheit,[71] so dass davon auszugehen ist, dass schon in den 1990er Jahren 2/3 der in Tschechien lebenden Roma/Zigeuner auch dort geboren waren.[72]

Alle relevanten Quellen sind sich darin einig, dass Roma/Zigeuner die am stärksten diskriminierte Gruppe in der Tschechischen Republik darstellen.[73] Die *European Union Agency for Fundamental Rights* nennt die tschechischen Roma/Zigeuner sogar die am stärksten diskriminierten Minderheit in Europa.[74] 32% der tschechischen Roma/Zigeuner geben an, bereits Opfer ernsthafter rassistischer Übergriffe und Gewalt geworden zu sein.[75] Die Einstellungsuntersuchungen anhand der EVS-Daten korrespondieren mit diesen Studien und zeigen deutlich, dass Antiziganismus *das* wesentliche Merkmal des tschechischen Rechtsextremismus darstellt. 40% der Befragten geben an, keinen Roma/Zigeuner als Nachbarn haben zu wollen, mehr als doppelt so viele wie bei jeder anderen Minderheitengruppe.[76] Die über die Zeit konstante Ablehnung auf hohem Niveau wurde in Abbildung 4.5 (s. oben, S. 73) bereits deutlich. Es muss aber darauf hingewiesen werden, dass die Ablehnung von Roma/Zigeunern kein tschechisches Spezifikum darstellt. In fast allen europäischen Ländern sind Roma/Zigeuner die am negativsten konnotierte Minderheitengruppe, weit vor Juden, Ausländern oder Muslimen. Besonders ausgeprägt ist der Antiziganismus in der Slowakei, in der 77% der Befragten Roma/Zigeuner als Nachbarn ablehnen, aber auch im als tolerant geltenden Schweden sind es immerhin 20%.

Antiziganismus ist nicht nur das typische Ressentiment in der Mehrheitsbevölkerung, sondern auch das wichtigste Thema neonazistischer Gruppierungen. Besonders deutlich wurden die gemeinsamen Ansichten von Mehrheitsbevölkerung und Neonazis, als sich Ende 2008 (am 18.10. und 17.11.) jeweils knapp 1.000 Neonazis Straßenschlachten mit der Polizei lieferten.[77] Diese wollten nach einer Demonstration in Litvínov den fast ausschließlich von Roma/Zigeunern bewohnten Ortsteil Janov angreifen. Der Polizei gelang es nur knapp, die drohenden Pogrome zu verhindern. Die breite Unterstützung der Nazis durch die applaudierende Bevölkerung war nicht mehr

---

[71] Guy 1998*a*: 26ff.
[72] Guy 1998*b*: 58.
[73] Člověk v tísni 2006.
[74] European Union Agency for Fundamental Rights 2009.
[75] European Union Agency for Fundamental Rights 2010: 40.
[76] Muslime 15%, Migranten 19%, Homosexuelle 19%, Juden 4% (Quelle: Eigene Berechnungen mit EVS 1999: Czech Republic).
[77] *Lidové Noviny* (2008*b*) (18. Nov. 2008). *Krvavá bitva o Janov.*

zu übersehen. Auch die Kommentare des christdemokratischen Politikers Jiří Čunek[78] wenige Tage nach der zweiten ›Straßenschlacht um Janov‹ zeigen, dass die Sympathie selbst nach Gewalttaten gegen Roma/Zigeuner auf der Seite der Neonazis ist. Čunek stellte fest, dass die Nazis eigentlich das Richtige wollten, nur die falschen Methoden anwendeten.[79] Mit ähnlicher antiziganistischer Rhetorik hatte Čunek zuvor eine rasante politische Karriere verzeichnen können.

Aus den vom tschechischen Innenministerium jährlich herausgegebenen Extremismusberichten geht deutlich hervor, dass sich gewalttätige rassistische Übergriffe in den meisten Fällen gegen Roma/Zigeuner richten.[80] Nach den versuchten Pogromen von Janov wurde Antiziganismus zum beherrschenden Thema der faschistischen Arbeiterpartei (*Dělnická strana*) und neonazistischer Gruppierungen, die Unterstützung durch Bevölkerung und Medien verlieh ihnen Aufwind. Mit »nicht anpassungsfähigen Bürgern« (als Synonym für Roma/Zigeuner, dazu s.unten.) hat die extreme Rechte nun ihr gemeinsames Thema gefunden.[81] Die Drohung der *Dělnická strana*, erneut und auch ohne Genehmigung in das Viertel zu marschieren, würde die Politik die Probleme mit den Roma/Zigeunern nicht angehen, wurde von den Medien gerne aufgegriffen.[82] Bald nach den Übergriffen verkündete die Stadt, die sich auf der Seite der »anständigen Bürger« sieht, ein hartes Vorgehen und eine Politik der »null Toleranz« (*nulová tolerance*) gegenüber den »nicht anpassungsfähigen Bürgern«, einschließlich regelmäßiger Polizeipatrouillen im Stadtteil.[83] Die Liste der Beispiele, dass Antiziganismus *das* zentrale Thema der tschechischen extremen Rechten ist, ließe sich beliebig fortsetzen. So sendete beispielsweise die als »extremistisch« eingestufte Nationalpartei (*Narodní strana*) im Wahlkampf zum Europäischen Parlament 2009 einen Wahlwerbespot im tschechischen Fernsehen, in dem die »Endlösung der Zigeunerfrage« (*»Konečné řešení otázky cikánské«*) gefordert wurde.[84]

In Tschechien werden Antiziganismus und rechter »Extremismus« als zwei vollkommen unterschiedliche Phänomene betrachtet. Die Schlussfolgerung, dass der weit

---

[78] Čunek ist Mitglied der Křesťanské a demokratické unie - Československé strany lidové (KDU-ČSL.)
[79] *Právo* (2008*a*) (19. Nov. 2008). *Čunek: extremisté špatně ukázali na skutečné problémy.*
[80] Ministerstvo vnitra České republiky (2002). *Zpráva o problematice extremismu na území České republiky v roce 2002.* URL: http://aplikace.mvcr.cz/archiv2008/dokument/index.html#extrem (in Folge kurz *Zpráva*); *Zpráva 2003, Zpráva 2004, Zpráva 2005, Zpráva 2006, Zpráva 2007, Zpráva 2008*
[81] Bezpečnostní informační služba 2007.
[82] *Mladá fronta Dnes* (2008*a*) (4. Dez. 2008). *Ultrapravice vyhrožuje městu.*
[83] *Mladá fronta Dnes* (2008*b*) (10. Dez. 2008). *Neplatiči z Janova musí na okraj města.*
[84] Národní strana 2009.

verbreitete Antiziganismus den Neonazis in die Hände spielt, wird nicht gezogen. Das gilt sowohl für die Medienberichterstattung, die Standpunkte der Regierung als auch für den wissenschaftlichen Diskurs. Antiziganismus und »Rechtsextremismus« werden in der Literatur als zwei getrennte Phänomene aufgefasst und untersucht, Zusammenhänge zwischen beiden nicht hergestellt.[85] Allgemein scheint die Verknüpfung von Einstellungspotentialen in der Gesamtbevölkerung und Ausprägungen von »Extremismus« ein Tabuthema zu sein. Die nahe liegenden Gründe wurden bereits angesprochen: Da antiziganistische Ressentiments bei einer großen Mehrheit der Bevölkerung zu finden sind, würde die Herstellung einer Verbindung der eigenen Vorurteile mit den Taten gewalttätiger Neonazis dazu führen, das eigene Verhalten hinterfragen zu müssen. Da Menschen dazu tendieren kognitive Dissonanzen[86] zu vermeiden, wird der Zusammenhang systematisch ausgeblendet. Diese Tabuisierung des Zusammenhangs von Mobilisierungserfolgen faschistischer bzw. neonazistischer Gruppen und Antiziganismus führt dazu, dass staatliche und zivilgesellschaftliche Programme gegen »Rechtsextremismus« oft systematisch am Problem vorbeigehen. Als Beispiel mag die Prioritätensetzung der tschechischen Regierung genügen. Im Extremismusbericht des Innenministeriums aus dem Jahre 2003[87] wird im Fazit zusammengefasst, dass die Opfer von extremistischen Straftaten weiterhin überwiegend Roma/Zigeuner und Menschen mit dunkler Hautfarbe waren.[88] Auf derselben Seite werden die Prioritäten für das nächste Jahr festgelegt: Diese sind vor allem »islamistischer Extremismus und Antisemitismus, weiter der Missbrauch des Internets durch Extremisten, die Problematik so genannter Sekten und neuer religiöser Bewegungen, zuletzt die Beobachtung der gesamten extremistischen Szene«.[89] Die zuvor erwähnte Gewalt gegen Roma/Zigeuner wird offensichtlich nicht als Problem wahrgenommen.[90]

---

[85] Als positive Ausnahme ist hier zu nennen: Štěchová 2004.

[86] Zum Begriff: Festinger 1978.

[87] Ministerstvo vnitra České republiky 2003: 30.

[88] »Oběťmi této trestné činnosti byli i nadále především Romové a cizinci tmavé barvy pleti«.

[89] »Jsou jimi v prvé řadě islámský extremismus a antisemitismus, dále zneužívání internetu extremisty, problematika tzv. sekt a nových náboženských hnutí, důsledný monitoring celé extremistické scény.«.

[90] Die merkwürdig an den Realitäten vorbeigehende Prioritätensetzung wird noch deutlicher wenn man beachtet, dass im selben Bericht an anderer Stelle festgehalten wurde, dass auf dem Gebiet der Tschechischen Republik weder gefährliche religiöse Sekten, noch islamische Terroristen aktiv sind (Ministerstvo vnitra České republiky 2003: 30). Die gleiche Problematik lässt sich auch in den Extremismusberichten anderer Jahrgänge nachweisen.

Zur Semantik des Antiziganismus

Wie die Einstellungsuntersuchungen gezeigt haben, ist Antiziganismus auch in Ländern ohne nennenswerte Roma-/Zigeunerbevölkerung anzutreffen. Ich verstehe das Ressentiment daher mit Wippermann als »Gefängnis von langer Dauer«.[91] Wenn antiziganistische Semantik auch ohne die Existenz der Minderheit in der entsprechenden Bevölkerung virulent bleibt, handelt es sich um ein Problem der Mehrheitsgesellschaft.[92] Daher macht es Sinn, Antiziganismus und Stereotype unabhängig von dem verallgemeinerten (»tatsächlichen«) Verhalten der Minderheitengruppe zu untersuchen. Die folgende Darstellung ist als Versuch zu verstehen, die antiziganistische Semantik in der Tschechischen Republik zu fassen und stellt nicht den Anspruch, das Thema erschöpfend zu behandeln.

Ich vertrete dabei die These, dass der heutige Antiziganismus in der Tschechischen Republik die Funktion aufweist, einen ökonomischen Verteilungskonflikt zu ethnisieren. Mit dem Übergang von der sozialistischen zur kapitalistischen Gesellschaft entsteht auch in der Tschechischen Republik ein für alle modernen kapitalistischen Gesellschaften charakteristisches Problem: Der Arbeitsmarkt als wesentlicher Inklusionsmechanismus (vgl. Kapitel 5.3) ist nicht (mehr) in der Lage, die gesamte Bevölkerung zu integrieren. Ein in kapitalistischer Logik unproduktiver Teil der Bevölkerung muss daher dauerhaft mit Sozialleistungen versorgt werden und von dem in den Arbeitsmarkt integrierten Teil (den »Steuerzahlern«) versorgt werden. In Deutschland wird die Diskussion um »Hartz IV-Empfänger« und ihre vermeintliche Schuld nicht nur an der eigenen misslichen Lage, sondern auch an den Problemen des Wohlfahrtsstaates und des »Wirtschaftsstandortes Deutschland« ausgiebig geführt. In Tschechien dagegen ist die politische Diskussion um Arbeitslosigkeit und Armut verhältnismäßig schwach. Im Folgenden will ich zeigen, dass die Diskussion um »nicht anpassungsfähige Bürger« und »Mietschuldner« (Synonyme für die Roma-/Zigeunerminderheit, s.u.) ein hierzu funktionales Äquivalent darstellt. Der tschechische »Sozialschmarotzer« ist ein »Zigeuner«. Da das Roma-/Zigeuner-Stereotyp alle Merkmale des arbeitsunwilligen und faulen »Sozialschmarotzers« aufweist, eignet es sich besonders zur Ethnisierung dieses ökonomischen Verteilungskonfliktes. Ethnisierung bedeutet in diesem Fall, dass die Gründe für den Konflikt in den zugeschriebenen Merkmalen der Ethnie gesucht werden. Der Grund dafür, dass es eine größer werdende ökonomisch

---

[91] Wippermann 1997.
[92] Vgl. ebd.: 15.

und sozial nicht inkludierte Bevölkerungsschicht gibt, wird darin gesucht, dass diese Schicht aus Roma/Zigeunern besteht und diese »von Natur aus« arbeitsunwillig und nicht integrierbar seien.[93] Eine Kampagne des damaligen *hejtman*[94] im *Ústecký kraj* (Kreis Aussig), Jiří Šulc,[95] gegen den Missbrauch von Sozialleistungen illustriert den Zusammenhang plastisch. Šulc brachte im Wahlkampf großformatige Plakate mit der Aufschrift »*Makejte gadžové,*[96] *at' se máme líp*« (Schuftet, ihr Tschechen, damit es uns besser geht) an, um auf den Missbrauch von Sozialleistungen hinzuweisen.[97] Auf einer Pressekonferenz beteuerte er, dass es ihm nicht darum gehe, das Problem des Missbrauchs von Sozialleistungen als Problem einer bestimmten Ethnie darzustellen, vielmehr sei es das Problem einer bestimmten Gruppe »nicht-anpassungsfähiger« Leute.[98] Dabei zeigt aber die Verwendung des Wortes »*gadžové*« (in Romani soviel wie »nicht-Roma«) eindeutig, dass es sich um den exemplarischen Ausspruch eines Angehörigen der Roma-/Zigeuner-Minderheit handeln soll, der sich damit als bewusster »Sozialschmarotzer« zu erkennen gibt.

Auf den Zusammenhang von »Zigeuner«-Stereotyp und Entwicklung der kapitalistischen Gesellschaft hat bereits Hund hingewiesen.[99] Erst mit der Freisetzung von Lohnarbeitern im Prozess der »Great Transformation« (Polany) und der »Erziehung« der Bevölkerung zum Arbeiter wird nicht-Sesshaftigkeit zu gesellschaftlich unerwünschtem Verhalten. Das Zigeuner-Stereotyp beschreibt dabei perfekt die Eigenschaften der im Kapitalismus nicht zu gebrauchenden Menschen. Die Merkmale des Ressentiments sind inzwischen mehrfach herausgearbeitet worden und werden von

---

[93] An dieser Stelle geht es um eine Untersuchung der Semantik, verallgemeinerte Aussagen über die Situation der Minderheit sind daher erst einmal sekundär. Tatsächlich wird die hier dargelegte Semantik dadurch plausibel und als einfaches Erklärungsmuster glaubhaft, dass die Arbeitslosigkeit unter der Roma-/Zigeunerbevölkerung wesentlich höher ist als die der Mehrheitsgesellschaft (die Schätzungen schwanken allerdings zum Teil erheblich) (vgl. Hůlová und Steinery 2005: 4). Mit dem 1989 beginnenden Übergang zur kapitalistischen Gesellschaft sind vor allem schlecht qualifizierte Arbeiter von Arbeitslosigkeit betroffen (vgl. Kapitel 5), d.h. dass die Roma-/Zigeuner-Minderheit, die über sehr geringe Qualifikationen verfügt (ebd.: 7ff), die negativen Auswirkungen im besonderen zu spüren bekam (ebd.: 16).

[94] Die *hejtmani krajů* (Hauptmänner der Regionen) werden von den Regionalparlamenten gewählt und repräsentieren die Regionen nach Außen.

[95] Jiří Šulc war von 2000 bis 2008 *hejtman* im *Ústecký kraj* (Kreis Aussig).

[96] »*gadžové*« steht in *romani* für »nicht-Roma«.

[97] *Mladá fronta Dnes* 2008c.

[98] »*Nejsem rasista, považuji za neslušné a licoměrné schovávat zneužívání sociálních dávek za problém nějakého etnika! Nejde o etnikum, ale o problém určité skupiny nepřizpůsobivých lidí. Ten problém nelze zamést pod koberec s tím, že je to nějaký můj rasistický pochod. Tady jde o slušnost a zneužívání dávek, které stát lidem dává.*« (ebd.).

[99] Hund 2000a.

Hund treffend zusammen gefasst:

> Seine Fremdheit [...] kennzeichnet ihn als Nomaden. Seine Faulheit wird als Unfähig-
> keit zu zivilisatorischer Arbeit dargestellt, die ihn zu einem parasitären Dasein zwingen
> soll. Sie kennzeichnet ihn als asozial. Seine Freiheit steht für einen Mangel an Disziplin,
> wie sie das Leben in der bürgerlichen Gesellschaft erfordere.[100]

Der »Zigeuner« entspricht damit nicht den grundlegenden Anforderungen, die das ka-
pitalistische System an die Individuen stellt: Er gilt als nicht-sesshaft und gegenüber
abhängiger Erwerbsarbeit ablehnend.[101] Scholz spricht von den »Überflüssigen der
Arbeitsgesellschaft«[102] und kann zeigen, dass die Marx'sche Beschreibung des Lum-
penproletariats wesentliche Elemente des Zigeuner-Stereotyps enthält.[103] »Arbeits-
scheu« bleibt bis heute das Attribut, dass das Ressentiment am besten zusammen
fasst.

Damit wird klar, wie gut sich der »Zigeuner« in der kapitalistischen Gesellschaft
als Sündenbock eignet. »Der Zigeuner« weicht in dieser Logik »von Natur aus«
von den grundlegenden Normen der Arbeitsgesellschaft ab, ist also nicht nur unpro-
duktiv und damit überflüssig, sondern bezieht darüber hinaus Sozialleistungen, die
er nicht verdient hat (da er nicht bereit ist zu arbeiten), lebt also auf Kosten der
arbeitenden Mehrheitsbevölkerung, verursacht damit die Probleme des Sozialstaates
und schmälert die Wettbewerbsfähigkeit des Wirtschaftsstandortes. Faschisten können dieses Stereotyp leicht in ihre Ideologie des »kranken Volkskörpers« integrieren:
Der »Zigeuner« läuft mit seinem abweichendem Verhalten den Vorstellungen einer
homogenen »Volksgemeinschaft« zuwider. Er dient aufgrund seiner Unproduktivität
nicht nur nicht dem »Volksinteresse«, sondern behindert das Streben der Nation zu

---

[100] Hund 2000b: 7.

[101] Vgl. Scholz 2009: 25, zur Relativierung des Bildes vom »wandernden Nomaden« s. Guy 1998a:
29.

[102] Scholz 2009: 29.

[103] »So sieht Marx im *Achtzehnten Brumaire* das ›Lumpenproletariat‹ als ›Auswurf, Abfall, Abhub
aller Klassen‹, wobei er ›neben zerrütteten Roues [Wüstlingen R.S.] mit zweideutigen Subsistenz-
mitteln, neben verkommenen und abenteuerlichen Ablegern der Bourgeoisie‹ auch ›Vagabunden,
entlassene Soldaten, entlassene Zuchthaussträflinge, entlaufene Galeerensklaven, Gauner, Gauk-
ler, Lazzaroni [Räuber, R.S.], Taschendiebe, Taschenspieler, Spieler, Maquereaus [Zuhälter, R.S.]
Bordellhalter, Lastenträger, Literaten, Orgeldreher, Lumpensammler, Scherenschleifer, Kesselfli-
cker, Bettler, kurz die ganze unbestimmte, aufgelöste, hin- und hergeworfene Masse, die die
Franzosen la bohème nennen‹, zum Lumpenproletariat zählt. Es ist ganz offensichtlich, dass die
›Zigeuner‹ hier mit gemeint sind. Spielen, Lumpen sammeln, Kessel flicken u.ä. wurden als typische ›Zigeunerberufe‹ angesehen. Und freilich gehören Betteln, Stehlen, und ›Zigeunersein‹
in der Konstruktion schon immer zusammen. Folgerichtig wurden die ›Zigeuner‹ auch in *vielen*
›realsozialitischen‹ Staaten verfolgt, sofern sie vom sozialistischen Lebensstil abwichen.« (ebd.:
34, Hervorhebungen im Original. Inneres Zitat: Marx und Engels 1982: 160f).

ihrer »natürlichen« Größe. Als »Parasit« »schmarotzt« er am Ruhm der Nation, laugt diese aus, und muss, so die zwingende Konsequenz, »zum Wohl des Volkes« »ausgemerzt« werden. Damit wird wieder klar, dass Antiziganismus nicht faschistisch sein muss. Seine Anschlussfähigkeit an faschistische Semantiken führt aber dazu, dass Faschismus zwingend antiziganistisch ist.

»Nicht-anpassungsfähige Bürger«

Obwohl antiziganistische Äußerungen in Tschechien als *normal* gelten können, ist Diskursteilnehmern der mögliche Rassismus-Vorwurf stets präsent. So begannen in einer Facebook-Gruppe mit dem Titel »Für 1 Fan... 1 Zigeuner weniger! Lasst uns Tschechien reinigen!«[104] der innerhalb weniger Tage über 10.000 Menschen beitraten, ein großer Teil der Kommentare mit dem Satz »Ich bin kein Rassist, aber...«. Es sind so auch interessante Strategien zu beobachten, mit deren Hilfe das Wort Roma/Zigeuner umgangen wird. Am aufschlussreichsten ist sicherlich die Diskussion über den Umgang mit »nicht-anpassungsfähigen Bürgern« (»nepřizpůsobivé občany«).[105]

Das Gegensatzpaar von »anständigen« (»slušné«) und »nicht-anpassungsfähigen Bürgern« (»nepřizpůsobivé občany«) findet sich in allen mir bekannten Ausländer- und Minderheitendiskursen. Der nicht näher spezifizierte »anständige Bürger« wird in Abgrenzung zu den »nicht anpassungsfähigen Bürgern« definiert, die nicht arbeiten, auf Staatskosten leben, trinken, lärmen etc. – eben alle Merkmale des Roma-/Zigeuner-Stereotyps aufweisen. Besonders deutlich tritt diese Semantik im politischen Diskurs zutage, wenn in regelmäßigen Abständen die politische Forderung nach einem härteren Vorgehen gegen »Unangepasste« aufkommt. Unter diesen »Unange-

---

[104] »Za 1 fanouška... o 1 cigana míň! Poďme vyčistit ČR!« (*Lidové Noviny (online-Ausgabe)* 2009a).

[105] An dieser Stelle muss auf die Übersetzungsproblematik hingewiesen werden, da mit »unangepasst« und »nicht anpassungsfähig« zwei Übersetzungsvarianten konkurrieren, die sich in ihrer Semantik wesentlich unterscheiden. Während »unangepasst« als neutrale Feststellung interpretiert werden kann, dass die Werte und Normen der Roma-/Zigeunerbevölkerung nicht der der Mehrheitsbevölkerung entsprechen, hat »nicht anpassungsfähig« eine rassistische Konnotation: Roma/Zigeuner sind unangepasst, da ihr abweichendes Verhalten eine angeborene Eigenheit jedes Roma/Zigeuners darstelle. Die meisten Wörterbücher geben beide Übersetzungsvarianten an. Das tschechische »nepřizpůsobivý« leitet sich von dem Verb »přizpůsobit se« (sich anpassen) ab. Eine Differenzierung nach Intention vs. Veranlagung wie im Deutschen (»nicht anpassungs*fähig*«, »nicht anpassungs*willig*«) ist im Tschechischen nicht möglich. Die neutralste Übersetzung wäre daher »unangepasst«. Ich verwende dennoch die Übersetzung »nicht anpassungsfähig«, da »nicht anpassungsfähige Bürger« als Synonym zu Roma/Zigeuner zu verstehen ist und diese – antiziganistischer Semantik folgend – aufgrund ihrer »angeborenen Asozialität« nicht anpassungs*fähig* sind.

passten« werden sozial und ökonomisch exkludiert lebende Bevölkerungsgruppen verstanden, die überwiegend, aber nicht ausschließlich der Roma-/Zigeuner-Minderheit angehören. Die oft auch räumlich segregierten Orte werden im Tschechischen mit »*socialně vyloučené lokality*« (sozial exkludierte Räume) bezeichnet und weisen häufig Merkmale von Ghettos auf.[106] Verschuldung ist in diesen – um die tschechische Terminologie zu übernehmen – sozial exkludierten Räumen ein häufiges Problem, weshalb viele der Bewohner ihre Miete nicht bezahlen können und daher bei den Kommunen, meist Inhaber der Wohnungen, verschuldet sind. So erklärt sich das weitere Synonym für Roma/Zigeuner »*neplatiči*« (nicht Zahlende), das oft in Kombination mit »nicht Anpassungsfähige« verwendet wird (»*neplatiči a nepřizpůsobivé*«). Wenn von »nicht Anpassungsfähigen« und »nicht Zahlenden« die Rede ist, weiß jeder, dass es sich um Roma/Zigeuner handelt.[107]

Das »harte Vorgehen« gegen »nicht Anpassungsfähige« besteht im Wesentlichen darin, die Sozialleistungen von Mietschuldnern umgehend wieder einzutreiben[108] und erfreut sich in der Gruppe der »anständigen Leute« großer Beliebtheit. Eine Online-Petition der Bürgermeisterin der Stadt Chomutov, Ivana Řápková, zur Unterstützung ihres – von Menschenrechtlern heftig kritisierten – »Kampfes gegen nicht Anpassungsfähige« unterzeichneten in wenigen Wochen 161.000 Menschen.[109] Dabei ist ein weiteres wichtiges Motiv zu beobachten: Der »nicht Anpassungsfähige« (also der Roma/Zigeuner) trägt die Schuld daran, wenn der Tscheche nicht »anständig« leben kann. So findet sich beispielsweise im genannten Petitionstext zur Unterstützung des »harten Vorgehens« gegen »nicht Anpassungsfähige« der Satz: »Wir wollen unser Recht auf ein anständiges Leben geltend machen!« (»*Chceme uplatnit svoje právo na slušný život!*«). Der Unterzeichner der Petition hat demnach ein Recht auf ein »anständiges Leben«, an dem er aber durch das Verhalten der »nicht Anpassungsfähigen« gehindert wird. Die Virulenz des Gegensatzpaares und die Häufigkeit, mit der die eigene »Anständigkeit« betont wird, zeigt auch, welche Bedeutung der Roma-/Zigeuner-Minderheit bei der Konstruktion des tschechischen Selbstbildes zukommt.[110]

Das Problem sozial exkludierter oder von Exklusion bedrohter Bürger wird als

---

[106] Vgl. Člověk v tísni 2010.

[107] So beispielsweise Jan Kraus, Moderator der bekannten tschechischen Talkshow »*Uvolněte se, prosím*« im Gespräch mit der Chomutover Bürgermeisterin Ivana Řápková (ODS) am 6.3.2009.

[108] Vgl. *Lidové Noviny (online-Ausgabe)* 2009b.

[109] Minárech 2010.

[110] Vgl. Čaněk 2008: 358.

Problem der örtlichen Roma-/Zigeuner-Bevölkerung aufgefasst.[111] Damit wird eine unzutreffende Generalisierung vorgenommen, da die als Roma/Zigeuner verstandene Bevölkerung nicht die unterstellte Homogenität aufweist[112] und in den sozial ausgeschlossenen Räumen zwar überwiegend, aber nicht ausschließlich Roma/Zigeuner leben. So lassen sich repressive Maßnahmen gut begründen und erfreuen sich großer Popularität. Integrative und unterstützende Maßnahmen machen vor dem Hintergrund einer als nicht anpassungs*fähig* aufgefassten ethnischen Minderheit keinen Sinn. Zum anderen werden durch die Verwendung des Begriffs »nicht Anpassungsfähige« und die Vermeidung des Wortes Roma/Zigeuner Dinge sagbar, die andernfalls als klar rassistisch zu bezeichnen wären. So kann Řápková medienwirksam versprechen, das »Problem der nicht anpassungsfähigen Bürger zu lösen«,[113] während die »Lösung der Zigeunerfrage« bis auf weiteres der faschistischen Arbeiterpartei vorbehalten bleibt.

Zuletzt soll an dieser Stelle die Kongruenz der Gegensatzpaare »anständig« vs. »nicht anpassungsfähig« und »Roma/Zigeuner« vs. »nicht Roma/Zigeuner« anhand einiger Beispiele illustriert werden. Unter Studenten der Polizeiakademie Prag wurde eine umfangreiche Befragung zu Ansichten über Minderheiten durchgeführt.[114] Die Antworten eignen sich ausgesprochen gut, nicht-»extremistische« Einstellungen aus der ›Mitte der Gesellschaft‹ über die Roma-/Zigeuner-Minderheit zu illustrieren. Als häufigstes negatives Stereotyp über Roma/Zigeuner wurde erwartungsgemäß ihre »Unanständigkeit« *(»neslušnost«)* genannt. Kritisiert wurde das aggressive, unangebrachte Auftreten der Roma/Zigeuner[115] und das »Nicht-einhalten grundlegender Regeln eines anständigen Verhaltens und grundlegender Hygiene«.[116] Es werden also grundlegende, kulturelle Unterschiede zwischen den »anständigen Tschechen« und den abweichenden Roma/Zigeunern angenommen. Die »Lösung« des Problems ist daher auch nur auf Seite der Minderheit zu suchen: Sie müssen sich schlicht »anständig« verhalten. »[Sie sollen] versuchen Arbeit zu finden. Wenn ich einen arbeitenden Roma sehe, dann rümpfe ich nicht die Nase, sondern fasse ihn als *anständigen* Menschen auf, weil er etwas tut und sich nicht von den anderen durchfüttern lässt«.[117]

---

[111] Moravec 2006: 50.
[112] Ebd.: 13, dort auch zur Problematik der Ethnisierung sozial ausgeschlossener Räume.
[113] »*vyřešit problém nepřizpůsobivých občanů*« (Minárech 2010).
[114] Homoláč 2006.
[115] »*agresivní a neslušné vystupování*«.
[116] »*nedodržování pravidel slušného chování a zakladní hygieny*«.
[117] »*Snažit se najít práci. Když vidím romské kopáče, tak neohrnuji nos, ale řadím je mezi slušné spoluobčany, protože něco dělají a ne nechávají se živit od ostatních*« (Urban 2004: 128, Hervorhebung des Autors in der deutschen Übersetzung).

Dagegen wird in anderen Antworten explizit betont, dass Roma/Zigeuner grundlegend *unfähig* zu anständigem Verhalten sind: »Ich denke, Roma haben ihre gewisse Lebensweise, genetisch bestimmt oder irgendwie anders, aber das Zusammenleben lässt sich wohl nicht verbessern«.[118]

Auffällig ist die häufige Aussage, dass sich die Roma/Zigeuner der Mehrheit anzupassen haben, keineswegs umgekehrt: »Natürlich müssen sie bei sich selber beginnen – sich anständig verhalten, wissen, was ethische Regeln im Viertel sind, Moral, ein besseres Rechtsbewusstsein haben und sich bewusst werden, das sie weiterhin Minderheit in unserer ČR sein werden, und daher SIE sich an unsere Gepflogenheiten anpassen müssen.«[119] Wie wichtig der »unanständige Zigeuner« für die *eigene* Vergewisserung ist, selbst »anständig« zu sein, zeigt sich in vielen Kommentaren, in denen die Befürchtung mitschwingt, sich der Minderheit anpassen zu müssen, also selbst »wie die Zigeuner« zu werden.

> Dass sich die Roma der Mehrheit anpassen und nicht, dass sich die Mehrheit ständig der Minderheit anpasst und dazu von unterschiedlichen Organisationen eigentlich gezwungen wird.[120]

> [Wir sollten] nicht versuchen, die Zigeuner (Roma-Population) ständig irgendwie umerziehen zu wollen. DAS GEHT WIRKLICH NICHT. UND DEN TSCHECHEN WOHL AUCH NICHT. Niemand kann von mir verlangen, dass ich wie ein Zigeuner – Roma lebe.[121]

Diese zunächst paradox erscheinenden Ansichten (wie soll sich der Tscheche dem Roma/Zigeuner anpassen, wenn beide Gruppen sich durch so grundlegende, unveränderliche Merkmale unterscheiden? Und wer sollte den Tschechen dazu zwingen wollen?) werden verständlich, wenn wir uns erneut die Semantik des Zigeunerbildes deutlich machen: Als arbeitsscheuer, von staatlichen Sozialleistungen lebender Asozialer steht der »Zigeuner« in der sozialen Hierarchie ganz unten. Scholz weist darauf hin, dass der »Zigeuner« das »abschreckende Beispiel schlechthin für den *Normalen* [darstellt];

---

[118] »*Myslím, že Romové mají určitý svůj způsob života dán geneticky nebo nějak jinak, ale to soužití asi zlepšit nepomůže*« (Urban 2004: 126).

[119] »*Samozřejmě musí začít u sebe – chovat se slušně, vědět, co to je sídlištní etika, morálka, mít lepší právní vědomí a musí si uvědomit, že jsou a budou stále menšina v naší ČR a proto se naším zvyklostem musí přizpůsobit ONI!*« (ebd.: 128).

[120] »*Aby se Romové přizpůsobili většině a ne, aby se většina neustále přizpůsobovala menšině a byla k tomu různými organizacemi vlastně nucena.*« (ebd.: 127).

[121] »*Nesnažit se cikány (romskou populaci) nějakým způsobem stále převychovat. OPRAVDU TO NEJDE. A ČECHA ASI TAKY NE. Nikdo po mně nemůže chtít, abych žil jako cikán – Rom.*« (ebd.: 126, Großschreibung im Original.).

er zeigt ihm, wohin er kommt, wenn er nicht funktioniert und pariert, sondern sich ›wie die Zigeuner‹ verhält.«[122] Die Vorstellung, *von Anderen* dazu gezwungen zu werden, sich »wie ein Zigeuner« verhalten zu müssen, weist auf die unbestimmte Furcht vor dem sozialen Abstieg hin: Ohne eigenes Zutun in der sozialen Hierarchie abzusteigen und mit den »Zigeunern« auf einer Ebene zu stehen.

An dieser Stelle habe ich versucht, die Semantik des Antiziganismus herauszuarbeiten, wie sie in alltäglichen Diskursen anzutreffen ist. Zigeunerbilder, wie sie in der Propaganda faschistischer Gruppierungen zu finden sind, weisen hierzu große Übereinstimmungen auf, mit dem Unterschied, dass sie sich mit explizit faschistischen Begründungszusammenhängen mischen. Da im Faschismus das wichtige Motiv der *Reinigung* hinzukommt, ist faschistischer Antiziganismus dadurch gekennzeichnet, dass er auf die Vernichtung der Minderheit hinausläuft. Die langjährige Praxis der Zwangssterilisationen von Roma-/Zigeuner-Frauen in der Tschechischen Republik[123] ist wohl die offensichtlichste Ausprägung eines faschistischen Antiziganismus in der jüngeren Geschichte. Faschistisch-antiziganistische Semantik wird im nächsten Kapitel untersucht.

9.3. Faschismus

Die Merkmale faschistischer Semantik im Sinne Griffins wurden in Kapitel 2.2 dargelegt. Als wesentliche Elemente wurden Ultranationalismus, innere Feinde (Parasiten) und eine von Schmutz überschwemmte Nation genannt, die in einem Akt der Reinigung (Befreiung von Schmutz und Parasiten) neugeboren werden soll (Palingenese). Die Arbeit mit Weber'schen Idealtypen bedeutet, wie schon bei der Untersuchung idealtypischer Nationalismen angeführt wurde, in empirischen Realtypen Elemente der zuvor theoretisch konstruierten Idealtypen auszumachen, in diesem Fall also Elemente faschistischer Semantik nachzuweisen. In diesem Kapitel will ich exemplarisch zeigen, welche Funktion Antiziganismus und Ultranationalismus in der faschistischen Ideologie übernehmen können.

Faschistische Semantik entsteht nicht ohne kulturellen und historischen Bezug, sondern greift vorhandene Semantiken wie den analysierten Nationalismus und Antiziganismus auf. Tschechischer Faschismus kann nicht jede beliebige Form annehmen,

---

[122] Scholz 2009: 32, Hervorhebung im Original.
[123] Vgl. hierzu die abschließende Stellungnahme des tschechischen Ombudsmanns zu Zwangssterilisationen (Veřejný ochránce práv 2005).

sondern muss mit den vorhandenen Elementen ›arbeiten‹. Exemplarisch werde ich im Folgenden die Liedtexte der Skinhead-Band *Orlík* auf faschistische Elemente hin untersuchen. *Orlík* muss als charakteristisch für faschistische Tendenzen in der frühen Transformationsphase aufgefasst werden (ausführlich zur Skinhead-Kultur der frühen 1990er Jahre und der Band *Orlík* s. unten, Kapitel 10.2). Über die Analyse der Texte werden grundlegende Merkmale eines tschechischen Faschismus herausgearbeitet, die für das Verständnis der Ideologien verschiedener, in Tschechien als *nationalistisch* oder *neonazistisch* bezeichneter Gruppierungen charakteristisch sind.

Die Ideologie der Musikband ist nicht klar faschistisch, es lassen sich in den Texten aber konstitutive Elemente des Griffin'schen Idealtypus nachweisen.

Dabei wird zu zeigen sein, wie sich Kompontenten der ausgearbeiteten antiziganistischen Semantik zusammen mit dem tschechischen Ultranationalismus der samtenen Revolution zu faschistischer Semantik verdichten.

Analyse der Liedtexte der Skinhead-Band Orlík

Die zwei Musikalben *»Oi! (Miloš Frýba for president)«* (1990) und *»Demise«* (1991) bilden den zu untersuchenden Textkorpus.[124] Dabei ist zu untersuchen, ob der Inhalt mit der Griffin'schen Faschismusdefinition »palingenetischer Ultranationalismus« (vgl. oben, Kapitel 2.2) beschrieben werden kann. Es gilt also zum einen, das in den Texten aufzufindende Nationsverständnis herauszuarbeiten und zum anderen zu fragen, ob eine Neugeburt (Palingenese) der tschechischen Nation bevorsteht bzw. intendiert ist. Dabei werde ich aufzeigen, welche Funktion Antiziganismus und tschechischem Nationalismus zukommt.

Die tschechische Nation wird in den Texten als eine, dem Individuum übergeordnete Entität aufgefasst. Einen ersten Hinweis darauf gibt das Lied *» Čech«* (Tscheche): »Du bist Tscheche, Tscheche, Tscheche, also schätze das wert«.[125] Der Einzelne soll seinem Land Ehre machen,[126] und diese [die Ehre] schützen mit dem »wesentlichen, was uns hier alles verbindet«.[127] Damit wird die Homogenität des tschechischen Volkes betont, die an anderer Stelle auch biologistisch begründet wird. »Wir sind doch vom selben Blut«.[128] Die Merkmale dessen, »was uns alles verbindet« werden nicht

---

[124] Alle verwendeten Texte stammen von hlasitě.cz 2010.
[125] *»jsi Čech Čech Čech tak si toho važ«.*
[126] *»čechům dělej čest«.*
[127] *»zachraňme si čest tím hlavním co nás tu všechny spojuje«.*
[128] *»dyť jsme stejná krev«.*

ausgeführt und stattdessen in Abgrenzung zu anderen, insbesondere Roma-/Zigeunern und Menschen mit dunkler Hautfarbe konstruiert. Diese haben eine ganz andere Mentalität,[129] Moral und Erziehung[130] und »werden daher niemals so wie wir«.[131] Die Tschechen sollen ihr Land mit »einem Lied auf den Lippen und der Waffe in der Hand«[132] gegen äußere Feinde verteidigen (gegen die ganze Welt).[133] Dabei muss der einzelne bereit sein, sein Leben und damit seine Interessen denen der Nation unterzuordnen (Blutzoll zahlen).[134] Besonders deutlich wird der in den Texten zu findende Ultranationalismus aber erneut in der Abgrenzung zu anderen, in der immer wieder geschilderten Bedrohung des tschechischen Volkes durch innere und äußere Feinde. Die vermeintliche Bedrohung veranlasst Orlík zum »verzweifelten Ruf«[135] und lässt sie Zusammenhalt und Gemeinschaft[136] der Tschechen beschwören.[137] Die Bedrohung des tschechischen Volkes besteht dabei sowohl in äußeren als auch in inneren Feinden. Es findet eine »Invasion von Ausländern«[138] statt, explizit genannt werden Araber, Deutsche,[139] Türken[140] und Menschen mit dunkler Hautfarbe, (»Schwarze Augen, schwarzer Körper, das ist nicht mein Freund«[141]), die ins Land einfallen.[142] Aber auch deutsche Faschisten, »Faschos«[143], werden als bedrohlich angesehen. Neben den sich im Land befindenden und sich (durch weitere »Invasion« und biologische Fortpflanzung) stetig vermehrenden[144] Ausländern stellen Roma-/Zigeuner eine weitere große Gruppe innerer Feinde dar.

Dem Antiziganismus wird mit »Dvojí metr« (Zweierlei Maß) ein ganzes Lied gewidmet. Die oben ausgearbeitete antiziganistische Semantik findet sich so auch in den Liedern von Orlík, denen zufolge Zigeuner betteln und stehlen und sich nicht anpassen

---

[129] »to protože maj úplně jinou mentalitu«.
[130] »morálku maj jinou vychování taky«.
[131] »jak my nikdy nebudou«.
[132] »píseň na rtech, v ruce zbraň«.
[133] »proti světu, proti všem.« (In Anlehnung an Alois Jiráseks Roman »Proti všem« (Gegen die ganze Welt), zum Hintergrund s. Vlnas und Hojda 2002: 517ff)
[134] »musíš splatit krví daň«.
[135] »to je zoufalej řev«.
[136] Zur Zunahme von Gemeinschaftsrhetorik in Krisensituationen vgl. Vobruba 1983.
[137] »tak držte spolu lidičky«.
[138] »cizinecká invaze«.
[139] »v barech Arabové a v hospodách Nemci«.
[140] »hrozně rádi lověj v jinym městě Turky«.
[141] »černý oči, černý tělo to není můj kamarád«.
[142] »co to bylo za ránu, kdo nám to sem z palmy spad«.
[143] »faschos, faschos, faschos tu nechceme«.
[144] »je jich tady tolik, jak u sviň selat hoši!«.

können,[145] da sie eine ganz andere Mentalität haben.[146] Auch die Gegenüberstellung von »nicht anpassungsfähigen Zigeunern« und »anständigen Leuten« findet sich in den Texten. Die Skinheads würden beschuldigt, sie seien Rassisten, dabei wollten sie doch nur *anständig* leben, würden aber von den Roma/Zigeunern daran gehindert: »Es ist nicht möglich hier zu leben und auch zu arbeiten«.[147] In dem Lied »S.O.S.« zeigt sich diese Semantik folgendermaßen:

> Und im eigenen Land trauen wir uns nicht mehr auf die Straße
> wir wollen Rechte, ich schreie aus voller Lunge
> gegen anständige Leute aber
> haben wir nichts [148]

> Und in der Welle von Aufruhr, Abscheu, Neid
> beschimpfen sie uns, wir wären Rassisten
> wir wollen nur anständig leben, anständig leben
> nur aufmerksam machen[149]

Während die oben dargestellte Furcht davor, »wie die Zigeuner« leben zu müssen unbestimmt bleibt (s. oben, Kapitel 9.2), findet sich bei Orlík die typisch faschistische Semantik des Schmarotzens und der Verschmutzung. Die »Schmarotzer« laugen die Nation aus, überschwemmen sie mit Schmutz und sind so für die Krise verantwortlich.

> Millionen Parasiten schmarotzen auf dem Ruhm
> beschmutzen den Nächsten und wetteifern darum, wer der größte Bonze ist
> eine Wolke von Dieben läuft in den Straßen herum[150]

Gegen diese inneren Feinde, die auf der Ehre der tschechischen Nation schmarotzen, »hat nur lange niemand angekämpft«.[151] Damit ist der implizite Aufruf verbunden, gegen die »Schmarotzer« vorzugehen und Orlík sehr nahe an der Vorstellung einer Nation, die von Schmutz überschwemmt wird und »gereinigt« werden muss. Eine Vorstellung, die konsequent zu Ende gedacht zu »ethnischer Säuberung« führen muss.

---

[145] »pak se řekne to nic oni se přizpůsoběj«.
[146] »to potože maj úplně jinou mentalitu«.
[147] »jenže není možný tady žít a taky pracovat«.
[148] »A ve vlastní zemi budem se bát do ulic / chceme pravici, řvem z plnejch plic / proti slušnejm lidem ale / my nemáme nic«.
[149] »A ve vlnách vodporu, hnusu a závisti / nadávaj nám lidi že jsme rasisti / chcem jen slušně žít / slušně žít, jen upozornit«.
[150] »Milióny parazitů na slávě se přiživuje / jak pošpinit druhýho a závody kdo víc bonzuje / mračno zloděju se na ulicích pohybuje«.
[151] »jenže proti tomu tady dávno nikdo nebojuje«.

Einer weiteren Bedrohung hat sich die tschechische Nation soeben entledigt: Dem Sozialismus. Die Nation wird dabei mit der Metapher des »Gartens« beschrieben, der im Realsozialismus hinter dem Eisernen Vorhang verwelken musste.[152] Analog der von Holy analysierten Vorstellung des Sozialismus als Fremdkörper funktioniert der Antikommunismus auch bei Orlík: »Das muss raus, das muss weg«.[153] Antikommunismus ist ein wichtiger Bestandteil tschechischer faschistischer Ideologie, nicht nur zur Zeit Orlíks Anfang der 199er Jahre, sondern auch bei heutigen neonazistischen Gruppierungen. Der starke Antikommunismus ist für den tschechischen Politologen Zdeněk Zbořil ein Grund, warum sich in dieser Zeit so wenig Widerstand gegen die Skinhead-Bewegung regte.

> Viele Menschen waren nicht explizit gegen diese ersten Wellen des Rechtsextremismus, die sich in Tschechien bemerkbar machte. Große Teile der Gesellschaft sahen vor allem das anti-kommunistische Element der Demonstrationen, und da zu diesem Zeitpunkt sich fast jeder als »Anti-Kommunist« bezeichnete, herrschte eine große Toleranz auch gegen Aufmärsche der Rechten.[154]

Auch heute mag der Antikommunismus, den Neonazis mit einem großen Teil der Bevölkerung teilen, ein Grund sein, der zivilgesellschaftliches Engagement gegen rechts erschwert. Linke Gegendemonstranten können dann leicht als »Kommunisten« deklassiert werden und im Sinne der »Extremismustheorie« mit den Neonazis auf eine Stufe gestellt werden.

Zurück zu Orlík: Die Metapher des hinter dem Eisernen Vorhang ›eingepferchten‹ Gartens legt den Schluss nahe, dass auch hier die tschechische Nation durch fremde Mächte von ihrem »natürlichen« Weg, dem Aufblühen, abgehalten wurde. In den beiden Liedern »Bílá Liga« (Weiße Liga)[155] und »Bílej Jezdec« (Weißer Reiter), in denen mit den Gegensatzpaaren schwarz-weiß und hell-dunkel gespielt wird, ist die Vorstellung vom Niedergang des tschechischen Volkes weiter ausgeführt. In »Bílej Jezdec« reitet der weiße Reiter (»weißes Gesicht, weißer Tag, weißer Reiter, weißer Schein«[156]) durch das dunkle, traurige Europa.[157] Sein Pferd ist müde,[158] es steht die

---

[152] »Naše krásná zahrádko / zalejvaná potem / kdo tušil jak zakrátko / za železnym plotem«.
[153] »Oi Oi Oi / to oi musí pryč chlapci / Oi Oi Oi / to oi musí ven«.
[154] Radio Praha 2004.
[155] Mit dem Refrain »bílá liga« (weiße Liga) / »bílá síla« (weiße Kraft) findet sich in dem Lied eine direkte Übersetzung von »white power«.
[156] »bílej jezdec, bílá zář / bílej den a bílá tvář«.
[157] »bílej jezdec jede tmou / jede smutnou Evropou«.
[158] »jeho kůň je unaven«.

letzte Schlacht an.[159] Der weiße Reiter will in einem sauberen Land leben,[160] aber es bleibt ihm nicht mehr viel Zeit.[161] Das dunkle Land/Europa befindet sich am Abgrund, in einer Situation, die mit den Adjektiven »dunkel« und »traurig« beschrieben wird, und, wie an anderer Stelle deutlich wurde, durch Feindesgruppen, »Schmarotzer« und »Beschmutzer« verursacht wurde. Dagegen befindet sich der weiße Reiter (»der Skinhead mit geputzten Schuhen«[162]) im Kampf. Die bereits dargelegte Vorstellung einer Krise als Entscheidungssituation (s. oben, Kapitel 6.1) wird hier deutlich: Der letzte Kampf steht an, es entscheidet sich also, ob es zurück ins Dunkel oder aber ins »weiße«, ins »saubere« Land geht. Auffällig ist, das der »weiße Reiter« nicht durch Tschechien, sondern durch Europa reitet. Tschechischer Nationalismus wird also auch in der faschistischen Variante mit der »Rückkehr zu Europa« kombiniert, allerdings mit dem wichtigen Unterschied, dass es sich nicht um die Rückkehr zu Demokratie und Humanismus, sondern um die Rückkehr zur »weißen Herrenrasse« handelt.

Der Faschismus als *palingenetischer* Ultranationalismus ist nun nicht lediglich kulturpessimistisch, sieht nicht nur die Krise der Nation, die sich in einer Phase der Dekadenz und Korruption befindet und von inneren und äußeren Feinden bedroht wird, sondern sieht in dieser Krise den Umschwung, die »Ankündigung einer neuen Morgendämmerung«[163] und die »Neugeburt der Nation in einer nachliberalen politischen Ordnung und einer regenerierten abgeschlossenen Kultur«.[164] Die positive Aufbruchstimmung wird in Bezug auf den »verwelkten Garten« hinter dem Eisernen Vorhang deutlich. Nach der durch den »Kreml« mit dem *Prager Frühling* niedergeschlagenen Hoffnung[165] ist der Frühling nun erneut da.[166] Darauf, dass der »letzte Kampf« gegen das »Dunkel« erfolgreich sein wird, deuten Verse von den »aufstehenden« Tschechen hin: »Wenn wir wieder mehr werden, mehr Glatzköpfe / bis wir mehr werden, geh nicht auf die Straße / Wenn wir Tausende sind, dann wird es wieder fröhlich«[167] Als Vorbild für den letzten Kampf dient der tschechische Nationalheld und bedeutendste Heerführer der Hussiten, Jan Žižka. Im Unterschied zu allen anderen

---

[159] »poslední bitva vzplála«.
[160] »v čistý zemi chtěl by žít«.
[161] »dní už mu moc nezbývá«.
[162] »vyčisti si boty, přijde tvoje síla«.
[163] Griffin 2005: 28.
[164] Ebd.: 28.
[165] »jednou v tobě kvetly stromy / jak naděje v nás / jaro přišlo zakrátko / potom z Kremlu mráz«.
[166] »jaro je tu znova«.
[167] »Až nás bude víc,víc holejch palic / až nás bude víc, nechoď do ulic / Až nás budou tisíce, zas bude veselo«.

tschechischen Nationalhelden, die gebildete Intellektuelle, moralisch integere Personen und oft Märtyrer gewesen sind, war Žižka ein erfolgreicher Militärführer, ein »Mann der Gewalt«[168] und dient daher faschistischen Gruppierungen gerne als Vorbild. Schon Großvater fiel im Kampf für Jan Žižka und die Hussiten, singt Orlík, damals, als »Europa noch weiß war«.[169] Damit wird auch das Ziel des »letzten Kampfes« deutlich: Ein weißes, schönes, ein gereinigtes, sauberes und damit homogenes Land, in dem »überall nur Tschechen« sind.[170]

Sind die Texte damit als faschistisch zu bezeichnen? Auf der Ebene der Metaphorik finden sich alle typischen Elemente faschistischer Rhetorik. Die Texte sind ultranationalistisch, die Nation wird als von Schmutz überschwemmt, von Parasiten ausgesaugt dargestellt. Hinter dem Eisernen Vorhang verwelkte der »Garten« Tschechien und kann nun erst wieder erblühen. Das Ziel des Aufblühens ist eine weiße, ethnisch homogene Nation, die nur über den Kampf gegen die »Parasiten« zu erreichen ist. Orlík bleibt aber auf der Ebene der Metaphorik und Andeutungen. Unklar bleibt, ob es sich bei Orlík lediglich um eine *Wiedergeburt*, also die Wiederherstellung eines früheren Zustandes handelt, oder ob tatsächlich die *Neugeburt* der Nation in einer vollkommen neuen Kultur und Gesellschaftsordnung angestrebt wird. Für letzteres finden sich in den Liedtexten nur wenig Hinweise, für ersteres sprechen Textstellen wie »damals war Europa noch weiß«.[171] Die klare Beschreibung einer revolutionären, reinigenden Bewegung, die die Nation zu Höherem führt, bleibt aus.

Auch vor dem Hintergrund des oben analysierten tschechischen Nationalismus der Samtenen Revolution ist von einer Wiedergeburt und nicht einer Neugeburt auszugehen. Es existiert in der frühen Transformationsphase die diffuse Vorstellung einer nun wiedergeborenen tschechischen Nation, eines Volkes, das sich nicht nur gegen den Sozialismus erhoben hat, sondern jetzt auch gegen Schmarotzer vorgeht und sich so aufwärts und ins »weiße Europa« *zurück* führt. Ich fasse die Ideologie Orlíks daher als ultranationalistisch und rassistisch, nicht aber als klar faschistisch auf.

---

[168] Holy 1996: 136.
[169] *»evropa byla bílá«.*
[170] *»to zas bude nádhera , všude samej čech «.*
[171] *»evropa byla bílá«.*

9.4. Tschechischer Faschismus im vereinten Europa?

Faschistische Ideologie bietet einfache Erklärungen in gesellschaftlichen Krisensituationen. Damit diese Erklärungen plausibel werden, müssen die verschiedenen Bausteine der Ideologie einigermaßen logisch miteinander verknüpft werden. Bei der Analyse der Liedtexte dürften sich dem aufmerksamen Leser einige Widersprüche aufgetan haben. So war von *Europa* die Rede, wo stattdessen die *tschechische Nation* zu erwarten gewesen wäre. Zwar schmarotzen die Parasiten in *Tschechien*, das Ziel ist aber ein *weißes Europa*. Neben den spezifisch tschechischen Skinheads *(»Kališníci«)*[172] ist auch die Rede von *»Euroskins«*.[173] Problematisch stellt sich das Verhältnis Orlíks zu den deutschen Neonazis dar, die zum einen Teil des *»weißen«* Europas sind, zum anderen aber als Feinde und Bedrohung wahrgenommen werden.[174]

Tatsächlich zeigt sich hier ein ideologischer Widerspruch, der bei der Untersuchung der tschechischen Rechten immer wieder ins Auge fällt und in dieser häufig zu internen Streitigkeiten führt. Der Widerspruch besteht zwischen *tschechischem Ultranationalismus* und *pro-deutsch* bzw. *panarisch* orientiertem tschechischen Faschismus. Dieser Widerspruch muss über die komplizierte Verortung der tschechischen Nation zwischen West- und Osteuropa und die historisch enge Verbindung mit der deutschen Geschichte verstanden werden.

> Die historische Entwicklung des organisierten Rechtsextremismus auf tschechischem Gebiet ist ein Spiegel der komplizierten Beziehungen zwischen verschiedenen Volksgruppen und der Grenzkonflikte in Mittelosteuropa. Eine besondere Rolle spielt dabei das deutsch-tschechische Verhältnis.[175]

Um diesen Widerspruch deutlicher zu machen, ist ein kurzer Blick in die Geschichte des tschechischen Faschismus notwendig, der, wie bereits angeführt wurde, im europäischen Vergleich schwach ausgeprägt war. Zwar existierten auch in der Ers-

---

[172] Die *»Kališníci«* stellen eine spezifisch tschechische Form der Skinhead-Subkultur dar, die in den 1990er Jahren stark verbreitet war. Sie vertreten eine tschechisch-nationalistische Ideologie und grenzen sich – wie Orlík – klar vom Neonazismus ab. Zum Verhältnis von tschechisch-nationalistischen *»Kališníci«* und Neonazis, die die Gleichberechtigung aller europäischen Völker und die Überlegenheit der weißen Rasse propagieren, s. ausführlich unten, Kapitel 10.2

[173] *»Euroskinheads táhnou dneska ulicema, na cestu si v noci svítěj palicema«.*

[174] *»Čechy, ty vám byly dycky trnem v oku / k votevřený nenávisti zbejvá jen pár kroků / můžete tu klidně chlastat pívo na korbele / ale s křížem hákovym jděte do prdele«.*

[175] Mareš 2008b: 14.

ten Republik faschistische Parteien,[176] diese besaßen jedoch zu wenig Einfluss, als dass auf diese Tradition erfolgreich hätte aufgebaut werden können. Auch die Diskontinuität[177] in der Zeit des Realsozialismus war der Entstehung einer differenzierten faschistischen Ideologie in Tschechien nicht förderlich.[178] Tschechisches Großmachtstreben ist aus der Geschichte nicht bekannt und auch verfügt Tschechien nicht über exterritoriale Gebiete, deren »Einverleibung« faschistische Gruppierungen anstreben könnten. Damit bietet der historische tschechische Faschismus für zeitgenössische Varianten nur schwache Anknüpfungspunkte. Dazu kommt ein weiterer, vielleicht noch wichtigerer Punkt: Die rechtsautoritären und faschistischen Parteien in der Ersten Republik waren meist panslawisch[179] und antideutsch orientiert. Zwar gab es vereinzelt Kontakte zur deutschen NSDAP, diese wurden aber aufgrund der panslawischen Ausrichtung schnell wieder abgebrochen.[180]

Sowohl der moderne tschechische Nationalismus als auch der Antikommunismus sind dagegen eng mit der »Rückkehr nach Europa« verbunden. Der Kommunismus wird aufgefasst als Diskontinuität der tschechischen Nation, die von ihrem Weg zu den (west-)europäischen Werten Humanismus und Demokratie nur durch äußeren Zwang abgebracht werden konnte. Die Verantwortung hierfür wird somit externalisiert und den sowjetischen Besatzern zugeschoben. Damit ist der moderne Antikommunismus gegen den »barbarischen« Osten gerichtet und der moderne Nationalismus konzipiert die tschechische Nation als nach Europa zurückgekehrt. Der tschechische Nationalismus ist damit *pro-europäisch*. Damit meine ich nicht, dass tschechische Nationalisten europäische Institutionen bejahen müssen, sie sind aber davon überzeugt, dass Tschechien ein Teil der westeuropäischen Wertegemeinschaft darstellt. Es dürfte klar geworden sein, dass der historische tschechische Faschismus durch seine panslawische Ausrichtung mit dem zeitgenössischen tschechischen Nationenverständnis nur schwer

---

[176] Vgl. Mareš 2003: 114ff.

[177] Unter Diskontinuität verstehe ich an dieser Stelle nicht das nationalistische Verständnis des Sozialismus als Fremdkörper und Diskontinuität in der Geschichte, sondern die Tatsache, dass sich in der Zeit des Realsozialismus differenzierte faschistische Organisationsstrukturen und Semantiken nicht ausbilden konnten. Siehe hierzu ausführlich unten, Kapitel 10.1, S. 185.

[178] Charvát 2007: 141f.

[179] Panslawismus hat die politische, kulturelle und soziale Vereinigung aller slawischen Völker zum Ziel und entstand in der 1. Hälfte des 19. Jahrhunderts im Zuge der »Nationalen Wiedergeburt« der Slawen innerhalb der Habsburger Monarchie. Eine besondere Wirkung entfalteten panslawische Ideen im 2. Weltkrieg, als Stalin den gemeinsamen Kampf der slawischen Völker gegen Hitlerdeutschland ausrief (Mareš 2006: 359f). Vor dem Hintergrund der Bedrohung durch die Deutschen ist zu verstehen, dass tschechischer Faschismus in der 1. Republik antideutsch und panslawisch orientiert war.

[180] Mareš 2008b: 15.

vereinbar ist.

Tschechische Faschisten stehen vor einem »ideologischen Vakuum«: Ihnen mangelt es an brauchbaren semantischen Anknüpfungspunkten. Der nur schwach ausgeprägte tschechische Faschismus vor 1945 eignet sich aufgrund seiner panslawischen Ausrichtung nicht als Referenz für zeitgenössische faschistische Strömungen und auch in der Zeit des Realsozialismus konnten sich keine neuen, differenzierten faschistischen Semantiken herausbilden. Ein ideologisch differenzierter, *genuin tschechischer* Faschismus existiert daher nicht.

So kann verstanden werden, dass Orientierungen sehr viel häufiger bei zeitgenössischen ausländischen Bewegungen gesucht wurden, als in der eigenen Geschichte.[181] Den wichtigsten Anknüpfungspunkt haben tschechische Neonazis in der »White Power«-Bewegung gefunden, mit der offen rassistisch die Vorherrschaft der »weißen Rasse« propagiert wird.[182] Die tschechischen Neonazis sehen sich dabei als gleichberechtigten Teil des weißen Europas. Der Vorteil dieser Ideologie besteht in der Anschlussfähigkeit an die moderne nationalistische Semantik, die Tschechien als Teil Europas konstruiert. Während Demokraten die »Rückkehr nach Europa« als Rückkehr zu Humanismus, Demokratie und Marktwirtschaft verstehen, begründen Faschisten ihre Zugehörigkeit zum »weißen Europa« rassistisch.

Die von Miroslav Mareš benutzte[183] (und in Tschechien in verschiedenen Kontexten und Bedeutungen verwendete)[184] Unterteilung der ideologischen Strömungen in *nationalistische* und *neonazistische* macht vor diesem Hintergrund Sinn. Die *Nationalisten* versuchen, ihre Ideologie in der Existenz einer tschechischen Nation zu begründen, wobei auch panslawische Begründungszusammenhänge zu finden sind. Der *Neonazismus* dagegen knüpft an den deutschen Nationalsozialismus an, sieht die Tschechen als »Arier« und fordert die Gleichberechtigung der »arischen Völker«, was auch eine intensive grenzüberschreitende Zusammenarbeit der Neonazis ermöglicht. Damit findet auch der Begriff *tschechische Neonazis* seine Berechtigung. Da diese in der Tradition des deutschen Nationalsozialismus stehen und dies mit neuen und eini-

---

[181] Vgl. Charvát 2007: 141.

[182] Laut Ondřej Cakl, einem der informiertesten Beobachter der extremen Rechten in der Tschechischen Republik, findet sich in Tschechien (gemessen an der Landesgröße) die größte White-Power-Musikszene weltweit (zitiert nach Mayer und Odehnal 2010: 135).

[183] Mareš 2008a: 36ff.

[184] So seit 2003 auch in den Extremismusberichten des tschechischen Innenministeriums (Ministerstvo vnitra České republiky 2003). Dort wird die Unterteilung von »neonazistischer Szene« (»*neonacistická scéna*«) und »Nationalistischen Gruppierungen« (»*nacionalistické skupiny*«) (seit 2006 »kraijně nacionalistické skupiny« (»*äußerst nationalistische Gruppierungen*«)) vorgenommen.

gen »tschechischen« Elementen vermischen, sind sie *neonazistisch*. In der Literatur werden die Kategorien Nationalismus und Neonazismus allerdings meist im Sinne der »Extremismus-Theorie« verwendet: Nationalisten sind verfassungskonforme Gruppierungen, während Neonazis als extremistisch und gewaltbereit gelten.[185] Interessanter ist die Unterscheidung aber im Hinblick auf die dargestellte Ideologie der Strömungen.[186] Verstehen wir tschechisch-nationalistische und neonazistische Ideologie als Idealtypen, so können in der Ideologie verschiedener Gruppierungen beide Elemente ausgemacht und analysiert werden. Bereits in den Texten *Orlíks* fanden sich Elemente beider ideologischer Strömungen. Dabei fiel auf, dass zwar das ultranationalistische Element des Faschismus stets auf die tschechische Nation rekurrierte, der Aspekt der Palingenese aber nur in Verbindung mit der Rückkehr der Tschechen ins »weiße Europa« gefunden wurde. Darin zeigte sich bereits, dass klar faschistische Semantik ihre Muster in »ausländischen Importen« sucht.

Ich vertrete die Hypothese, dass der Widerspruch zwischen diesen beiden ideologischen Begründungszusammenhängen eine wesentliche *Konfliktlinie* bildet, anhand derer *der Ausdifferenzierungsprozess auf semantischer und organisatorischer Ebene verläuft*. Die Ideologie zu Anfang der 1990er Jahre, wie sie am Beispiel *Orlíks* dargestellt wurde, ist noch vollkommen undifferenziert, weshalb sich dort beide Typen wild vermischen. Im Verlauf der Transformation bilden sich differenzierte Semantiken und Organisationen, die jeweils zur einen oder anderen Richtung tendieren.[187]

---

[185] So z.B. Kalibová und Cakl 2008.

[186] So Mareš 2006: 364.

[187] Diese hier verwendete Unterteilung in nur zwei ideologische Strömungen ist stark vereinfachend. Sie ist daher ungeeignet, die Ideologien korrekt und erschöpfend darzustellen. Vielmehr sollte mit ihrer Hilfe eine wesentliche Konfliktlinie herausgearbeitet werden, die in der Lage ist, die Entwicklung der tschechischen extremen Rechten zu erklären.

Es existieren differenzierte, aber nicht zwangsläufig konkurrierende Klassifikationen der Ideologie der tschechischen extremen Rechten. Die differenzierteste stammt sicherlich von Miroslav Mareš, der drei grundlegende ideologische Strömungen unterscheidet, denen er wiederum weitere untergeordnete Strömungen zuweist: (1) Tschechischen Nationalismus, der Teilweise mit panslawischen Elementen gemischt wird, (2) pro-deutschen tschechischen Nationalismus und Pangermanismus (in dieser Tradition wird häufig an die sudetendeutsche Tradition und die Kollaboration mit Hitlerdeutschland angeknüpft) und (3) panarische Strömungen, die ohne direkten Bezug auf tschechischen Nationalismus auskommen und häufig rassistisch begründet werden (Mareš 2003: 177f).

Jan Charvat unterscheidet (1) die populistisch-nationalistische Rechte, zu der er die *SPR-RSČ* sowie aktuell die *Národní strana* zählt, (2) faschistische Gruppen wie die *Vlastenecká fronta* die teilweise auch katholisch-fundamentalistisch sind und (3) neonazistische Gruppen, die Nationalismus ablehnen und stattdessen die Einheit aller »Arier« propagieren. Zu dieser Gruppe zählt zur Zeit insbesondere der *Národní odpor*. (Zu den hier genannten Organisationen vgl. die Kapitel 10

9.4.1. Das ideologische Dilemma tschechischer Faschisten

Die extreme Rechte in Tschechien hat es nicht leicht – ob sie ihre Begründungen nun im tschechischen Nationalismus oder im deutschen (Neo)Nazismus und der »White Power«-Bewegung sucht. Der historische tschechische Faschismus und Ultranationalismus war schwach ausgeprägt, bietet wenig Anknüpfungspunkte und ist mit dem heutigem Nationalismus und Antikommunismus nur schwer kompatibel.

Daher sucht sich der Faschismus seine Begründungen zunehmend in ausländischen (v.a. deutschen) Importen. Mit ihrer Zugehörigkeit zur »weißen Rasse« haben tschechische Neonazis zwar eine scheinbar schlüssige Ideologie gefunden die mit der nationalistischen Semantik und der »Rückkehr nach Europa« verbunden werden kann. Sie sind damit inzwischen kaum mehr von ihren deutschen »Kameraden« zu unterscheiden. Sie gedenken Rudolf Heß[188], der Bombardierung Dresdens durch die Alliierten Streitkräfte[189] und verwenden Symboliken in Anlehnung an den deutschen Nationalsozialismus. Diese Ideologie ist aber in keinster Weise mehrheitsfähig. Vor dem Hintergrund der deutsch-tschechischen Geschichte ist der deutsche Nationalsozialismus derart verpönt, dass tschechische Neonazis, die offen als Anhänger

---

und 11)

Bei Jan Rataj finden sich ebenfalls drei Strömungen, die der Klassifikation von Charvat ähneln. Er unterscheidet (1) eine *integral-nationale Strömung*, die durch die *Národní strana* vertreten wird und sich selber als traditionell-konservativ bezeichnet. Sie sieht sich in der Tradition des Hussiten, verweist auf wichtige tschechische Persönlichkeiten wie František Palacký und knüpft an antideutsche Elemente des tschechischen Nationalbewusstseins an. Sie sieht daher den tschechisch-deutschen Dialog kritisch und verwehrt sich gegen jegliche Forderungen der Sudetendeutschen. Die Strömung versteht sich als konfessionslos und antikatholisch. Die 2. Strömung (2) bezeichnet er als *integral-katholisch*. Sie orientiert sich an polnischen Vorbildern und verweist auf den heiligen Wenzel. Sie sympathisiert mit Serbien und Weißrussland. Zuletzt nennt er die *neonazistische Strömung* (3) die auf die Tradition der »tschechisch-deutschen Brüderschaft« verweist und sich als Teil der internationalen Bewegung aller »Arier« versteht. Sie ist damit klar rassistisch, knüpft an den deutschen Nationalsozialismus an und übernimmt die sudetendeutsche Interpretation der tschechischen Geschichte. Diese Strömung ist meist offen antisemitisch und glaubt an eine »jüdisch-amerikanische Weltverschwörung«. Zur ihr müssen Gruppen von »autonomen Nationalisten« und der »nationale Widerstand« gerechnet werden (vgl. Rataj 2006: 176ff).

Dieser letzten Klassifikation Ratajs kann ich mich (bis auf einige Zuordnungen von konkreten Organisationen) anschließen, mit dem wichtigen Unterschied, dass ich die *integral-katholisch* Strömung weglasse. Damit will ich ihre Existenz nicht leugnen, vielmehr bin ich der Meinung, dass sie zu schwach ist um für die Entwicklung der tschechischen extremen Rechten von Bedeutung zu sein. Rataj selbst misst dieser Strömung nur minimale Resonanz in der Bevölkerung zu (ebd.: 189).

[188] *Mladá fronta Dnes* 2009a.
[189] *Lidové Noviny* 2009b, s. auch Enders 2008: 79.

des deutschen Faschismus erkennbar sind, marginalisiert bleiben müssen.[190] Hinzu kommt, dass sich tschechische Neonazis zwar als Teil des »weißen« Europas verstehen, deutsche Neonazis aber wiederum die Tschechen als Teil einer »minderwertigen slawischen Rasse« auffassen. Ihre Zugehörigkeit wird von den deutschen Neonazis – denen sie alle wesentlichen Elemente ihrer Ideologie verdanken – nicht anerkannt. Ein Lied der deutschen Neonazi-Band *Landser* verdeutlicht deren Sichtweise (wenn auch am Beispiel polnischer »Kameraden«):

> Wenn ich das seh' werd' ich echt sauer,
> Polacken-Lümmel schreien »White Power«.
> Oh, wie ich dieses Scheißvolk hasse,
> seit wann gehör'n Polacken zur arischen Rasse?[191]

Die immer wieder zu beobachtende, bizarr erscheinende Unterwürfigkeit tschechischer Neonazis vor ihren deutschen »Kameraden« kann nur vor diesem Hintergrund verstanden werden. Diese geht soweit, dass ein kleiner Teil der tschechischen Neonazis die Deutschen als »Übermenschen« auffasst und eine Unterordnung der Tschechen gegenüber den Deutschen propagiert.[192] Auch existiert eine zweisprachige »Grundlegende Vereinbarung zwischen böhmisch/mährischen (tschechischen) und deutschen Kameradengruppen«[193] in denen die Beneš-Dekrete für ungültig erklärt werden und sich die tschechischen (!) Neonazis bereit erklären, an ihrer Aufhebung zu arbeiten.

1. Die Beneschdekrete sind aufgrund der völkerrechtswidrig ausgeübten Machtwillkür der alliierten Siegermächte sowohl der deutschen, als auch der böhmisch/mährischen (tschechischen) Bevölkerung oktruiert worden. Wir sehen sie daher (ex tunc) als null und nichtig an.

2. Soweit diese Dekrete ausschließlich die Bevölkerung Böhmen und Mährens (Tschechiens) betreffen, liegt es an den böhmisch/mährischen (tschechischen) Kameraden deren Aufhebung zu betreiben und umzusetzen; dabei werden sie von deutscher Seite nach allen Kräften unterstützt.[194]

9.5. Zusammenfassung und Ausblick

Die komplizierte Identität einer Nation, die historisch stets an der Grenze von West- und Osteuropa lag, und mal der einen, mal der anderen ›Seite‹ zugerechnet wurde,

---

[190] Vgl. Mareš 2008a: 39.
[191] Zitiert nach Pötsch 2002: 123.
[192] Mareš 2008a: 39.
[193] »*Základní úmluva mezi českými a německými kamarády*«.
[194] odpor.org 2009.

spiegelt sich in der faschistischen Semantik wieder.

Der tschechische Nationalismus bietet faschistischer Semantik wenig Anknüpfungspunkte. Das weit verbreitete Selbstbild einer kleinen, gebildeten, humanistischen und demokratischen Nation ohne faschistische Tradition und das Fehlen exterritorialer Gebiete macht es faschistischen Gruppen nicht leicht, geeignete mobilisierungsrelevante Themen zu finden. So ist auch zu verstehen, dass kein genuin tschechischer Faschismus existiert, sondern tschechische Neonazis ihre Ideologie zunehmend mit Hilfe ausländischer ›Importe‹ konstruieren. Wichtigstes Merkmal neonazistischer Gruppierungen ist daher die »White Power«-Ideologie, die einher geht mit der Übernahme der Symbolik und Ideologie der deutschen Neonazis. Diese Ideologie ist mit der Vorstellung der Zugehörigkeit der tschechischen Nation zu Europa kombinierbar. Tschechische Neonazis stehen in der Tradition des deutschen Nationalsozialismus und versuchen über ihre Zugehörigkeit zu Europa auch ihre Zugehörigkeit zur »weißen Rasse« zu begründen. Leicht haben es tschechische Neonazis damit nicht. Zum einen ist der Nationalsozialismus als Referenz vollkommen diskreditiert, zum anderen wird ihre Zugehörigkeit zum »weißen Europa« von deutschen Neonazis nicht anerkannt.

Untrennbar mit dem tschechischen Nationalismus verbunden ist der Antikommunismus, der sich in die Semantik des »Zurück nach Europa« einfügt. Der Kommunismus als »Alien« wird dem Osten zugerechnet, die tschechische Nation ihrem »Wesen« nach dem demokratischen Westen zugehörig verstanden. Antikommunismus ist aber nicht nur ein Wesensmerkmal des modernen tschechischen Nationenverständnisses, sondern auch des Faschismus. Wenn extreme rechte Gruppen gegen Kommunisten polemisieren, bildet sich eine Schnittmenge zum Mehrheitsdiskurs. Dies mag ein Grund dafür sein, dass die sich ebenfalls stark antikommunistisch gebenden Skinheads in den frühen neunziger Jahren nicht als großes Problem wahrgenommen wurden. Auch heute noch können linke Gegendemonstranten leicht als »kommunistisch« diskreditiert werden.

Das *ideologische Dilemma* tschechischer Faschisten ist auf der Ebene des Nationenverständnis und der historischen Verankerung zwischen West und Ost zu suchen. ›Unproblematisch‹ sind dagegen Semantiken, die sich mit Heitmeyer als *gruppenbezogene Menschenfeindlichkeit* bezeichnen lassen. In der Ablehnung von Fremdgruppen treffen sich Nationalisten, Neonazis und Teile der Mehrheitsbevölkerung. Wesentlich ist hierbei der Antiziganismus, dessen Bedeutung durch das problematische Zusammenleben zwischen der kaum integrierten Roma-/Zigeuner-Minderheit und der Gesamtbevölkerung sowie weit verbreitete antiziganistische Ressentiments auf Seiten der Mehrheitsbevölkerung verstärkt wird. Es verwundert somit kaum, dass der Antiziganismus *das* wesentliche Thema der tschechischen extremen Rechten darstellt. Das Problem des tschechischen »Rechtsextremismus« ist ein Problem des Antiziganismus.

Für die zukünftige Entwicklung ist davon auszugehen, dass der Einfluss historischer nationalistischer und faschistischer Weltbilder weiter abnehmen wird. Stattdessen wird sich die Szene weiter innerhalb der europäischen Organisationsstrukturen und Semantiken verorten. Bisher besteht das Problem, dass der deutsche Nationalsozialismus diskreditiert ist und Gruppierungen, die offensichtlich an diesen anknüpfen und mit offen rassistischen Begründungszusammenhängen arbeiten, keine ernstzunehmenden Mobilisierungserfolge feiern können. Mit der Ideologie des *Ethnopluralismus* steht ein ideologisches Konstrukt zur Verfügung, dass es ermöglicht, Tschechien als »gleichberechtigtes europäisches Volk« aufzufassen, ohne dazu den diskreditierten Rassenbegriff nutzen zu müssen.

Ethnopluralismus ist ein ideologisches Konstrukt der »neuen Rechten« und wurde von dem Begründer der französischen »Nouvelle Droite«, Alain de Benoist, geprägt. Gemäß dieser Vorstellung werden die Menschen verschiedenen Völkern zugeordnet. Jedem Volk wird eine eindeutige, unveränderliche kulturelle Identität zugeschrieben, wobei die verschiedenen Kulturen klar räumlich getrennt bleiben müssen, um eine »Durchmischung« der Kulturen zu verhindern. Dabei wird das Wort »Rasse« durch »Kultur« ersetzt, weswegen das Theorem auch als »Rassismus ohne Rassen« bezeichnet wird.[195] Ethnopluralismus funktioniert also von seiner inneren Logik ähnlich dem Rassismus, mit dem Unterschied, dass nun eine Vermischung von Kulturen statt von »Rassen« verhindert werden muss. Da sich die Tschechen *kulturell* dem westlichen Europa zurechnen, ist der Ethnopluralismus in das tschechische Nationenverständnis integrierbar. Ethnopluralismus als rassitische Ideologie ist also zum einen mit dem modernen tschechischen Nationenverständnis und der Zugehörigkeit zum westlichen Europa komibinierbar, kann aber andererseits auf *offen* rassistische und nationalsozialistische Begründungszusammenhänge verzichten. Mit Hilfe dieses Konstruktes könnten daher parteiförmige Organisationen das Problem des tschechischen Nationalismus umgehen und es gleichzeitig vermeiden, potentielle Wähler durch offenen Rassismus und nationalsozialistische Symbolik zu verschrecken. Ich vermute daher, dass sich auch in Tschechien zunehmend ethnopluralistische Semantiken durch-

---

[195] Vgl. Globisch 2008.

setzen werden und zumindest in Teilen den historisch gewachsenen tschechischen Ultranationalismus ersetzen können.[196] Folgen wir der These, dass die organisatorische Ausdifferenzierung entlang semantischer Konfliktlinien verläuft, so würde eine Übernahme ethnopluralistischer Vorstellungen durch parteiförmige Organisationen eine verstärkte Zusammenarbeit zwischen »Nationalisten« und »Neonazis« erlauben. Da Ethnopluralismus und Rassismus einer ähnlichen Logik folgen, könnte der oben dargestellte grundlegende semantische Widerspruch entschärft werden und einer größeren Einigkeit der extremen rechten Szene Platz machen.

---

[196] Rataj beobachtet, dass in Tschechien bisher eine Vermischung kultureller und rassistischer Begründungszusammenhänge zu finden ist (Rataj 2006: 180).

10. Organisationsstrukturen

Im ersten Teil dieses Buches wurden rechte Einstellungen untersucht. Es konnte gezeigt werden, dass diese verstärkt auftreten, wenn Menschen modernisierungsbedingte Werte- und Normenkonflikte wahrnehmen und diese nicht adäquat verarbeiten können. Die dort zunächst quantitativ untersuchten rechten Einstellungen wurden in Kapitel 9 qualitativ weiter spezifiziert, indem ich die diesen Einstellungen zugrunde liegenden Semantiken heraus gearbeitet habe.

Sowohl die quantitativen Untersuchungen als auch die Analyse von Semantiken sagt zunächst nichts darüber aus, *ob* und in *welcher Art* von Organisationen sich rechte Einstellungen manifestieren (vgl. oben, Kapitel 3). Das Vorhandensein antiziganistischer Einstellungen beispielsweise muss nicht zwangsläufig bedeuten, dass sich roma-/zigeunerfeindliche Organisationen bilden, die mit politischen Forderungen an die Öffentlichkeit herantreten. Das Einstellungspotential beschränkt sich möglicherweise auf latente, für den Sozialwissenschaftler schwierig zu beobachtende Strukturen. So kann sich die Roma- bzw. Zigeunerfeindlichkeit auf Erwartungsstrukturen beschränken, wie in bestimmten sozialen Kontexten über die Minderheit geredet wird. Die Aggressivität und die mit rassistischen Komponenten durchsetzten Äußerungen über Roma/Zigeuner, die in der tschechischen Öffentlichkeit als *normal* gelten, irritieren den unvoreingenommenen Beobachter. Es ist möglich und wahrscheinlich, dass sich diese ›Stimmung‹ irgendwann auch in der Bildung roma-/zigeunerfeindlicher Organisationen manifestiert. Dabei sind die verschiedensten Organisationen – von explizit faschistischen und gewaltbereiten Neonazi-Gruppen bis hin zu Studentengruppen, die Demonstrationen gegen »nicht anpassungsfähige Roma« organisieren[1] – denkbar. Neben »extremistischen« Parteien kann es ebenso rechtspopulistischen oder Parteien der »politischen Mitte« gelingen, durch entsprechende Rhetorik Wähler mit rechten

---

[1] So planten Anfang 2009 Studenten aus Kolín eine Demonstration gegen »schwarzen Rassismus« und die »positive Diskriminierung« von Roma/Zigeunern (*Mladá fronta Dnes* 2009*b*). Erst nach Vermittlungen des damaligen tschechischen Ministers für Menschenrechte, Michal Kocáb, wurde die Demonstration abgesagt.

Einstellungen an sich zu binden. Im Folgenden Teil werde ich mich exemplarisch mit einigen Parteien und subkulturellen Gruppierungen beschäftigen. Dabei versuche ich Gründe für ihre spezifische Entwicklung nach 1989 herauszuarbeiten.

10.1. Theoretische Vorüberlegungen zur Untersuchung der extremen Rechten

Fascism's new faceslessness

Roger Griffin[2] definiert Faschismus ausschließlich *in terms of ideology*. Die faschistische Ideologie impliziert damit keinerlei spezifische institutionelle oder organisatorische Struktur.[3] In Bezug auf seine Form ist der Faschismus dagegen hochgradig anpassungsfähig, sowohl was die Verbindung mit anderen Deutungsmustern[4] (Faschismus kann sich mit fundamentalem Katholizismus wie auch mit Punkrock verbinden) als auch was die Organisationsstruktur betrifft.[5] Welche konkrete Organisationsform der Faschismus annimmt, ist vor dem Hintergrund spezifischer historischer Umstände zu untersuchen.[6] Die Form, die der Faschismus in der Zwischenkriegszeit angenommen hat, ist damit nur *eine* mögliche, die vor dem Hintergrund der spezifischen Umstände der Zeit zu verstehen ist.[7] Erst die damaligen extremen Bedingungen ermöglichten den Aufstieg einer faschistischen, paramilitärischen Massenpartei wie der NSDAP.[8]

Mit der weit verbreiteten Ablehnung von Imperialismus, Ultranationalismus und Militarismus nach 1945 dagegen ist eine solche Bewegung unwahrscheinlich geworden und der Faschismus hat neue Überlebensstrategien[9] entwickelt. Statt in einer großen Massenbewegung ist faschistische Ideologie nun in kleinen, häufig subkulturellen Einheiten *(»groupuscules«)* [10] organisiert. Diese Einheiten sind untereinander verbun-

---

[2] Überschrift in Anlehnung an Griffins Artikel in der *Erwägen – Wissen – Ethik* (EWE): »Fascism's new faces (and new facelessness) in the ›post-fascist‹ epoch« (Griffin 2004*b*).
[3] Ebd.: 292.
[4] Ebd.: 295.
[5] Ebd.: 292.
[6] Ebd.: 293.
[7] Ebd.: 293.
[8] Ebd.: 294.
[9] Ebd.: 294f.
[10] »In the context of extreme right-wing politics in the contemporary age ›groupuscules‹ can be defined as numerically negligible political (frequently meta-political, but never party-political) entities formed to pursue palingenetic ideological, organizational or activist ends with an ultimate goal of overcoming the decadence of the existing liberal-democratic system. Though they are fully

den, aber nicht in Form einer hierarchischen Organisation, in der es ein oben und unten gibt, Aktionen oben angeordnet und unten ausgeführt werden. So werden beispielsweise gewalttätige Übergriffe gegen Fremdgruppen dezentral und selbstbestimmt von einzelnen Gruppen geplant und durchgeführt, ohne dass eine übergeordnete Ebene diese anordnen würde.[11] Um diese Struktur zu beschreiben, verwendet Griffin die Metapher des *Rhizoms*, die er der poststrukturalistischen Theorie von Deleuze und Guatteri entnimmt.[12] Statt als einzelner Organismus muss Faschismus heute als rhizomartiges Wurzelgeflecht verstanden werden, bei dem die einzelnen Elemente miteinander verbunden sind, aber auch einzeln existieren können. In rhizomartigen Strukturen existieren keine klaren Anfangs- und Endpunkte, einzelne Elemente entstehen, wachsen, vergehen, die ›Zerschlagung‹ einer einzelnen faschistischen Gruppierung führt nicht dazu, dass die Struktur als Ganzes gefährdet ist.[13] Faschistische Strukturen sind – um auf gängige Begrifflichkeiten zurückzukommen – subkulturell organisiert, nichthierarchisch, dezentral und führerlos.[14] Damit ist der heutige Faschismus unabhängig von Massenparteien geworden »and is perfectly adapted to the task of perpetuating revolutionary extremism in an age of relative political stability«.[15]

Für die Parteipolitik gilt, dass diese in eine post-faschistische Ära eingetreten ist.[16] Statt faschistischer Parteien können heute nur noch antiliberale, wenngleich nach außen demokratische Parteien existieren, die Griffin mit den Begriffen »exclusionary populism« und »ethnocratic liberalism« beschreibt.[17] Klar faschistische Parteien sind dagegen chancenlos, da sie keine ausreichende Wählerbasis finden und in »wehrhaften« Demokratien verboten werden können. Eine Machtübernahme durch Faschisten ist heute weder über den parlamentarischen Weg, noch als Militärputsch denkbar,[18] was aber nicht bedeutet, dass Faschismus keine Gefahr mehr für die Demokratie darstellt. Da der Weg im politischen Mainstream verbaut ist, versucht der

---

formed and autonomous, they have small active memberships and minimal if any public visibility or support. Yet they acquire enhanced influence and significance through the ease with which they can be associated, even if only in the minds of political extremists, with other grouplets which are sufficiently aligned ideologically and tactically to complement each other's activities in their bid to institute a new type of society.« (ebd.: 296)

[11] Ebd.: 296.
[12] Deleuze und Guattari 1992.
[13] Vgl. Griffin 2004*b*: 297.
[14] Ebd.: 296.
[15] Ebd.: 295.
[16] Ebd.: 294.
[17] Auf diese Überlegungen Griffins beziehe ich mich, wenn ich den im Deutschen üblichen Begriff »Rechtspopulismus« verwende.
[18] Griffin 2004*b*: 297.

Faschismus in seiner rhizomartigen Struktur so viele »*civic and uncivic spaces*« wie möglich zu füllen.[19] Statt den Weg in die Parlamente zu suchen, setzt er den Fokus »*on the battle for minds*««.[20]

Diese neuartige Struktur faschistischer Organisationen und faschistischer Ideologien verkompliziert sowohl die sozialwissenschaftliche Behandlung des Faschismus als auch seine politische Bekämpfung. Beides wird am Beispiel des politischen und wissenschaftlichen Umgangs mit Faschismus in der Tschechischen Republik deutlich. So wurde viel politische Energie in ein Verbot der faschistischen »Arbeiterpartei« (»*Dělnická strana*«) investiert, das sich als vollkommen wirkungslos erwies (s. unten, Kapitel 11.1.2), da sich diese daraufhin kurzerhand in eine (nahezu identische) Nachfolgeorganisation transformierte. Die verschiedenen, eng mit der Arbeiterpartei verbundenen Kameradschaftsnetzwerke blieben von dem Verbot ohnehin unberührt. Auch die Politikwissenschaft erscheint vor dem Hintergrund unüberschaubar vieler, in kurzen Zeiträumen entstehender und sich wieder auflösender »rechtsextremer« Gruppierungen hilflos. Im bereits erwähnten Standardwerk von Miroslav Mareš[21] werden auf über 600 Seiten ca. 100 verschiedene faschistische Gruppierungen nach 1989 beschrieben und kategorisiert, die Entstehung und der Auflösungszeitpunkt erfasst, wichtige Protagonisten der Gruppen genannt etc. Der wissenschaftliche Erkenntnisgewinn eines solchen Vorgehens bleibt fraglich.

Wenngleich ich nicht über eine Lösung für den adäquaten wissenschaftlichen Umgang mit der von Griffin beschriebenen rhizomartigen Organisationsstruktur des Faschismus verfüge, kann es in diesem Kapitel nicht darum gehen, die unüberschaubar vielen faschistischen Kleingruppen umfassend zu beschreiben. Ich werde stattdessen versuchen, allgemeine Trends auszumachen und den Zusammenhang zwischen Organisationsstruktur und Semantik zu beleuchten.

Organisationsstruktur und Semantik

Verschiedene faschistische Gruppierungen eignen sich verschiedene Spielarten faschistischer Ideologie an. Diese Ideologien entstehen nicht im luftleeren Raum, sondern greifen auf Versatzstücke in der Gesellschaft verbreiteter anschlussfähiger Semantiken zurück.

[19] Griffin 2004*b*: 297.
[20] Ebd.: 295.
[21] Mareš 2003.

Im vorangegangenen Kapitel wurden zwei wesentliche Linien herausgearbeitet, die der tschechischen extremen Rechten zur Begründung ihrer Ansichten dienen: Tschechischer Nationalismus und Neonazismus. Beide Strömungen beschreiben mögliche gesellschaftliche Strukturen und ermöglichen damit die Entstehung von Organisationen, die sich die eine oder andere Semantik zu eigen machen. Beide widersprechen sich in Teilen und sind unterschiedlich gut an Mehrheitsdiskurse anschlussfähig. Ich vertrete die Ansicht, dass in den beiden unterschiedlichen Strömungen die Disposition zu verschiedenen Organisationsformen zu angelegt ist.

Parteiförmige Organisationen, die als Ziel ein möglichst gutes Wahlergebnis verfolgen, müssen sich davor hüten, klar faschistisch in Erscheinung zu treten. Im Besonderen muss jeder tschechischen Partei daran gelegen sein, nicht in eine Linie mit dem deutschen Faschismus gestellt zu werden. Aus nachvollziehbaren Gründen ist der deutsche Nationalsozialismus in der tschechischen Bevölkerung nicht vermittelbar, semantische und symbolische Anknüpfungspunkte verbieten sich hier also für (erfolgreiche) tschechische Parteien. Im tschechischen Selbstverständnis einer gebildeten und humanistischen Nation sind militante, gewalttätige und offen neonazistische Parteien nicht mehrheitsfähig. Parteiförmige Organisationen suchen ihre Anknüpfungspunkte daher im tschechischen Nationalismus, begründen ihre Existenz über die tschechische Nation und berufen sich auf historische Vorbilder. Daher bieten sich für Parteien auch panslawische Semantiken an. Diese finden sich in historischen Vorbildern, außerdem sind sie kompatibel mit einer Distanzierung vom deutschen Faschismus.

Subkulturelle Organisationen dagegen *(»groupuscules«)*, die keine Wahlerfolge anstreben und daher nicht auf die Akzeptanz von breiteren Bevölkerungsschichten angewiesen sind, tendieren meist zum Neonazismus. Über die fehlenden historischen Anknüpfungspunkte und die komplizierte Verortung der tschechischen Nation zwischen Ost- und Westeuropa habe ich versucht zu zeigen, warum die tschechische extreme Rechte ihre Anknüpfungspunkte häufig im deutschen Nationalsozialismus sucht. In der Ideologie der deutschen Vorbilder finden sich klar faschistische Semantiken über die auch gewalttätige Exzesse legitimiert werden können.

Ein verbindendes Kennzeichen beider Strömungen ist der Antiziganismus, da negative Urteile über die Roma-/Zigeunerminderheit allgemein als *sagbar* verstanden werden müssen. Parteipolitische Organisationen werden allerdings versuchen, die Ablehnung der Minderheit nicht offen rassistisch zu begründen, bei Neonazis findet sich dagegen häufig rassistische und faschistische Begründungszusammenhänge

(»Schmutz«, »Reinigung«).

Modernisierung der rechten Szene

Die Entwicklung extremer rechter Organisationen, aber auch die Weiterentwicklung von rechten Ideologien nach 1989 muss als Modernisierungs- und Ausdifferenzierungsprozess verstanden werden.

Unmittelbar nach der Wende waren sowohl Organisationen als auch Begründungszusammenhänge hochgradig undifferenziert. Diese Tatsache wird von vielen Beobachtern für Tschechien aber auch Ostdeutschland bestätigt, wobei die »Artikulation von ethnischen und sozialen Vorurteilen«[22] mit Begriffen wie »spontan«,[23] »gewaltförmig«,[24] »ideologisch diffus«[25] u.a. beschrieben wird. Die Charakteristik war vergleichbar mit der in Ostdeutschland nach der Wende, die Richard Stöss als »diffuses Protestphänomen« mit geringem Institutionalisierungsgrad folgendermaßen beschreibt: »[Im Osten herrschte] der eher spontane, schwach organisierte und ideologisch gering fundierte, freilich in erheblichem Umfang gewaltförmige Protest [vor]«. »Der Rechtsextremismus war hier in erster Linie subkultureller Natur, stark bewegungsorientiert (Skinheads, Hooligans, ›Faschos‹, Jugendcliquen)«.[26]

Diese Charakteristika in der Zeit nach dem Systemwechsel waren mit Sicherheit für alle Transformationsländer zwingend. Modernisierung bedeutet funktionale Differenzierung, wobei der Differenzierungsprozess von Organisationen und Semantiken mit dem Systemwechsel erst beginnen kann. In der sozialistischen Tschechoslowakei waren faschistische Organisationen, zunächst wie Vertreter jeder anderen nicht-marxistischen Ideologie auch, massiven staatlichen Repressionen ausgesetzt. Differenzierte Organisationsstrukturen, beispielsweise in Form faschistischer oder rechtspopulistischer Parteien konnten sich unter diesen Bedingungen nur sehr beschränkt ausbilden. Der Faschismus in der Wendezeit war daher in dem Sinne *unmodern*, als dass keine differenzierten Organisationsstrukturen bestehen konnten. Gleiches gilt für faschistische Semantiken. Entsprechend der sozialistischen Ideologie war auch Tschechien ein antifaschistischer Staat, Faschismus war also im Staatsverständnis nicht existent.[27] Unter diesen Be-

---

[22] Srubar 1991: 424.
[23] Ebd.: 424.
[24] Stöss 1994: 315.
[25] Bringt und Begrich 2008: 53.
[26] Stöss 1994: 315.
[27] Der Generalsekretär der Kommunistischen Internationale, Georgi Dimitrov definiert Faschismus

dingungen, einhergehend mit der Abschottung gegenüber dem Westen, konnten sich differenzierte faschistischen Begründungszusammenhänge gar nicht bilden. Wo hätten sie entstehen sollen? Der Faschismus musste damit organisatorisch und ideologisch »diffus« in Erscheinung treten.[28]

Dieser Zustand begann sich nach 1989 zu ändern. Demokratische Rechte galten nun auch für extreme rechte Organisationen. Im anomischen Chaos der Nachwende-Zeit, in dem sich verbindliche Regeln (das gilt auch für den staatlichen Umgang mit »Rechtsextremismus«) noch nicht etabliert hatten, war der Handlungsspielraum für politische Organisationen jeglicher Couleur ohnehin groß. Damit begann 1989 ein Prozess, der sich mit den Begriffen Modernisierung und Differenzierung beschreiben lässt. Aus ideologisch kaum differenzierten Begründungen, Vorurteilen und Ressentiments gegenüber Minderheiten, ultranationalistischen Ideen u.a. begannen sich verschiedene ideologische Strömungen zu bilden. Gleiches gilt für nun entstehende Organisationsstrukturen, die sich gründeten, differenzierten und weiter entwickelten. Damit zeigte sich auf der Ebene von Organisationen und Ideologien ein Differenzierungsprozess, der analog bereits auf der Einstellungsebene nachgewiesen werden konnte. Mit dem Systemumbruch waren rechte Einstellungen in der Bevölkerung *breit gestreut* und beschränkten sich nicht auf bestimmte Bevölkerungsgruppen. Die Einstellungen waren *diffus*, d.h. nicht in differenzierte Begründungszusammenhänge eingebaut. Auf der Ebene der Sozialstruktur war der Faschismus *unorganisiert*, d.h. es existierten noch keine differenzierten Organisationsstrukturen, innerhalb derer faschistische Semantiken reproduziert und verändert werden.

Im Folgenden werde ich den Ausdifferenzierungsprozess der extremen rechten Szene in der Tschechischen Republik nach 1989 darstellen. Dieser Prozess verlief – entsprechend der oben dargestellten Hypothese (Kapitel 9.4) – entlang der semantischen Konfliktlinie von *tschechisch-ultranationalistischer Semantik*, die ihre Anknüpfungspunkte in der tschechischen Geschichte sucht, und *Neonazismus*, der sich am deutschen Faschismus orientiert.

---

als »offene terroristische Diktatur der reaktionärsten, am meisten chauvinistischen, am meisten imperialistischen Elemente des Finanzkapitals« (zitiert nach: Grjasnow 2008: 25). Wenn also faschistische Tendenzen auftraten, so wurden diese als »systemfremd«, als westlich-kapitalistische »Importe« angesehen.

[28] Vgl. hierzu Rataj 2006: 172, der von einer »Diskontinuität« des tschechischen Ultranationalismus von 1945 bis 1990 spricht. Aufgrund der Periode der deutschen Besetzung und des sich bald anschließenden Realsozialismus waren personelle und organisatorische Bindungen zu ultrarechten Bewegungen unterbrochen. Daher suchte die nationale Ultrarechte ihre Anknüpfungspunkte Anfang der 1990er Jahre häufig in ausländischen Strömungen.

10.2. Subkultur: die tschechische Skinhead-Bewegung

Skinheads und Neonazis existierten bereits vor 1989. Das Auftreten der Skinhead-Szene kann in der Tschechoslowakei bis in die 70er Jahre zurückverfolgt werden, in denen sich die Bewegung eng verflochten mit der Punk-Szene entwickelte, die zu dieser Zeit oft rassistische und nationalistische Elemente enthielt.[29] Für 1983 ist das Auftreten der ersten Nazi-Punks belegt, die gewalttätig gegen Roma/Zigeuner und Vietnamesen vorgingen.[30] Vedral nennt als wesentlichen verbindenden Gedanken dieser Subkultur den Antikommunismus.[31] Auch für die ehemalige DDR sind Straftaten rechter Gewalttäter nachgewiesen. Hier wurden in einer Deliktkartei des Ministeriums für Staatssicherheit in der Nationalen Volksarmee zwischen 1965 und 1980 über 700 rechtsextremistische Straftaten erfasst.[32] In Tschechien ist bekannt, dass sich bereits Anfang der 60er Jahre in Ostrava die wohl erste Neonazigruppe »*Československá strana nacistická*« (Tschechoslowakische Nazistische Partei) bildete. Es folgen weitere Gruppen wie »Totenkopf«, »Werwolf«, die »*Pravicová nacionálně socialistická strana*« (Rechte Nationalsozialistische Partei), gegründet 1987 in Prag und die »*Nacionální fronta*« (Nationale Front) ebenfalls 1987 in Trutnov gegründet.[33] Ähnliche Entwicklungen lassen sich in der ehemaligen DDR ausmachen.[34] Die starken Repressionen des sozialistischen Staates gegenüber »faschistischen Antikommunisten« verhinderten aber eine stärkere Ausbreitung dieser Subkultur. Mareš schätzt somit die Zahl der Skinheadsauch nur auf 50 bis 60.[35] Erst mit dem Zusammenbruch des Realsozialismus können sich faschistische Tendenzen nun ›frei‹ entfalten.

10.2.1. Die frühen 1990er Jahre

Die Skinhead-Kultur wurde in Tschechien Anfang der neunziger Jahre zum Massenphänomen und drückte das Lebensgefühl vieler Leute aus. Vedral bringt die Stimmung im Dossier einer großen Tageszeitung auf den Punkt, wenn er schreibt, dass Skinhead-

---

[29] Mareš 2001.
[30] Mareš 2008*b*: 18.
[31] Vedral 2009.
[32] Grjasnow 2008.
[33] Vgl. Mareš 2008*b*: 18.
[34] Vgl. Brück 1992.
[35] Mareš 2001.

tum »Pop« war.[36]

Repräsentativ für die Skinhead-Kultur der frühen 1990er Jahre stand die Band *Orlík*. Gegründet wurde die Gruppe bereits 1988[37] von Daniel Landa und David Matásek, die sie nach ihrer gleichnamigen Lieblingskneipe benannten. Orlík avancierte Anfang der neunziger Jahre mit ihren zwei Alben *»Oi! (Miloš Frýba for president)«* und *»Demise«* zur erfolgreichsten und einflussreichsten Musikband der Tschechoslowakei[38] und besetzte Spitzenplätze in den tschechischen Charts.[39] Die Skinheadszene dieser Zeit war weit davon entfernt ein gesellschaftliches Randphänomen zu sein. So förderte die bekannte Wochenzeitung Reflex das inzwischen legendäre Festival tschechischer und slowakischer Skinhead-Bands in der tschechischen Kleinstadt Bzenec im Juni 1991.[40] Die offener faschistisch auftretende und zur selben Zeit wie Orlík gegründete Band *Braník* wurde von der gleichnamigen »Brauerei Braník« (*»Branický Pivovar«*) gesponsert. Die Skinhead-Bands dieser Zeit waren damit keine Randphänomene, sondern es kann davon ausgegangen werden, dass sie durch ihre Musik das Lebensgefühl nicht weniger Tschechen nach der Samtenen Revolution ausdrückten.[41] Die Ideologie Orlíks ist weiter oben ausführlich analysiert worden (s. oben, Kapitel 9.3). Es konnte gezeigt werden, dass in ihrer Ideologie faschistische Tendenzen angelegt waren. Auch fanden sich Elemente der »White-Power«-Bewegung, die bei tschechischen Neonazis später klar faschistische Formen annehmen sollte. Sie bleibt aber im Hinblick auf die *Palingenese* vage. So konnte nicht gezeigt werden, dass sie tatsächlich die revolutionäre Umwandlung in einer neue Gesellschaftsordnung anstrebte.

Die tschechischen Skinheads dieser Zeit nannten sich *»kališníci«* und übernahmen so die Selbstbezeichnung der frühen Hussitenbewegung. Damit wollten sie ihrem Skinheadtum etwas spezifisch tschechisches aufdrücken, waren aber weit davon

---

[36] *»Skinheadství bylo chvíli pop«* (Vedral 2009).
[37] Charvát 2007: 142.
[38] Vedral 2009.
[39] Bohdálek 2008.
[40] Vedral 2009.
[41] Von Kritikern wurde Orlík bald vorgeworfen, dass ihre Texte rassistisch seien, wogegen diese sich verwerten. Daniel Landa sagte, sie seien falsch verstanden worden, die Texte seien lediglich patriotisch. In einem Fernsehinterview äußern sich die beiden Musiker besorgt über die »gesetzwidrigen und undemokratischen« Aktivitäten einiger ihrer Anhänger (Mareš 2001, das Interview ist auch auf dem Internet-Videoportal *YouTube* anzuschauen: http://www.youtube.com/watch?v=iWbUkgcqbfs) Daniel Landa (der später eine Solo-Karriere startete) ist bis heute einer der einflussreichsten tschechischen Musiker. Die Alben der Band Orlík sind bis heute im Handel erhältlich und erfreuen sich großer Beliebtheit (Bohdálek 2008).

entfernt, tatsächlich Hussiten im ursprünglich reformatorischen Sinne zu sein (zur Hussiten-Verehrung der frühen Skinheads s. auch oben, Kapitel 9.3). In ihrem äußeren Erscheinungsbild und den verwendeten Symboliken erinnerten die Skinheads dieser Zeit nicht unmittelbar an den deutschen Nationalsozialismus. Stattdessen distanzierten sie sich explizit vom deutschen Nazismus und stellten sich gegen die deutschen »Faschos« (vgl. die oben analysierte Texte Orlíks). In der Ideologie der Skinheads finden sich weitere Elemente, die die Subkultur zu dieser Zeit ›mehrheitsfähig‹ machten. Zum einen der bereits genannte starke Antikommunismus, der so weit ging (und bei vielen Tschechen immer noch geht), dass die gesamte Linke als solche abgelehnt wurde. Sie forderten eine Regierung der »festen Hand«[42] um gegen das Chaos vorzugehen und verbanden das mit Antiziganismus, da die Roma/Zigeunerminderheit mit der stark ansteigenden Kriminalität in Verbindung gebracht wurde.[43] Der für neonazistische Gruppen typische Antisemitismus fehlte in der Ideologie der Skinheads dagegen weitestgehend[44] und konnte auch bei *Orlík* nicht nachgewiesen werden. Plastisch macht das Selbstverständnis der damaligen Skinheads folgendes Zitat eines Bloggers:

> Die Aussage war einfach: »Wir mögen nicht, was nicht Tschechisch ist«. Ihre bevorzugten Feinde sind Zigeuner (allerdings nur die *nicht anpassungsfähigen*, nicht der arbeitende, *anständige* Zigeuner, der die tschechische Tradition ehrt), Kommunisten und Nazis (Anhänger des deutschen Nationalsozialismus) [...] Sie waren/sind unpolitisch. Sie trinken tschechische Getränke, vor allem also das tschechische Nationalgetränk - Bier. [45]

Die Skinhead-Kultur der frühen 1990er Jahre erfüllte damit die oben dargelegten Merkmale einer Bewegung der frühen Nachwendezeit. Die Ideologie war undifferenziert und vermischte Elemente eines historischen tschechischen Nationalismus mit denen der Überlegenheit der weißen Rasse. Auch fehlten zu dieser Zeit feste Organisationsstrukturen, die Bewegung hatte keine klaren politischen Ambitionen und beschränkte sich auf Musik und Lebensstil.

Die starke Verbreitung zu dieser Zeit ging − neben den im ersten Teil dieses Buches untersuchten weit verbreiteten rechten Einstellungen − auf veränderte Ge-

---

[42] Charvát 2007: 145.
[43] Vgl. Mareš 2003: 181.
[44] Charvát 2007: 145.
[45] *»Odkaz byl jednoduchý: ›Nemáme rádi to, co není České‹. Jejich primárním nepřítelem jsou Cikáni (ovšem pouze ti nepřizpůsobivý, pracující slušný cikán ctící české tradice nepřítelem není), Komunisti a Nacisti (stoupenci Německého národního socialismu [...] Byli/jsou apolitičtí. Pijí české nápoje, především pak český národní nápoj - Pivo«* (Kališníci - Čeští skinheadi 2009: Hervorhebung des Verfassers in deutscher Übersetzung).

legenheitsstrukturen zurück, die sich insbesondere in einer neuen Handlungsfreiheit widerspiegelten. Die erlangte Freiheit nach dem Zusammenbruch des sozialistischen Regimes galt eben nicht nur für demokratische, sondern auch für undemokratische Kräfte. Die Öffentlichkeit war für das Thema »Rechtsextremismus« nicht sensibilisiert (und konnte es vor dem Hintergrund eines offiziell antifaschistischen Staates auch nicht sein) und die Polizei wusste mit dem Phänomen nicht umzugehen und ließ den gewalttätigen Skinheads mehr oder weniger freie Hand.[46] Da sich der Polizeiapparat nach der Wende selbst in einer Umstrukturierungsphase vom repressiven Staatsorgan hin zu einer modernen Polizeieinheit befand, waren seine Möglichkeiten in der Kriminalitätsbekämpfung beschränkt, die tschechische Polizei wurde von der Öffentlichkeit kritisch beäugt, da sie noch mit dem nationalen Sicherheitsdienst in Verbindung gebracht wurde.[47] Die rechten Einstellungen konnten sich in dieser Zeit ohne gesellschaftliche Kontroll- und Sanktionsmechanismen (Regellosigkeit)[48] entladen. Heute werden »rechtsextreme« Handlungen durch die Polizei sanktioniert, ein kritisches Bürgertum aber auch die Antifa sind gesellschaftliche Kontrollinstanzen, die in den frühen 1990er Jahren nicht funktionierten bzw. existierten.

10.2.2. Differenzierung in den 1990er Jahren

Die Zeit von 1993 bis 1998 wird von Mareš als Strukturierung der rechtsextremen Szene beschrieben,[49] wobei die Skinhead-Kultur für die Szene noch lange Zeit charakteristisch blieb. Während die tschechischen »kališníci« eine undifferenzierte Ideologie vertraten und aufgrund ihrer Anlehnung an die Hussitenbewegung eher dem nationalistischen als dem neonazistischen Spektrum zugerechnet werden müssen, radikalisierten sich Teile der Skinhead-Subkultur zunehmend. Radikalisierung bedeutet hier, dass sie von diffusem Antiziganismus und Ultranationalismus abkamen, klar faschistische Ideologiefragmente aufgriffen und die Überlegenheit der »weißen Rasse« propagierten. Neben den tschechischen kališníci und neonazistischen Skinheads bildeten sich nun auch Gruppen von antirassistische SHARP-[50] und unpolitischen Skinheads. Es kam zu gewalttätigen Zusammenstößen zwischen verschiedenen Skinhead-Strömungen.[51]

---

[46] Charvát 2007: 150.
[47] Magistrát hl. m. Prahy 2008.
[48] Zum Anomiepotential der frühen 1990er Jahre s. oben, Kapitel 7.3.
[49] Mareš 2003: 181.
[50] SHARP steht für *Skinheads Against Racial Prejudice* und bezeichnet eine antirassistische Skinheadbewegung.
[51] Mareš 2001.

Die neonazistischen Skinheads prägten aber zunehmend das Bild der Skinheadkultur in der Öffentlichkeit.

Diese Entwicklung lässt sich erneut anhand von Musikgruppen veranschaulichen. Bereits die Band *Braník* war deutlich offener rassistisch als Orlík. Sie verwendete Merkmale des deutschen Nationalsozialismus[52] und kann somit im Gegensatz zu Orlík als neonazistisch bezeichnet werden. In den Texten wird von »Negern« gesprochen, die mit »Benzin übergossen« und »alle verbrannt« werden sollen.[53] Außerdem finden sich Begriffe wie »weiße Rasse«, »Endsieg« und »jüdischer Bolschewismus«.[54] Mit der Auflösung von Braník und Orlík übernahmen dann klar rassistische und faschistische »White-Power«-Bands wie *Hlas Krve* (Stimme des Blutes), *Buldok* (Bulldog), *Vlajka* (Flagge), *Agrese 95* (Aggression 95), *Zášť 88* (Hass 88) und andere[55] ihre Stellung in der Szene. Mit der Radikalisierung der Skinhead-Szene und der Hinwendung einiger Gruppen zum Neonazismus verlor sie ihre Anschlussfähigkeit an die Mehrheitsgesellschaft. Skinhead-Bands fanden sich nun nicht mehr in den Hitparaden sondern in den Extremismusberichten des Innenministeriums. Die sich zunehmend radikalisierende Skinhead- bzw. Neonazis-Szene blieb jedoch weiterhin sehr aktiv. Die Polizei konnte mit dem neuen Phänomen nicht umgehen[56] und ließ sie bei Konzerten weitestgehend ungestört. Das Veranstalten von Konzerten war auch die wichtigste Aktivität der Szene zu dieser Zeit. Mit bis zu tausend Teilnehmern stellten sie eine wichtige Einnahmequelle dar.[57] Kaum Bemühungen gab es dagegen, im politischen System aktiv zu werden und sich in politischen Parteien zu engagieren.

Die Konzerte waren der Ort, an dem die tschechischen Skinheads intensiv mit den deutschen Neonazis, ihrer Ideologie und ihrem Erscheinungsbild in Kontakt kamen. Deutsche Neonazis besuchten die Konzerte im Nachbarland oft und gerne.[58] Dabei ist die Zusammenarbeit zwischen deutschen und tschechischen Neonazis recht einseitig. Während die tschechischen Neonazis bzw. Skinheads ihre Deutschen »Kameraden« zum Vorbild haben und stolz darauf sind, ihnen bei Demonstrationen auch in Deutschland »zur Seite zu stehen«, scheinen auf der deutschen Seite andere Anreize die Zusammenarbeit befördert zu haben. Wichtigster Grund war sicherlich die

---

[52] Charvát 2007: 146.
[53] »polejt benzínem / všechny zapálit«, zitiert nach ebd.: 146.
[54] »bíla rasa«, »konečné vítězství«, »židobolševici« zitiert nach ebd.: 146.
[55] Kalibová und Cakl 2008: 112.
[56] Charvát 2007: 150.
[57] Ebd.: 150.
[58] Vgl. Kalibová und Cakl 2008: 113f.

große Freiheit, die sie aufgrund der fehlenden polizeilichen Repressionen in Tschechien genießen konnten. So konnten in Deutschland verbotene Musikgruppen spielen, auch Hakenkreuzfahnen und »Sieg Heil«-Rufe waren zu dieser Zeit nicht strafbar.[59] »Was da so an Symbolen verwendet wurde, hätte wohl jedem deutschen Staatsanwalt einen Herzinfarkt beschert«, kommentiert ein deutscher Neonazi ein Konzert in Tschechien.[60] Als weitere Gründe für Reisen in die Tschechische Republik werden die niedrigen Bierpreise und die schönen Frauen genannt.[61] Das weiter oben dargestellte ambivalente Verhältnis zwischen tschechischen und deutschen Neonazis findet sich in der Zusammenarbeit immer wieder: Die Tschechen sehen ihre deutschen »Kameraden« als gleichberechtigte Partner an, während die Deutschen die Tschechen weiterhin einer »minderwertigen Rasse« zuordnen und sich das Protektorat Böhmen und Mähren zurück wünschen.

Nicht-parteiförmige Organisationen

Neben den inoffiziell existierenden, subkulturellen Gruppen bildeten sich auch Organisationen, die sich offiziell beim tschechischen Innenministerium registrieren ließen. Mareš spricht in diesem Zusammenhang von politischen Interessengruppen.[62] Diese Gruppierungen sind nicht parteipolitisch aktiv, sondern versuchen die Interessen ihrer Mitglieder auf andere Art und Weise durchzusetzen (Demonstrationen, Kampagnen etc.). In den 1990er Jahren waren diese Organisationen eng mit der Skinhead-Kultur verbunden. Weniger Verbindungen bestanden dagegen in dieser Zeit zur erfolgreichen rechtspopulistischen Partei SPR-RSČ (s. unten, Kapitel 10.3).

Registrierte, aber nicht um Wahlerfolge bemühte Organisationen stehen zwischen den weiter oben unterschiedenen parteipolitischen und subkulturellen Gruppen.[63] Da sie keine Wählerschaften an sich binden wollen, können sie erkennbarer an faschistische und neonazistische Symbolik und Rhetorik anknüpfen als Parteien, die auf die Unterstützung größerer Wählergruppen angewiesen sind. Trotzdem sind sie in ihren Äußerungen beschränkter als subkulturelle Gruppen, da sie sich aufgrund ihres offiziellen Status eindeutig verfassungsfeindlicher Aussagen enthalten müssen.

---

[59] Raabe 2008: 87.
[60] Zitiert nach ebd.: 87.
[61] Ebd.: 87.
[62] Mareš 2003: 282.
[63] Aufgrund ihrer öffentlichen Sichtbarkeit können diese Organisationen nicht im Sinne Griffins als *groupuscules* bezeichnet werden.

Als sicher bedeutendste Organisationen dieser Art sind in den 1990er Jahren die »Vlastenecká liga« (»Heimatliga, HL«) und die »Vlastenecká fronta« (»Heimatfront, HF«) zu nennen. Beide Organisationen sind hier von Interesse, da sie unterschiedliche ideologische Strömungen vertraten, andere Teile der Subkultur anzogen und sich über sie der Konflikt zwischen tschechischen Nationalisten und Neonazis weiter illustrieren lässt.

Die Vlastenecká liga entstand als offizielle Vereinigung der tschechisch-nationalen kališníci.[64] Wie diese Skinhead-Strömung distanzierte sie sich offiziell von Faschismus, Rassismus und dem neonazistischen Flügel der Skinhead-Bewegung. Auch offener Antisemitismus war bei der VL nicht zu finden. Diese Abgrenzung zum Neonazismus muss beiderseitig verstanden werden, neonazistische Gruppierungen grenzten sich ebenso von der VL ab. Die Demonstrationen der VL wurden überwiegend von kališníci, nicht aber von neonazistischen Skinheads besucht.[65] Mit der Zeit verstärkte die VL ihre Ambitionen, ihr faschistisches Image loszuwerden. Das zeigte sich unter anderem in einer Aufräumaktion, die die VL auf dem jüdischen Friedhof in Přerov veranstaltete.[66] Das Interesse an der VL erreichte Mitte der 1990er Jahre ihren Höhepunkt. Die Organisation erlaubte es, sich aktiv zur Skinhead-Szene zu bekennen, ohne mit offenem Neonazismus in Verbindung gebracht zu werden.[67] Die Vlastenecká liga vertrat offiziell einen autoritären Konservatismus, war ausländer- und roma-/zigeunerfeindlich. Dabei näherte sich der Antiziganismus im offiziellen Programm über die Metapher des »schmarotzen« faschistischer Semantik an.[68] Sie stand für ein hartes Durchgreifen gegen Ausländer und Kriminelle und setzte sich für die Einführung der Todesstrafe ein. Mareš ordnet die VL vor diesem Hintergrund als »nicht-extremistisch« ein.[69]

Als registrierte Organisation distanzierte sich auch die Vlastenecká fronta offiziell von Faschismus und Neonazismus.[70] In ihrer offiziellen Selbstdarstellung finden sich wesentliche Elemente eines tschechischen Nationalismus.[71] Diese Darstellung wird allerdings relativiert durch die enge Anbindung an die neonazistische Skinhead-Szene.

---

[64] Mareš 2003: 296.
[65] Das gelegentliche Zeigen des Hitlergrußes auf ihren Demonstrationen wird von Mareš als Provokation von Neonazis interpretiert (ebd.: 297).
[66] Ebd.: 299.
[67] Charvát 2007: 149.
[68] »Wir lehnen deutlich jede Form des Schmarotzens (parazitování) der Minderheit auf der Mehrheit ab.« (»Jednoznačně však odmítáme jakoukoliv formu parazitování některé menšiny na většině.«) (zitiert nach Mareš 2003: 300).
[69] Ebd.: 301.
[70] Ebd.: 290.
[71] Vgl. ebd.: 283ff.

In ihrer Anfangszeit war die VF beispielsweise über ein gemeinsames Postfach mit der Neonazi-Organisation *Bohemian Hammer Skins* (BHS) zu erreichen,[72] die sich zur Überlegenheit der »weißen Rasse« bekennt.[73] Zu weiteren Neonazi-Gruppen wie *Blood & Honour Division Bohemia*, dem *Národní odpor* (Nationaler Widerstand) und der Anti-Antifa bestanden Verbindungen.[74] Auch wurden ihre Demonstration überwiegend von neonazistisch orientierten Skinheads besucht.[75] Diese Basis, die sich bereits weitgehend vom tschechischen Nationalismus befreit hatte und klar neonazistisch war, kritisierte daher auch die VF aufgrund ihrer »Volkstümelei« *(»národovectví«)*.

Aufgrund der oben dargestellten ideologischen Unvereinbarkeiten kam es verstärkt zu scharfen Auseinandersetzungen zwischen der VL und den, der VF nahestehenden Neonazi-Gruppen, insbesondere den *Bohemia Hammer Skinheads*. Diese beschuldigten die VL, die radikale Rechte zu spalten.[76] Der Streit zwischen tschechischen Nationalisten und Neonazis, wie er in den 1990er Jahren erbittert geführt wurde, wird im Zitat eines Prager Neonazis deutlich:

> Seit 1994 gibt es einige Probleme zwischen Nazis und Nationalisten. Sie [die Nationalisten, F.F.] lieben nur die Tschechische Republik und ihre Bevölkerung. Wir hingegen lieben alle weißen Länder mit ihren Bewohnern. Wir denken, daß alle Weißen zusammen halten müssen, wie die Waffen... Zusammen sind wir stark. Man vernichte die Nationalisten!!![77]

Die Streitigkeiten führten schließlich dazu, dass sich die VL von der gesamten Skinhead-Kultur distanzierte. Aufgrund ihrer engen Verbundenheit mit den tschechischen *kališníci* führte das aber sehr bald zu ihrer faktischen Auflösung.[78]

---

[72] Charvát 2007: 147.
[73] Bei den *Bohemia Hammer Skinheads* sollte es sich um einen tschechischen Ableger der amerikanischen Hammerskins handeln. Wahrscheinlich ist aber, dass die Gruppe von ihren amerikanischen Vorbildern lediglich inspiriert war, da sie von der amerikanischen Zentrale nicht anerkannt wurde (ebd.: 147).
[74] Mareš 2003: 291.
[75] Ebd.: 291.
[76] Charvát 2007: 149.
[77] Zitiert nach Raabe 2008: 86.
[78] Charvát 2007: 149.

10.3. Parteipolitik: Miroslav Sládek und die SPR-RSČ

Die 1990er Jahre stellen eine Zeit dar, in der subkulturelle und parteiförmige Organisationen sehr stark getrennt waren. Die *Vereinigung für die Republik - Republikanische Partei der Tschechoslowakei* (SPR-RSČ)[79] von Miroslav Sládek, im Folgenden auch kurz Republikaner, ist die einzige extreme rechte Partei, die in der Tschechischen Republik (bzw. ehemaligen Tschechoslowakei) bisher ernstzunehmende Wahlerfolge feiern konnte. Gegründet unmittelbar nach der Wende im Februar 1990, war sie zwischen 1992 und 1998 im Parlament[80] mit sechs bzw. acht Prozent vertreten. Die Republikaner werden in Tschechien zu den Anti-System-Parteien gerechnet[81] und als extremistisch (Mareš) oder faschistisch (Mazel) eingeordnet. Mit den Parlamentswahlen 1998 scheiterte die SPR-RSČ an der 5%-Hürde, kurz darauf musste sie Konkurs anmelden. Die von Sládek angemeldete Nachfolgeorganisation *Republikaner von Miroslav Sládek* (RMS)[82] kann an die Erfolge nicht mehr anknüpfen. Seit 2008 ist die SPR-RSČ unter Sládek erneut als Partei registriert, bleibt aber marginalisiert und konnte beispielsweise bei den Parlamentswahlen 2010 nur 1993 Stimmen (0,03%) auf sich vereinen.[83]

Der SPR-RSČ gelang es unmittelbar nach der Wende, die verschiedenen rechten Strömungen zu bündeln. Die Partei wurde durch die charismatische Führungspersönlichkeit Miroslav Sládek zusammen gehalten, der auf dem Gründungstreffen am 24.02.1990 zum Vorsitzenden gewählt wurde. Sládek, der politisch zuvor nicht in Erscheinung getreten war,[84] war ein begnadeter Rhetoriker, baute die Partei unter seiner Führung streng autoritär und hierarchisch auf[85] und richtete die Strategie der Partei ganz auf seine Person aus.[86] Da die SPR-RSČ in der rechten Szene über ein hegemoniale Stellung verfügte, hielt sie es nicht für notwendig, mit anderen Organisationen (ob parteiförmig oder nicht-parteiförmig) zusammen zu arbeiten.[87]

---

[79] *Sdružení pro republiku - Republikánská strana Československa.*
[80] Zu den genauen Ergebnissen vgl. Tabelle 10.1, zum politischen System vor der Auflösung der Tschechoslowakei vgl. Fußnote 107.
[81] Vodička 2002: 256.
[82] *Republikáni Miroslava Sládka.*
[83] www. volby.cz.
[84] Mareš 2003: 189.
[85] Ebd.: 210.
[86] Ebd.: 202.
[87] Ebd.: 205.

Eine Partei der Nachwendezeit

Ideologisch präsentierte sich die SPR-RSČ als tschechisch-nationalistisch. Sie war bemüht, eine Traditionslinie zur 1. Republik und der dort wirkenden republikanischen Partei herzustellen[88] und sich in die »lange Tradition des Republikanismus« einzureihen.[89] Die SPR-RSČ veranstaltete regelmäßig Demonstrationen, vor allem an nationalen historischen Daten wie dem 28. Oktober,[90] an denen in den 1990er Jahren tausende von Menschen teilnahmen.[91] Sládek profilierte sich als die einzig wahre antikommunistische und demokratische Opposition und polemisierte gegen die anderen Parteien (»die derzeitig regierende Mafia«).[92] Das Bürgerforum (*občanské fórum*)[93] sei nicht demokratisch, da es den Pareienwettbewerb behindere, die Ultralinke unterstützte[94] und mit den Kommunisten paktiere.[95] Sládek bediente typische rechtspopulistische Themen: innere Sicherheit, Kriminalität, Einführung der Todesstrafe, er war für ein »hartes Vorgehen«, gegen Amerikanisierung, Multikulturalismus und Homosexualität.[96] Offener Antisemitismus fand sich im Parteiprogramm nicht, sondern nur in der Parteizeitung *Republika*. Daneben fanden sich viele Themen, die in unmittelbarem Zusammenhang mit der frühen Transformationsphase und sich aus der Wende ergebenden spezifischen Problemen standen: So predigte Sládek vehement gegen einen NATO- und EU-Beitritt, gegen die deutsch-tschechische Erklärung (sowie Deutschland und die Sudetendeutschen im Allgemeinen)[97] und forderte nationales

---

[88] *Republikánská strana zemědělského a malorolnického lidu*, auf deutsch soviel wie »Republikanische Partei der Bauern und Kleinbauern«.

[89] Diese Regierungsform sei (in der von der SPR-RSČ vertretenen Ideologie) allen anderen überlegen und unterscheide sich ganz wesentlich sowohl vom Kommunismus als auch vom Faschismus. Es werde keine gesellschaftliche Schicht unterdrückt und es herrsche Gewaltfreiheit (von Seiten des Staates) und Meinungsfreiheit (für die Bürger), »aber das ganze Leben ist umspannt von strengen Gesetzen, die eine absolute klare Grenzen für das Verhalten der Bürger darstellen«, und so das Aufkommen von Anarchie verhindern (Novák 1995).

[90] Tag der Ausrufung der 1. Republik.

[91] Mareš 2003: 202.

[92] Novák 1995.

[93] Das Bürgerforum entstand während der Samtenen Revolution als Plattform für demokratische und antikommunistische Gruppierungen. Es entwickelte sich später unter Václav Klaus zur Mitte-Rechts-Partei weiter.

[94] Mareš 2003: 222.

[95] Ebd.: 192.

[96] Ebd.: 209f.

[97] Z.B. die Aussage auf einer Demonstration gegen die Unterzeichnung der deutsch-tschechischen Erklärung im Januar 1997: »Wir können nur bereuen, dass wir im Krieg so wenig Deutsche umgebracht haben« »*Můžeme jen litovat toho, že jsme Němců zabili ve válce málo*« (*Lidové Noviny* 1998a)

195

Eigentum statt der Invasion ausländischer Konzerne.[98] Dabei fällt auf, dass das Parteiprogramm, das sehr knapp und wenig ausgearbeitet ist, deutlich weniger radikal war als die Äußerungen Miroslav Sládeks.[99] Für Aufmerksamkeit sorgt Sládek immer wieder durch seine rassistischen Äußerungen gegenüber der Roma/Zigeuner-Minderheit. Seine Rhetorik entspricht der in Kapitel 9.2 ausgearbeiteten Semantik.

> Wir sind keine Rassisten. Die Zigeuner können zwischen uns leben, aber sie müssen die Gesetze respektieren. Die Gesetze gelten für alle gleich. Wenn Zigeuner Wohnungen zerstören, warum sollten wir ihnen die fünfte, sechste und weitere Wohnungen geben? Wenn sie darin nicht mehr leben können, dann sollen sie ihren Karren spannen und wegfahren.[100]

In anderen Äußerungen wurde er deutlicher, wenn er z.b. forderte, die »Frage nicht anpassungsfähiger Minderheiten, z.B. Zigeuner zu lösen.[101] In seiner wohl bekanntesten Aussage im Juli 1996 im tschechischen Parlament forderte er, die Strafmündigkeit der »Zigeunerpopulation« auf zehn Jahre zu senken und erwähnte, dass das größte Verbrechen der »Zigeuner« ihre Geburt sei.[102]

    Die SPR-RSČ wies (als parteipolitisches Äquivalent) viele Parallelen zu der zuvor untersuchten Skinhead-Bewegung der frühen Nachwendezeit auf. Die Partei verfügte nicht über ein differenzierte Ideologie, sondern bediente beliebig und pragmatisch rechtspopulistische Themen, versprach ein »hartes Durchgreifen« um das Chaos der Nachwende-Zeit in den Griff zu bekommen und hatte in der Roma/Zigeuner-Minderheit einen Sündenbock für »Unordnung« in der Gesellschaft und steigende Kriminalität gefunden. Wie auch die frühe Skinhead-Bewegung gab sich Sládeks Partei nicht offen faschistisch oder neonazistisch. Sie bediente breit akzeptierte Themen wie Ordnung, Antiziganismus und Antikommunismus. In der tschechischen Gesellschaft kritisch gesehene Themen wie Antisemitismus wurden gemieden und auch der Bezug zum deutschen Nationalsozialismus wurde nicht offen hergestellt. Mareš weist darauf hin, dass sinnvolle historische Muster, an die die Partei anknüpfte, nicht erkennbar sind, da sich die Partei auf die verschiedensten, höchst unterschiedliche historischen

---

[98] *Lidové Noviny* 1998a.
[99] Mareš 2003: 208.
[100] »*Nejsme žádní rasisté. Cikáni mohou mezi námi žít, ale musejí respektovat zákony. Zákony platí pro všechny stejně. Když Cikáni rozbíjejí byty, proč bychom jim měli dávat pátý, šestý a další nový byt? Jestliže v nich neumějí bydlet, ať si zapřáhnou káru a jedou.*« (Novák 1995).
[101] »*Dořešit otázku nepřizpůsobivých etnik např. cikánů.*«, zitiert nach Mareš 2003: 223
[102] *Lidové Noviny* 1998a, die Äußerung ist auch auf dem Internet-Videoportal *YouTube* anzuhören: http://www.youtube.com/watch?v=ZO-sOYcNfwM)

Persönlichkeiten bezieht.[103]

Wie auch in der zunächst ideologisch diffusen extremen rechten Szene, so ist im Transformationsprozess auch auf parteipolitischer Ebene ein Ausdifferenzierungsprozess zu erwarten. Diese Differenzierung verschiedener ideologischer Strömungen wurde durch die Wahlerfolge der Republikaner und die charismatische Figur Miroslav Sládek lange Zeit verhindert. In der SPR-RSČ wirkten daher aber seit ihrer Gründung zentrifugale Kräfte. Unverkennbar sind die bald einsetzenden Zerfallserscheinungen der Partei. Schon bald nach ihrer Gründung kam es zu Streit innerhalb der SPR-RSČ, da nicht alle mit ihrem Platz in der »Einheitspartei« zufrieden waren.[104] Bereits auf dem Parteitag 1992 wurden Widersprüche sichtbar,[105] es profilieren sich Stimmen gegen Sládek und es kam zu Parteiaustritten. Es gibt Anzeichen dafür, dass die SPR-RSČ nur durch die Autorität M. Sládeks und die auf ihn zurückzuführenden Wahlerfolge zusammengehalten wurde. Während der Legislaturperiode von 1992 bis 1996 zeigte sich deutlich, dass die Partei intern nicht konsolidiert war, sie verlor die Hälfte ihrer Abgeordneten an andere Parteien.[106] Mit der Wahlniederlage bei den Parlamentswahlen 1998 war der Zerfallsprozess nicht mehr aufzuhalten.

10.3.1. Die Wahlniederlage 1998

Bei den Wahlen am 19./20.6.1998 scheiterte die SPR-RSČ an der 5%-Hürde. In Tabelle 10.1 sind die Wahlergebnisse von 1990 bis 1998 dargestellt.[107]

1992 und 1996 waren die Republikaner mit deutlich über fünf Prozent in das tschechische Parlament gewählt worden. Die Abwahl der Republikaner erfolgte in einer Zeit, in der es von Beobachtern und Meinungsforschungsinstituten am wenigsten

---

[103] Mareš 2003: 221.

[104] Ebd.: 189.

[105] Ebd.: 194.

[106] Kreidl und Vlachová 1999: 11.

[107] Die etwas irritierende Darstellung ergibt sich aus den unterschiedlichen politischen Systemen vor und nach der Teilung der ehemaligen ČSFR. Vor der Trennung der Tschechoslowakei am 31. Dezember 1992 war die Föderalversammlung (*Federální Shromáždění*) das oberste gesetzgebende Organ. Die Föderalversammlung verfügte über 300 Abgeordnete und teilte sich in zwei Kammern mit jeweils 150 Abgeordnete: Das Haus des Volkes (*Sněmovna Lidu*) und das Haus der Nationen (*Sněmovna Národů*). In das Haus des Volkes wurden in Tschechien 99 Abgeordnete und in der Slowakei 51 Abgeordnete gewählt. Das Haus der Nationen setzte sich jeweils zur Hälfte aus tschechischen und slowakischen Abgeordneten zusammen. Dazu existierten noch die Nationalräte (*Česká Národní Rada* und *Slovenská Národní Rada*), die die Parlamente der beiden Teilrepubliken darstellten und die für die Gesetzgebung der Teilrepubliken zuständig waren. Der tschechische Nationalrat hatte 200 Abgeordnete, der slowakische 150 (vgl. Simka und Spengler 2000: 55).

Tab. 10.1.: Wahlergebnisse der SPR-RSČ [1] (Quelle: Kreidl und Vlachová 1999)

	ČSFR [2]		ČR [3]	
	1990	1992	1996	1998
Haus des Volkes	0,94	6,48		
Haus der Nationen	1,00	6,37		
Tschechischer Nationalrat	1,00	5,98		
Parlament			8,01	3,90
Senat			n.a.	n.a.

[1] Hinweis: 1990 trat die SPR-RSČ auch in der Slowakei an. Die Wahlergebnisse waren aber noch geringer und werden daher hier nicht angegeben. In diesem Jahr trat die Partei in Koalition mit der VDS (»Všelidová demokratická strana«) an, der komplette Name lautete »Všelidová demokratická strana – Sdružení pro republiku – Republikánská strana Československa«.

[2] Tschechische und Slowakische Föderative Republik (Československá federativní republika), 1990 – 1992.

[3] Tschechische Republik (Česká republika), seit 1993.

erwartet worden war: mitten in der Krise Ende der 1990er Jahre. Es herrschte große Enttäuschung über den Transformationsverlauf, die Arbeitslosigkeit stieg, die herrschende Elite hatte aufgrund der Korruptionsaffären, von denen alle größeren Parteien betroffen waren, jegliches Vertrauen verspielt. In solchen Situationen wird üblicherweise vor einem »Missbrauch« durch »Rechtsextremisten« gewarnt. Eine Hinwendung zu Miroslav Sládek, der mit scharfer Rhetorik gegen das Etablissement polemisierte und die Schuld bei Roma/Zigeunern und den Deutschen suchte, wäre daher plausibel gewesen. Dieses Wahlverhalten war auch bis kurz vor der Wahl vorausgesagt worden, in Wahlprognosen erhielt die SPR-RSČ sieben bis acht Prozent.[108]

Doch mitten in der Krise wurden die Republikaner abgewählt: Bei den vorgezogenen Neuwahlen am 19./20.6.1998 kam die Partei auf nur 3,9% und verpasste damit – aufgrund der 5%-Klausel – den Wiedereinzug ins Parlament. Vor dem Hintergrund der weiter oben getroffenen Unterscheidung von *Identitäts*- und *Interessenkrisen* ist diese Entwicklung besonders spannend.

---

[108] Řeháková 1999: 312. Soziologen hatten sogar noch höhere Ergebnisse vorausgesagt, da die Wähler extremer rechter Parteien in Umfragen ihre Präferenzen oft nicht angeben (Kreidl und Vlachová 1999: 19).

Die Entlarvung als »extremistisch«

Die SPR-RSČ wurde vor der Wahl als ernstzunehmende Alternative zunehmend diskreditiert. Die Häufung von Skandalen in und um die Partei, beispielsweise der Gefängnisaufenthalt des Parteivorsitzenden während der Präsidentschaftswahl bei der er selber kandidierte,[109] beschädigten das Bild der Republikaner in der Öffentlichkeit. Schon vor der Wahl wurde das zunehmende Auseinanderfallen der Partei offensichtlich. Zwar leistete sich die Partei eine große Plakatkampagne mit populistischen Slogans, war aber nicht mehr in der Lage, eine traditionelle Werbekampagne mit Wahlkampftour, Flyern u.a. zu organisieren.[110] »The party members started leaving and alleged the party leaders had humiliated them, put psychological pressure on them, taken away a significant share of their salaries, and spent the funds provided to the party by the government on building villas and purchasing expensive cars.«[111]

Im Herbst 1996 nahm die SPR-RSČ nicht an den Senatswahlen[112] teil. Diese Entscheidung wurde schon lange zuvor getroffen, da die SPR-RSČ den Senat als politische Institution ablehnte und sie aufgrund des geltenden Mehrheitswahlrechts bei den Senatswahlen keine Chance auf Erfolg hatte.[113] Von den Medien wurde der Entscheidung große Aufmerksamkeit entgegengebracht, das Bild der SPR-RSČ als anti-system-Partei wurde gestärkt.[114] Die Medien (insbesondere *Lidové Noviny* und *Právo*[115]) begannen in dieser Zeit verstärkt kritisch über die SPR-RSČ zu berichten und ihr ›wahres, extremistisches Gesicht‹ zu enthüllen. Aussteiger berichteten in den Medien über die klar faschistische Ideologie und die menschenverachtenden Praktiken der Republikaner.[116]

---

[109] *Lidové Noviny* 1998b.

[110] Kreidl und Vlachová 1999: 27.

[111] Ebd.: 27.

[112] Der tschechische Senat als Teil der Legislative wurde 1992 als obere Kammer des tschechischen Parlaments geschaffen. Die Amtszeit beträgt sechs Jahre, alle zwei Jahre wird ein Drittel der Senatoren neu gewählt. Die Mitglieder des Senats werden nach dem Mehrheitswahlrecht gewählt. Senator wird, wer im ersten Wahlgang mehr als 50% der Stimmen erhält. Im möglicherweise notwendigen zweiten Wahlgang reicht die relative Mehrheit.

[113] Kreidl und Vlachová 1999: 13.

[114] Ebd.: 13.

[115] Z.B. *Lidové Noviny* 1998a, *Právo* 1998.

[116] So berichtet ein anonym bleibender Aussteiger in der *Lidové Noviny*:»Oft wird im Zusammenhang mit der republikanischen Partei über die Unterstützung einer Bewegung, die sich auf den Abbau der Menschenrechte und Freiheiten der Bürger richtet, gesprochen [Die *Unterstützung und Propagierung einer Bewegung, die sich auf den Abbau der Menschenrechte und Freiheiten richtet* ist in Tschechien ein Straftatbestand im Sinne des Strafgesetzbuches, F.F.]. Ich muss sagen, dass ich direkt in der SPR-RSČ häufig Zeuge der Propagierung von direktem Nazismus,

Die Wahl in Krisenzeiten

Die Krise Ende der 1990er Jahre wurde weiter oben als Interessenkrise charakterisiert (s. oben, v.a. Kapitel 7.4). Ich habe theoretisch und empirisch zu zeigen versucht, dass Interessenkrisen zunächst nicht zu rechten Einstellungen führen, sondern dass die Interessen- zuvor zur Identitätskrise werden muss. Die Abwahl der SPR-RSČ lässt hierzu nun weitere Beobachtungen auf der Handlungsebene zu.

Die vorgezogenen Neuwahlen 1998, die aufgrund des Auseinanderfallens der Mitte-Rechts-Koalition notwendig geworden waren,[117] führten zu einem deutlichen Linksruck, Gewinner waren die Sozialdemokraten, aber auch die Kommunisten.[118] Řeháková kann zeigen, dass linke Parteien insbesondere von einfachen Arbeitern, Arbeitern in der Landwirtschaft, und (damit stark korreliert) Personen mit niedriger Bildung gewählt wurden.[119] Personen, die aufgrund ihrer Qualifikation von den Folgen der Krise am stärksten betroffen waren, wählten damit Parteien, die weniger Markt und größere soziale Sicherheit versprachen. Analysen von Wählerwanderungen, wie sie von Kreidl/Vlachová durchgeführt wurden, geben Aufschluss über das Verhalten der

---

Faschismus, Rassismus und Antisemitismus geworden bin. Republikanische Funktionäre (Sládek und Vik nicht ausgenommen [Jan Vik ist nach Sládek von Anfang an die zweite wichtige Person innerhalb der SPR-RSČ, F.F.]) grüßen sich üblicherweise mit der erhobenen rechten Hand und den Worten Sieg Heil, Heil Hitler oder es lebe Sládek. Es bleibt allerdings nicht nur bei verbaler Propagierung von Faschismus, sondern es werden regelrechte Pläne vorbereitet, nach denen im Falle einer Machtübernahme ein Genozid an nationalen Minderheiten und Bürgern mit jüdischer Herkunft eingeleitet werden soll. Diese Ideen werden ins Extreme getrieben, wenn technische Lösungen vorgeschlagen werden, wie in der kürzesten Zeit die meisten Zigeuner verbrannt werden können, gegebenenfalls soll ihr Körper im Rahmen des Recycling-Prozesses zur Düngung verwendet werden.« (»Často se v souvislosti s republikánskou stranou mluví o podpoře hnutí směřujících k potlačování práv a svobod občanů. Musím říci, že jsem se přímo v SPR-RSČ mnohokrát stal svědkem přímé propagace nacismu, fašismu, rasismu a antisemitismu. Republikánští funkcionáři (Sládka a Vika nevyjímaje) se běžně zdraví zdviženou pravicí a slovy Sieg Heil, Heil Hitler, či Ať žije Sládek . Nezůstávají však jen u verbálních znaků propagace fašismu, ale přímo připravují plány, podle nichž by v případě převzetí moci zahájili genocidu národnostních menšina a občanů s židovským původem. Tyto ideje jsou dohnány do extrému, když se navrhují technická řešení, jak spálit v nejkratší době co nejvíce cikánů, případně jak jejich těla použít v rámci recyklace k hnojení půdy.«) (Lidové Noviny 1998c).

[117] Die Mitte-Rechts-Parteien (ODS, KDU-ČSL und ODA) verfügten nach den Parlamentswahlen 1996 über keine Mehrheit und bildeten eine Minderheitsregierung. Durch die Abspaltung der US von der ODS Ende 1997 wurden vorgezogene Neuwahlen nötig (vgl. Řeháková 1999: 312).

[118] Der Linksruck viel allerdings nicht so deutlich aus, wie es zuvor erwartet worden war. Řeháková stellt feste, dass ein Wechsel gewünscht war, gleichzeitig aber Angst vor einer linken Regierung vorherrschte (ebd.: 19). Diese Überlegung ist plausibel, da «links-Sein« durch die Erfahrung der »linken« Diktatur weiterhin diskreditiert ist.

[119] Ebd.

Wähler, die in der vorangegangenen Wahl SPR-RSČ gewählt hatten.[120] Sie zeigen, dass die Republikaner einen bedeutenden Anteil der Stimmen an linke Parteien verloren haben. 37% der Personen, die vor zwei Jahren die Republikaner gewählt hatten, wählten nun eine der linken Parteien. An den rechten Flügel dagegen verloren die Republikaner nur 8% ihrer Wähler. Fragen nach der Zweitpräferenz bestätigen das Bild, dass die SPR-RSČ Wähler ansprach, die ansonsten zu linken Parteien tendieren. Immerhin zwei Drittel der befragten Wähler der Republikaner gaben als Zweitpräferenz eine linke Partei an.

Ein Vergleich des Wahlprogramms der Republikaner mit dem der Kommunistischen Partei (KSČM) (als »linker Gegenpol«) zeigt auf, dass die Gemeinsamkeiten der Parteien in dem Versprechen sozialer Sicherheit zu finden waren. Diametral entgegengesetzte Ansichten vertraten die Parteien hingegen im Hinblick auf die Integration der Roma-Minderheit: Während die Republikaner die Roma/Zigeuner mit rassistischer Rhetorik zu Sündenböcken abstempelte, setzte die KSČM auf eine verstärkte Integration durch aktive Arbeitsmarktpolitik, Bildung, Antidiskriminierung am Arbeitsplatz u.a.[121] Linke Parteien stellten auch immer wieder Mitglieder der Roma-Minderheit als Kandidaten auf, um damit Stimmen in den unteren Schichten und der linken Intelligenz zu gewinnen.[122] Wenn auch begründet davon ausgegangen werden kann, dass rechte Einstellungen in der Wählerschaft der Republikaner weit verbreitet waren, so zeigt die Verankerung der SPR-RSČ-Wähler in der ansonsten linken Wählerschaft, dass rechte Einstellungen für die Wahlentscheidung offenbar eine untergeordnete Rolle gespielt haben. Bei den Wählern der Republikaner sind (wie in der linken Wählerschaft) überdurchschnittlich viele Personen zu finden, die über geringe Bildung verfügen und/oder zur Arbeiterklasse gehören.[123] Es handelte sich also um Personen, die im Besonderen von der wirtschaftlich schlechten Situation betroffen waren und zu den potentiellen Modernisierungsverlierern zählen. In der Wirtschaftskrise wählten diese Personen nun nicht mehr die Republikaner, sondern folgen dem allgemeinen Trend und wählten eine der Linksparteien.

---

[120] Kreidl und Vlachová 1999.
[121] Pečinka 2004: S. 50f.
[122] Ebd.: S. 50f.
[123] Kreidl und Vlachová 1999: S. 25ff.

Den Misserfolg erklären

Über die obige Analyse lässt sich ein einigermaßen konsistentes Bild zeichnen, welche Gründe zur Wahlniederlage der SPR-RSČ geführt haben.

Ende der 1990er Jahre befand sich Tschechien in einer *Interessenkrise*. Die Menschen waren mit dem Transformationsverlauf, der politischen Elite und ihrer – sich nicht wie erwartet verbessernden – materiellen Lage unzufrieden. Bei der Wahl waren sie daher auf der Suche nach einer Partei, die eine Verbesserung der Situation, insbesondere ihrer individuellen *materiellen* Interessen versprach. Dieses Versprechen war sowohl bei Linksparteien, als auch bei der SPR-RSČ zu finden.

Die SPR-RSČ war aber aufgrund von Skandalen, in die der Parteivorsitzende und weitere Parteimitglieder verwickelt waren, durch massenhafte Parteiaustritte und durch diskreditierende Interviews von ehemaligen Mitgliedern als ernsthafte Alternative zur regierenden mitte-rechts-Koalition unglaubwürdig geworden. Gelang es der SPR-RSČ zu Beginn noch teilweise ihre faschistische Gesinnung zu verbergen, machten die Berichte von Aussteigern, die die großen Tageszeitungen abdrucken, nun einer breiten Öffentlichkeit klar, dass es sich bei der SPR-RSČ um eine klar systemfeindliche und »extremistische« Partei handelte. Zu verstehen ist der innere Zerfallsprozess der Partei durch die von Anfang an wirksamen Zentrifugalkräfte. Sládek gelang es als charismatischem Führer, dem die Partei ihre Wahlerfolge zu verdanken hatte, eine ganze Weile die verschiedenen Strömungen zu bündeln. Mit der Zeit kann aber auch Sládek den Differenzierungsprozess nicht aufhalten, der die gesamte extrem Reche und damit auch die Republikaner erfasst hatte.

Von der Linken konnte in dieser Zeit glaubwürdiger eine Politik zu Gunsten der im Transformationsprozess benachteiligten Menschen erwartet werden. Die SPR-RSČ dagegen war vollkommen unglaubwürdig geworden, darüber hinaus verfügte sie über keinerlei Koalitionspotential. Diese Gründe scheinen für die Wähler in dieser Zeit entscheidend gewesen zu sein. Die von großen Teilen der abgewanderten SPR-RSČ-Wählern geteilten rechten Überzeugungen wie Antiziganismus spielten bei der Wahl eine untergeordnete Rolle.

Damit zeigt die Untersuchung der Wahlergebnisse, dass die Republikaner von der Interessenkrise Ende der 1990er Jahre nicht profitieren konnten. Offensichtlich ging es aufgrund der wirtschaftlichen Lage vor allem um klare materielle Interessen. Die Abwanderung der Wähler zu linken Parteien legt daher die Vermutung nahe, dass hier eine äußerst ›rationale Wahl‹ getroffen wurde: Die Wähler entschieden sich für

Parteien, die *glaubwürdig* eine Verbesserung der materiellen Verhältnisse versprachen. Konnte im ersten Teil des Buches gezeigt werden, dass Krisen, die im Wesentlichen Interessen berühren, nicht zu rechten Einstellungen führen, so ist die Abwahl der Republikaner zum Zeitpunkt der Interessenkrise Ende der 1990er Jahre ein Indiz dafür, dass diese Beobachtung auch auf der Handlungsebene gilt. In der Interessenkrise laufen die Menschen nicht ›irrational‹ faschistischen Bewegungen nach, sondern überlegen vernünftig, welche Parteien zur Verbesserung ihrer Lebensverhältnisse beitragen können.

10.4. Zusammenfassung

In den vorigen Kapiteln wurden zwei charakteristische Phänomene der extremen Rechten in den 1990er Jahren beschrieben.

Auf der *subkulturellen* Ebene fand sich eine massenhafte Verbreitung der Skinhead-Kultur. Diese Subkultur verfügte über eine noch wenig differenzierte Ideologie der Ungleichwertigkeit, vermischte tschechischen Chauvinismus mit Antiziganismus und Ausländerfeindlichkeit und wünschte sich eine Autorität, die mit »harter Hand« gegen das Nachwende-Chaos vorgeht. Die Skinhead-Kultur dieser Zeit war nicht offen faschistisch bzw. neonazistisch. Statt auf den deutschen Nationalsozialismus und klar rassistische Vorstellungen einer Überlegenheit der »weißen Rasse« berief sie sie auf historische Vorbilder wie die Hussitenbewegung (*kališníci*).

Die *Parteipolitik* wurde in den 1990er Jahren von der SPR-RSČ dominiert. Von 1992 bis 1998 war sie mit immerhin 6% bzw. 8% im tschechischen Parlament vertreten. Miroslav Sládek muss als charismatischer Führer verstanden werden, dem es durch Autorität und Wahlerfolge gelang, verschiedene heterogene Strömungen zu bündeln. Auch die SPR-RSČ bemühte sich, nicht offen faschistisch oder neonazistisch zu erscheinen und stellte sich in die Tradition des Republikanismus.

Beide, für die 1990er Jahren charakteristischen Phänomene sind zur Jahrtausendwende verschwunden, bzw. bedeutungslos geworden. Die SPR-RSČ verschwand 1998 aus dem tschechischen Parlament und konnte an ihre Wahlerfolge nicht mehr anknüpfen. Die Verbreitung der *kališníci* ging zurück, stattdessen übernahmen klar neonazistische Gruppierungen ihren Platz. Die Neonazis, die ihre Vorbilder im Wesentlichen in ihren deutschen »Kameraden« suchten, konnten aber an die Verbreitung der *kališníci* nicht anknüpfen.[124]

Um die Entstehung und das Verschwinden dieser Phänomene zu verstehen, ist es notwendig, sich erneut die Ergebnisse aus Teil III dieses Buches zu vergegenwärtigen. Danach fand sich in der unmittelbaren Nachwendezeit eine breite *normative Verunsicherung* in der gesamten Bevölkerung. Diese ist als Ursache dafür zu verstehen, dass in dieser Zeit ein hohes Maß an rechten Einstellungen in der tschechischen Bevölkerung zu finden war und diese Einstellungen breit gestreut waren. Im Verlauf des Transformationsprozesses gingen die Einstellungen aufgrund der sich stabilisierenden sozioökonomischen Situation zurück, außerdem differenzierten sich diese: Es gab nun Gruppen, die über besonders stark ausgeprägte rechte Einstellungen verfügten (»extreme Rechte«) und Gruppen, die keine oder nur sehr schwache rechte Einstellungen aufwiesen (›Antifaschisten‹).[125]

Verstehen wir rechte Einstellungen als »Nachfrageseite« und Organisationen, die diese Einstellungen bedienen als »Angebotsseite«, so wurde die Nachfrage in den 1990er Jahren durch das Angebot gedeckt. Sowohl die SPR-RSČ als auch die Skinhead-Bewegung zeichneten sich dadurch aus, dass sie vage und ohne eindeutige Hinweise auf Faschismus und Neonazismus die undifferenzierten und breit gestreuten rechten Einstellungen in der Bevölkerung bedienten. Es gelang ihnen damit, verhältnismäßig große Gruppen an sich zu binden. Dem entgegen kam die durch die Zeit des Realsozialismus bedingte Diskontinuität: Differenzierte Semantiken und Organisationsstrukturen standen in dieser Zeit nicht zur Verfügung und mussten sich erst bilden. Begünstigt wurde die Entwicklung des Weiteren durch besondere Umstände der Zeit, die wir als Gelegenheitsstrukturen bezeichnen können. Es hatten sich noch keine kritischen, zivilgesellschaftlichen Strukturen gebildet die in der Lage waren, den ›faschistischen Kern‹ von SPR-RSČ und Skinhead-Bewegung zu ›entlarven‹. Auch konnte die Polizei mit dem Phänomen zu dieser Zeit noch nicht umgehen. Der Handlungsspielraum für die extremen rechten Organisationen war daher groß.

---

[124] Leider ist es höchst problematisch, Aussagen über die Stärke der nicht-parteiförmig organisierten extremen Rechten zu treffen. Eine Operationalisierung existiert nicht und der in Tschechien verbreitete politikwissenschaftliche Ansatz, der Faschismus nur erfassen kann, wenn er organisiert ist, hat erhebliche Probleme damit, Aussagen darüber zu treffen, inwieweit *Ideologien der Ungleichwertigkeit* Deutungsmuster und Handlungen im vorpolitischen Raum bestimmen. Es deutet aber alles darauf hin, dass die extreme rechte Szene zur Jahrtausendwende deutlich weniger stark verbreitet ist, als in der unmittelbaren Nachwendezeit.

[125] Wie weiter oben (Kapitel 4) gezeigt werden konnte, hatten sich bereits 1999 *Ausmaß* und *Verteilung* rechter Einstellungen in der Tschechischen Republik an ein westeuropäisches Niveau angenähert.

Der fortschreitende Transformationsprozess bedingte den Niedergang beider Phänomene, und das auf zweierlei Weise. Zum einen gingen rechte Einstellungen mit dem Rückgang der Identitätskrise zurück, rechten Bewegungen ging daher ein großer Teil ihrer aktiven und passiven Unterstützer verloren. Zum anderen war in der Undifferenziertheit von Organisationsstruktur und Semantik die einsetzende Differenzierung bereits angelegt. Die Untersuchung der ersten Skinheadband (Orlík) hatte gezeigt, dass in ihrer Ideologie bereits Elemente beider Idealtypen (tschechischer Nationalismus und Neonazismus) zu finden waren. Differenzierung bedeutet nun, dass sich Strömungen bildeten, die mehr der einen oder der anderen Richtung zuneigten und dass sich offensichtlich faschistische und neonazistische Gruppierungen bildeten. Die Bildung von klar neonazistisch orientieren Gruppierungen führte aber dazu, dass die gesamte Skinheadkultur zunehmend als »extremistisch« wahrgenommen und so weiter zum Randphänomen wurde. Der bald einsetzende Differenzierungsprozess bedingte außerdem Streitigkeiten innerhalb der extremen Rechten. Diese manifestierten sich in der Subkultur im offen ausgetragenen Streit zwischen »Nazis« und »Nationalisten«. In der SPR-RSČ zeigt sich der Differenzierungsprozess durch die von Anfang an wirkenden Zentrifugalkräften und dem daraus resultierenden inneren Zerfallsprozess. Zuletzt veränderten sich die Gelegenheitsstrukturen. Mit dem Entstehen einer zunehmend kritischen Öffentlichkeit und zivilgesellschaftlicher Organisationen wurde der Handlungsspielraum kleiner.[126] Die Polizei professionalisierte sich im Umgang mit »extremistischen« Gewalttätern. Anfang des neuen Jahrtausends hatten sich die gesellschaftlichen Umstände gewandelt, so dass die Bedingungen für undifferenzierte, breite Teile der Bevölkerung ansprechende Bewegungen nicht mehr gegeben waren.

Die Jahre um die Jahrtausendwende markierten daher einen Wendepunkt in der Entwicklung der tschechischen extremen Rechten, der darüber hinaus von einem Generationenwechsel begleitet wurde.[127] Der Rückgang von in der Wendezeit angelegten rechten Einstellungen sowie die veränderten Gelegenheitsstrukturen führten dazu, dass auf sozialstruktureller Ebene nun ein Neuordnungs- und -formierungsprozess der extremen Rechten einsetzte. Mit der Abwahl der Republikaner entstand auf parteipolitischer Ebene ein (gefühltes) Machtvakuum, das registrierte und parteipolitische Organisationen nun aktiv zu füllen versuchten. Die einige Zeit aktiven Bemühungen der Bildung eines neuen parteipolitischen Subjektes scheiterten aber. In der rechten

---

[126] Zur Gleichgültigkeit der Polizei in den frühen 1990er Jahren und der Gründung von zivilgesellschaftlichen Initiativen vgl. Kalibová 2008.

[127] Vejvodová 2008.

Szene führte das zu Resignation und erneutem Rückzug in den Untergrund.[128]
Lange Zeit schien sich damit innerhalb der extremen Rechten wenig zu tun.
Gleichzeitig aber kam es im subkulturellen Bereich zu neuen, von der Öffentlichkeit, Polizei und Innenministerium wenig beachteten Veränderungen. Tschechische Neonazis begannen, erneut inspiriert von den deutschen Nachbarn, ein neues Konzept umzusetzen. Sie organisieren sich zunehmend in »freien Kameradschaften« und als »autonome Nationalisten«. Auf der Parteipolitischen Ebene gründeten sich die *Národní strana* (Nationalpartei, NS) und die *Dělnická strana* (Arbeiterpartei). Diese Entwicklungen bestimmen die Gestalt der heutigen extremen Rechten in Tschechien und werden daher im letzten Teil dieses Buches beschrieben.

---

[128] Vgl. Charvát 2007: 151ff.

Teil V.

Neuere Entwicklungen

11. Aktuelle Entwicklungen

Die neusten Entwicklungen extremer rechter Organisationen und rechter Einstellungen sind nicht immanenter Teil der in diesem Buch untersuchten Fragestellungen. Trotzdem scheint es mir aus Gründen der Vollständigkeit wichtig, den aktuellen Entwicklungen in einem eigenen Abschnitt Rechnung zu tragen.

Die Mobilisierungserfolge rechter, insbesondere nicht-parteiförmiger Organisationen in den letzten Jahren zeigen, dass die extreme Rechte erneut großen Zulauf zu verzeichnen hat. Über die Organisation als »autonome Nationalisten« ist es ihr gelungen, sich erfolgreich an gesellschaftlich veränderte Bedingungen anzupassen und so ihren Handlungsspielraum zu vergrößern. Dass diese Mobilisierungserfolge nicht nur auf veränderte Organisationsstrukturen, sondern auch auf die zunehmende Unterstützung rechter Semantiken in der Bevölkerung zurückzuführen sind, zeigt die Auswertung der vierten Erhebungswelle der *European Values Study*, die erst kurz vor Abschluss dieses Manuskriptes veröffentlicht wurde. Die Daten zeigen eine unerwartet starke Zunahme rechter Einstellungen in nur wenigen Jahren.

11.1. Veränderte Organisationsstrukturen

11.1.1. Subkultur: Autonome Nationalisten

Innerhalb der subkulturellen Szene beginnt sich eine Entwicklung abzuzeichnen, die mit einigen Jahren Verspätung der Entwicklung in Deutschland nachfolgt: Neonazis beginnen sich nun in losen Netzwerken als »autonome« und »freie Nationalisten« zu organisieren,[1] ohne dass eine offizielle Mitgliedschaft besteht.

---

[1] In Tschechien finden sich »autonome« (*»Autonomní nacionalisté«*) und »freie Nationalisten« (*»Svobodní nacionalisté«*). Da die Unterschiede auch intern nicht geklärt sind und sich beide Strömungen im Hinblick auf ihre Organisationsstruktur nicht unterscheiden, können sie an dieser Stelle gemeinsam behandelt werden. Auch tschechische Nationalisten selbst nehmen einen Widerspruch zwischen beiden Strömungen nicht wahr (Vejvodová 2008: 22). Da in Tschechien die Bezeichnung »autonome Nationalisten« überwiegt, werde ich diese im Folgenden als Überbegriff

Das Konzept

Für die deutsche Neonazi-Szene ist diese neue Organisationsstruktur inzwischen recht gut untersucht.[2] Die einzelnen Kameradschaften, bestehend meist aus 5 bis 30 Personen im Alter zwischen 18 und 35 Jahren[3] agieren relativ autonom, planen eigene Aktionen und finden sich erst zu Demonstrationen und anderen größeren Aktionen mit den anderen Kameradschaften zusammen, wobei das Internet als wesentliche Kommunikations- und Vernetzungsplattform dient. In Deutschland begannen Neonazis nach einer Verbotswelle kleinerer Neonazi-Organisationen in den Jahren 1992 - 1995 diese neue Organisationsstruktur aufzubauen,[4] inzwischen hat die Kameradschaftsszene an Bedeutung gewonnen und beeinflusst »maßgeblich im vorpolitischen Raum den ›nationalen Widerstand‹«.[5] Diese Organisationsform ist inzwischen auch in großen Teilen der tschechischen Neonazi-Szene anzutreffen, wobei viele Indizien dafür sprechen, dass die Übernahme der Aktionsform durch grenzüberschreitende Zusammenarbeit mit deutschen Neonazis voran getrieben wurde.[6] Soweit ich es beurteilen kann, bestehen heute keine wesentlichen Unterschiede in der Organisationsstruktur deutscher und tschechischer Neonazis mehr. Die Selbstbeschreibung der »Autonomen Nationalisten Mitteltschechien« verdeutlicht diesen Sachverhalt:

> Wir sind keine zentralisierte Organisation und beabsichtigen nicht, eine solche zu errichten. Der Weg, den wir gehen wollen, ist das Prinzip von Organisation auf Grundlage eigener Initiativen, Aktivitäten und Mittel. Es liegt daher an jeder aktiven Gruppe, wie sie sich in ihrer Umgebung präsentieren will. Wir geben den Tätigkeiten nur eine gewisse Richtung, alles andere liegt an jedem von euch![7]

Diese neue Organisationsform entspricht dem, was Griffin als *rhizomartig* bezeichnet und als wesentliches Kennzeichen des Nachkriegs-Faschismus ausmacht. Damit ist die Organisationsstruktur nicht vollkommen neu: Bereits vor der Erfindung des »autonomen Nationalismus« waren subkulturelle faschistische Gruppierungen zum

---

benutzen.
[2] Da hier auf die zitierte Literatur verwiesen werden kann, verzichte ich auf eine umfangreichere Darstellung.
[3] Speit 2005: 21. Für Tschechien konstatiert Vejvodova (2008: 21) eine Altersspanne von 20 bis 30 Jahren.
[4] Röpke und Speit 2004: 8.
[5] Ebd.: 8.
[6] Vgl. Vejvodová 2008: 20.
[7] »*Nejsme žádnou centralizovanou organizací a ani jí nehodláme budovat. Cesta, kterou hodláme jít, je princip organizace na základě vlastní iniciativy, aktivity a prostředků. Je tedy na každé aktivní skupině, jak se bude ve svém okolí prezentovat. My pouze dáme určitý směr jejich činnosti, to ostatní je na každém z Vás!*«, zitiert nach ebd.: 21.

Teil dezentral organisiert und bestanden, ohne dass eine übergeordnete Organisationsebene existieren musste. Neu am »autonomen Nationalismus« ist, dass sich die Akteure *innerhalb* der *groupusculus* den Vorteilen einer solchen Organisationsstruktur *bewusst sind* und diese für sich nutzbar zu machen wissen. Die Arbeiten von Theoretikern wie Roger Griffin, aber auch Empirikern, die die Entwicklung hin zum »autonomen Nationalismus« untersuchen,[8] lassen den Schluss zu, dass die Entwicklung als Ergebnis eines Bewusstwerdungsprozesses der Akteure zu verstehen ist: Faschistische Akteure stellen fest, dass diese Organisationsform die geeignetste ist, um mit dem Problem von Verboten und polizeilichen Repressionen umzugehen.

Wichtigstes Koordinationsmedium stellt dabei das Internet dar.[9] Die Entwicklung in rhizomartig vernetzten *groupusculus* geht mit der Entwicklung des Internets einher und wird dadurch in seiner perfektionierten Form erst ermöglicht. Ohne dieses Medium könnten zwar einzelne Gruppen ebenfalls »autonom« existieren und agieren, wären aber nicht in der Lage, sich zu größeren gemeinsamen Aktionen wie Demonstrationen wieder zusammen zu finden. Auch dem Austausch von Symboliken, ideologischen Wissensbeständen sowie konkretem, organisationsrelevantem Wissen wären enge Grenzen gesetzt.

Entwicklung in Tschechien

Auch die in Tschechien geht die Umorganisation einher mit veränderten gesellschaftlichen Bedingungen. So genießt die tschechische extreme Rechte in den 2000er Jahren nicht mehr die Handlungsfreiheit der ersten Nachwendejahre. Die Zivilgesellschaft hat das Thema »Rechtsextremismus« für sich entdeckt,[10] der Polizei gelingt es zunehmend erfolgreicher, mit repressiven Maßnahmen gegen »Rechtsextremisten« vorzugehen und auch ist die gesamte Skinhead- und Neonazis-Szene als »extremistisch« diskreditiert. Die Organisation in rhizomartig vernetzten *groupusculus* ist als Anpas-

---

[8] Für Beobachter der deutschen Szene sei Andreas Speit, für die Tschechische Petra Vejvodová genannt.

[9] Griffin weist darauf hin, dass das Internet dieselben strukturellen Merkmale wie die faschistischen Netzwerke aufweist: Es wurde vom US-Militär ja gerade entwickelt, um es unmöglich zu machen, Informationsnetzwerke durch die Aushebelung eines seiner Teile zu zerstören. »These qualities duplicate the very features of the Internet which first attracted US military strategists to its potential for making it impossible to shut down or wipe out the information it contains simply by knocking out any one part of it, since there is no ›mission control‹ to destroy. The groupuscularity of the contemporary extreme right makes it eminently able to survive and grow even if some of the individual organizations which constitute it are banned and their Websites closed down (Griffin 2004*b*: 297).

[10] Kalibová 2008: 152.

sungsreaktion auf die sich verändernden Bedingungen in einer sich zunehmend stabilisierenden Transformationsgesellschaft zu verstehen. Durch die Vernetzung mit der
deutschen Neonazis-Szene konnte in recht kurzer Zeit an das erfolgversprechende
Konzept angeknüpft werden.

Die Entwicklung zum »autonomen Nationalismus« beginnt in Tschechien (im
Vergleich zu Deutschland) recht spät und lässt sich ungefähr auf die Zeit nach
2001/2002 datieren. Als wichtiger Akteur tritt in der subkulturellen Szene seit 1999
der »Národní odpor« (Nationaler Widerstand, NO) auf, der zunehmend Aktivitäten
und Mitglieder von »Blood & Honour Division Bohemia« (B&H) übernimmt.[11] Der
NO ist von Bedeutung, da er exemplarisch für die sich neu formierende Neonazi-
Szene steht, die sich vom Skinhead-Image zu lösen beginnt und neben den weiter
statt findenden Konzerten auch zunehmend mit Demonstrationen und anderen explizit politischen Veranstaltungen öffentlich in Erscheinung tritt.

Nachdem mit dem Zerfall der SPR-RSČ der wichtigste parteipolitische Akteur der
extremen Rechten unbedeutend geworden war, kam es auch innerhalb der organisierten subkulturellen Szene zu Bemühungen, sich (im klassischen Sinne) zu organisieren,
die extreme Rechte zu vereinen und politisch aktiv zu werden. Da auch der NO in
diese Bemühungen involviert war, lässt sich schlussfolgern, dass das Konzept des »autonomen Nationalismus« in dieser Zeit noch keine bedeutende Verbreitung gefunden
hatte. Dieses Projekt scheiterte 2001,[12] führte zu Resignation in der Szene und dem
»erneuten Rückzug in den subkulturellen Untergrund«.[13] In den nachfolgenden Jahren, in denen die extreme rechte Szene durch innere Streitigkeiten gehemmt wurde und
sich erneut auf das Veranstalten von Konzerten beschränkte, begannen die tschechischen Neonazis das neue Konzept des »autonomen Nationalismus« aus Deutschland
zu importieren.[14] 2004 finden sich dann in Brünn die ersten Aufkleber, die auf die
»Autonomen Nationalisten Brünn« (»Autonomní nacionalisty Brno«) verweisen.[15]
Im Extremismusbericht des selben Jahres findet sich auch der Hinweis auf »nichtor-
ganisierte, kleine Gruppen ohne Namen«.[16] Auch wird auf die zunehmende Nutzung
des Internets hingewiesen. 2005 wird dann konstatiert, dass der Rechtsextremismus

---

[11] Ministerstvo vnitra České republiky 1999.
[12] Zu Details vgl. Charvát 2007: 151ff.
[13] »[...] došlo na neonacistické scéně k viditelné regresi a opětovnému stažení do subkulturního undergroundu« (ebd.: 153).
[14] Ebd.: 153.
[15] Vejvodová 2008: 21.
[16] Ministerstvo vnitra České republiky 2004: 11.

nach dem Prinzip »autonomer Tätigkeiten«[17] funktioniere, hier wird auch erstmalig von »autonomen Nationalisten« gesprochen, die neben dem *Národní odpor* die wichtigste Neonazi-Strömung darstellen. In den letzten Jahren hat sich diese Entwicklung gefestigt. Der *Národní odpor* besteht weiterhin als nicht-registrierte Organisation,[18] bemüht sich aber nicht mehr als offizieller politischer Akteur tätig zu werden, sondern propagiert offen das Konzept des »autonomen Nationalismus«,[19] wobei enge personelle Verbindungen existieren.

Mit der beschriebenen Umstrukturierung gehen in der extremen rechten Szene weitere Veränderungen einher, die sich aber nicht ohne weiteres auf die veränderte Organisationsstruktur zurückführen lassen und daher nicht als Definitionsmerkmal von *groupusculus* verstanden werden dürfen. Diese Veränderungen betreffen im besonderen Auftreten, Stil und verwendete Symboliken der Szene. Autonome Nationalisten haben äußerlich nichts mehr mit den Skinheads der 1990er Jahre gemeinsam. Wie auch in Deutschland hat sich die extreme rechte Szene optisch an linke Gruppen angenähert und ist für Außenstehende oft nur noch schwer von diesen zu unterscheiden. Beispielsweise findet sich auch in der tschechischen Neonazis-Szene das schwarz-weiße Logo mit der Aufschrift »*Good night left side*«, dass optisch dem antifaschistischen Slogan »*Good night white pride*« nachempfunden ist. In der Öffentlichkeit ist das »modernisierte Outfit« der Szene allerdings noch nicht ausreichend wahrgenommen worden.[20] Ein weiteres Merkmal ist die Hinwendung zu aktuellen und sozialen Thematiken. Auffällig, und hier ist ein Unterschied zu deutschen Neonazis zu sehen, ist

---

[17] Ministerstvo vnitra České republiky 2005: 2.

[18] Die Aktionen des NO wurden einige Zeit vom *(»Národní korporativismus«)* übernommen, der allerdings mit diesem personell und organisatorisch eng verbunden ist (Charvát 2007: 155).

[19] So veröffentlichte er 2007 ein »Manifest des autonomen Nationalismus« *(»Manifest autonomního nacionalismu«)* (Vejvodová 2008: 27).

[20] Noch heute ist das Bild, das die meisten Tschechen von Neonazis haben, das des Skinheads mit Glatze, Bomberjacke und Springerstiefeln. Eine Kampagne gegen Rechtsextremismus mit dem Titel »„NEOnáček - chcete ho?« (Neonazi - wollt ihr ihn?), die von der humanitären Organisation »*Člověk v tísni*« (Mensch in Not) 2008 ins Leben gerufen wurde, bestätigt genau dieses Bild: In Videospots und auf Plakaten werden die Nazis Daníček, Kubík und andere, die im typischen Skinhead-Look mit Glatze, Springerstiefeln und Bomberjacke auftreten, ins Lächerliche gezogen (Člověk v tísni 2008). So wird beispielsweise der Nazi Daníček als beklopter Geistesgestörter dargestellt, der seine Aggressionen an einem Stuhl auslässt und daraufhin in einen Käfig gesperrt wird. Die Kampagne ist in zweierlei Hinsicht zu kritisieren: Zum einen lenkt diese Strategie der Pathologisierung davon ab, dass rechte Einstellungen ein Problem der Mehrheitsgesellschaft, keineswegs »geistesgestörter« Skinheads darstellen. Zum anderen wird ein Bild von Neonazis vermittelt, das nicht mehr der Realität entspricht und so nicht zur Aufklärung beiträgt. Die angesprochene Öffentlichkeit wird nach dieser Kampagne Neonazis in schwarzen *Thor Steinar*-Jacken gerade nicht erkennen.

die Betonung von Umweltproblemen.[21]

Im Unterschied zu den Skinheads der 1990er Jahre sind heutige Neonazis klar politisch und verfügen über eine gefestigte faschistische Ideologie. Es handelt sich nicht mehr um eine Subkultur, die zwar diffusen Rassismus und Ultranationalismus verkörpert, sich dabei aber auf Lebensstil und das Veranstalten von Konzerten beschränkt. Tschechische autonome Nationalisten haben ein klares Ziel: Die Überwindung des derzeitigen Systems und die Schaffung einer rassisch homogenen tschechischen Nation. Sie sind damit im Griffin'schen Sinne als Faschisten zu bezeichnen.

Ungeklärt und damit ein wichtiges Forschungsdesiderat bleibt die Entwicklung von Verhältnis und Bedeutung der verschiedenen ideologischen Strömungen. Autonome Nationalisten argumentieren mit der Überlegenheit der »weißen Rasse« und wollen eine Vermischung der verschiedenen »Völker« verhindern. Sie erfüllen damit die Kriterien, nach denen ich an anderer Stelle Neonazis von tschechischen Nationalisten abgegrenzt habe (s. oben, Kapitel 9.4). Gleichzeitig berichtet Vejvodová von ideologischen Elementen, die auf tschechischen Nationalismus hinweisen: In der Geschichte suchen sie Anknüpfungspunkte beim heiligen Wenzel und im tschechischen Faschismus (General Gajda).[22] Ob aber diese tschechisch-nationalistischen Elemente für das Selbstverständnis tschechischer Neonazis von großer Bedeutung sind, muss bezweifelt werden. Mir scheint es so, als ob die nationalistischen Elemente zunehmend »schmückendes Beiwerk« darstellen, die zwar Bestandteil tschechischer faschistischer Kultur bleiben werden (so wie »*fish & ships* Teil der Kultur eines britischen Faschismus geworden wären«[23]) ohne aber für die weitere Entwicklung von Organisationsstrukturen und Semantiken von Bedeutung zu sein. Mayer und Odehnal stellen so auch lapidar fest, dass das »Projekt ›eigenständiger tschechischer Nationalismus‹ [...] als gescheitert« gelten muss.[24]

Interessant wäre es des Weiteren zu untersuchen, wie die Szene mit vorhandenen semantischen Widersprüchen verfährt. Ich vermute, dass es die Organisation in *groupusculus* erlaubt, mit ideologischen Widersprüchen besser umzugehen und Streitigkeiten zwischen den Strömungen, wie sie auf parteipolitischer Ebene weiterhin eine große Rolle spielen, zu vermeiden.[25] Jede Gruppe hat die Möglichkeit, ihren eigenen

---

[21] Vejvodová 2008: 24.
[22] Ebd.: 22.
[23] Griffin 2005: 43.
[24] Mayer und Odehnal 2010: 156. Mit dieser Aussage beziehen sich die Autoren auf die Auflösung der tschechisch-nationalistischen »*Národní strana*« (Nationalpartei). S. dazu unten, Kapitel 11.1.2.
[25] Dazu ebenfalls unten, Kapitel 11.1.2.

ideologischen Schwerpunkt zu setzen, gleichzeitig besteht ein faschistischer Grundkonsens darin, dass das derzeitige dekadente System überwunden, von Roma/Zigeunern gereinigt und durch eine homogene »Volksgemeinschaft«[26] ersetzt werden müsse. Dieser Grundkonsens erlaubt es, dass sich autonome Nationalisten trotz teilweise widersprüchlicher Ideologien zu gemeinsamen Aktionen zusammen finden.

11.1.2. Parteipolitik: *Dělnická* und *Národní strana*

In der Zeit der Neuformierung der extremen Rechten entstanden einige neue Parteien: »*Národní strana*« (Nationalpartei) (2002), »*Národní sjednocení*« (Nationale Vereinigung) (2002), sowie die Arbeiterpartei (»*Dělnická strana*«) (2003). Seit Anfang 2005 bemühten sich die tschechischen extremen rechten Parteien intensiv um eine engere Zusammenarbeit und Integration. Ziel war es, bei Wahlen gemeinsam anzutreten und so die Streuung der Stimmen auf verschiedene marginale Parteien zu verhindern. Die Integrationsbemühungen fungierten unter den Namen »*Právo a spravedlnost*« (Recht und Gerechtigkeit), »*Národní pětky*« (Nationale Fünf) und »*Národní síly*« (Nationale Kräfte). Die genannten Organisationen waren mit einigen weiteren Gruppierungen in verschiedenen Konstellationen an den Projekten beteiligt. An dieser Stelle genügt es zu konstatieren, dass diese aufgrund von Streitigkeiten zwischen den verschiedenen Gruppen bald scheiterten.

Zwei der neu gegründeten Parteien erfuhren in den folgenden Jahren große mediale Aufmerksamkeit: »*Dělnická strana*« (Arbeiterpartei, im Folgenden kurz DS) und »*Národní strana*« (Nationalpartei, im Folgenden kurz NS). Wenn sich die Programme beider Parteien auch stark ähneln,[27] handelt es sich dennoch um zwei grundlegend verschiedene Phänomene. Die *Národní strana* verfügt nur über eine schwach ausgeprägte Basis, distanziert sich von Neonazis, dem »extremistischen nationalen Widerstand« *(Národní odpor)* und versucht sich als konservative Partei darzustellen, die in den »Bürgerdemokraten« (»*Občanská demokratická strana, ODS*«) einen möglichen Koalitionspartner sieht.[28] Die *Dělnická strana* dagegen arbeitet eng mit neonazistischen Gruppierungen zusammen und verfügt daher über ein sehr viel größeres

---

[26] »*národní pospolitost*«.

[27] Vgl. Mayer und Odehnal 2010: 156.

[28] Am 10.8.2005 trafen sich die Vorsitzenden der NS, Petra Edelmannová und Dušan Kučera mit dem Vorsitzenden der konservativen ODS *(Občanská demokratická strana)* Mirek Topolánek. Die NS zeigte sich nach dem Treffen zufrieden und gab an, über eine mögliche Zusammenarbeit nach der Wahl gesprochen zu haben. Topolánek schloss eine Zusammenarbeit allerdings aus (*Právo* 2005).

Mobilisierungspotential. Natürlich distanziert sich auch die DS offiziell von Faschismus und Neonazismus, aufgrund der offensichtlichen Nähe zur Neonazi-Szene ist sie darin aber deutlich weniger glaubwürdig. Die NS ist bemüht, sich im historischen tschechischen Nationalismus zu verorten und verweist – wie die Skinheads der 1990er Jahre (s. oben, Kapitel 10.2) – auf die Hussitenbewegung. Die DS dagegen stellt kaum historische Bezugspunkte her, ist eng mit der Neonazis-Szene verbunden und versucht in großem Maßstab soziale Themen zu besetzen. Damit zeigt sich erneut die Brauchbarkeit der oben dargelegten idealtypischen Unterscheidung von tschechischem Nationalismus und Neonazismus. Die NS kann in erstere, die DS in letztere Kategorie eingeordnet werden.

Dabei erwies sich das Konzept der DS als das erfolgreichere. Die Zusammenarbeit mit der Kameradschaftsszene beschert ihr großen Zulauf, wenn gleich die Gewalttaten der »extremen« Neonazis potentielle Wähler abschrecken und so ernstzunehmende Wahlerfolge verhindern. Der NS gelang es zwar eine Zeit lang, enorme mediale Aufmerksamkeit durch die Besetzung kontroverser Themen zu erlangen, sie blieb aber bei Wahlen noch stärker marginalisiert als die Arbeiterpartei und ist seit Ende 2009 in Auflösung begriffen.[29]

Národní strana

Die Entwicklung der Nationalpartei geht zurück bis 1996.[30] Registriert wurde sie schließlich am 31. Oktober 2002, das Gründungstreffen fand am 1.3.2003 statt.[31] Zur Vorsitzenden wurde die Politologin Petra Edelmannová gewählt, als wichtigster Akteur der Partei gilt Pavel Sedláček, u.a. Herausgeber einiger Bücher, darunter eine Analyse der Möglichkeiten der tschechischen Ultrarechten vor den Parlamentswahlen 2002 mit dem bezeichnenden Titel »Nic Než Národ« (Nichts außer die Nation/ das Volk).[32]

Der NS gelang es eine Zeit lang, insbesondere im Wahljahr 2006, erhebliche Präsenz in den tschechischen Medien zu erlangen. Diese bekam sie immer wieder durch geschicktes Aufgreifen kontroverser Themen und Provokationen gegenüber der Roma-/Zigeuner-Minderheit. Zuletzt konnte sich die NS der Aufmerksamkeit aller Medien

---

[29] *Lidové Noviny* 2009c.
[30] Mareš 2003: 250.
[31] Kyloušek und Smolík 2006.
[32] »národ« kann im Tschechischen sowohl die Bedeutung »Volk« als auch »Nation« haben. Für den Hinweis danke ich Sabine Stach.

sicher sein, als sie zur Europawahl 2009 in einem Wahlwerbespot die »Endlösung der Zigeunerfrage« (»Konečné řešení otázky cikánské«) forderte.[33] Da das tschechische Fernsehen die Ausstrahlung umgehend stoppen ließ,[34] kündigte die NS an, aufgrund von »Zensur« das Wahlergebnis anzweifeln zu wollen - und schaffte es damit prompt auf die Titelseite der Lidové Noviny.[35] Die wohl wichtigste medienwirksame Aktion der NS war die Leugnung des Genozids an tschechischen Roma/Zigeunern im Konzentrationslager Lety im Januar 2006.[36] Im Zeitraum der Diskussion war Petra Edelmannová die präsenteste Politikern in den tschechischen Nachrichten.[37] Ebenfalls stark rezipiert wurde die Bildung einer paramilitärischen Einheit, der »Nationalen Garde« (»Národní garda«). Mit dieser schaffte es die NS wiederum in die Medien, als sie begann, Patrouillen vor Schulen durchzuführen, um tschechische Schüler vor vermeintlichen Übergriffen junger Roma/Zigeuner zu schützen.[38] Die Verbindung, die die NS regelmäßig zwischen Antiziganismus und dem Völkermord der Nationalsozialisten an den

[33] Národní strana 2009.
[34] Právo 2009.
[35] Lidové Noviny 2009d.
[36] Lety war ein deutsches Konzentrationslager am Rande der Gemeinde Lety im Kreis Písek im damaligen Protektorat Böhmen und Mähren. Es wurde als »Zigeunerlager« (»Cikánský tábor v Letech«) errichtet, in dem vermeintlich »arbeitsscheue« und »asoziale« Roma/Zigeuner »umerzogen« werden sollte. Aufgrund der Lagerbedingungen, Unterernährung und Seuchen starben 600-700 Menschen, ein Großteil der Überlebenden wurde nach Auflösung des Lagers nach Auschwitz deportiert (ROMBASE 2010). Die Diskussion um Lety begann, als die NS ankündigte, dort einen Gedenkstein für die Opfer des 2. Weltkrieges zu errichten, der die Aufschrift tragen sollte: »Dieses Mahnmal errichtete die Národní strana am 21. Januar 2006 den Opfern des 2. Weltkrieges. Hier war ein Sammellager. Es handelte sich nicht um ein Konzentrationslager. Die Geschichte ist keine Frage der Auslegung, sondern der Wahrheit.« (»Tento památník českým vlastencům 2. světové války umístila Národní strana 21. ledna 2006. Zde byl sběrný tábor. Nejednalo se o koncentrační tábor. Historie není otázkou výkladu, ale pravdy.«) Was mit der Umdeutung von Konzentrations- in Sammellager bezweckt werden sollte, wird deutlich, wenn Edelmannová im Interview mit der Lidové Noviny ausführt, dass das Lager vor allem »für die Zigeunerminderheit gedacht war. Dort nahmen die Deutschen natürlich auch Vagabunden und andere Asoziale auf.« (»Tábor byl primárně určen pro cikánskou menšinu, Němci tam ovšem přiváželi také tuláky a jiné asociály.«) (Lidové Noviny 2006a). Von diesen starben nun auch einige wenige an Krankheiten wie Typhus, wie Pavel Sedláček an anderer Stelle ausführt. (»Nebyl to koncentrační tábor. Lidé tam zemřeli. Nebylo jich moc, bylo to na tyfus a ten byl z toho a toho důvodu.«) (Právo 2006). In der Interpretation der NS war also Lety ein »Sammellager« für »asoziale und nichtanpassungsfähige Zigeuner«. Diese wurden nicht systematisch und nach rassistischen Kriterien umgebracht, sondern aufgrund ihrer »Asozialität« in ein Lager interniert, wobei aufgrund unglücklicher Umstände (Krankheiten) auch einige starben. Damit macht sich die NS die Argumentation der deutschen Nationalsozialisten zu eigen und zeigt, wie auch heute noch faschistischer Antiziganismus seinen Platz in der Gesellschaft findet.
[37] Die Angabe bezieht sich auf die Redezeit in der Sendung Události. im Zeitraum vom 16.-22.1.2006. Vgl. Jansa 2007: 26.
[38] So beispielsweise auf dem Nachrichtenserver iDNES.cz (iDNES.cz 2008a).

Sinti und Roma (»Endlösung der Zigeunerfrage«, Leugnung des Holocaust) herstellt, zeigt dass der Antiziganismus der *Národní strana* faschistische Züge annimmt und konsequent zu Ende gedacht auf die Vernichtung der Minderheit hinaus läuft. Vor dem Hintergrund ihrer Marginalität im Hinblick auf Mitgliederzahlen und Wahlergebnisse ist die starke Präsenz der NS in den tschechischen Medien auffällig. Bei den Parlamentswahlen 2006 erhielt die NS lediglich 9.341 Stimmen (0,17%), bei den Europawahlen 2009 waren es 6263 Stimmen (0,26%).[39] Die Mitgliederzahl der NS wird auf 200 oder weniger geschätzt.[40] Für die geringe Anzahl an Mitgliedern spricht auch, dass sich die NS regelmäßig weigert, genaue Angaben zu machen.[41] Ondřej Cakl schätzt das Mobilisierungspotential auf max. 60 - 80 Personen, an den meisten Aktionen der NS beteiligten sich laut Cakl acht bis fünfzehn Menschen.[42] Auch die angeblichen 2000 Interessenten an der paramilitärischen *Národní garda*[43] entpuppten sich bald als Erfindung der NS. Lediglich die übermäßige Medienpräsenz führte dazu, dass »bei vielen Leuten der Eindruck [...] [entstanden ist], dass hier eine Garde existiert, die hunderttausend Mitglieder hat, dabei handelt es sich in Wirklichkeit nur um zehn Leute.«[44] Kyloušek/Smolík stellen vor diesem Hintergrund die Frage, ob es der NS tatsächlich um das Erreichen politischer Macht geht, oder ob sie ihre Parteiförmigkeit lediglich nutzt, um politisch heikle Themen in die Diskussion zu bringen.[45]

Miroslav Mareš bezeichnet die NS als »tschechisch-hussitisch orientierte Nationalisten«.[46] Darauf, dass sich die NS auf historisch-tschechischen Nationalismus bezieht, deutet bereits ihr Name hin: Mit *Národní strana* verweist sie auf die die im 19. Jahrhundert wirkende Partei selben Namens.[47] Sie hat ihre Vorbilder in den Feld-

---

[39] Český statistický úřad 2010.
[40] Kyloušek und Smolík 2006.
[41] Ebd., Jansa 2007: 5.
[42] Zitiert nach *Český rozhlas 6* 2008.
[43] ROMEA/ČTK 2008, auch: Michal Ševčík, stellvertretender Vorsitzender der NS im Interview mit Český rozhlas 6 (*Český rozhlas 6* 2008).
[44] »*A Národní strana společně s Národní gardou, protože to jsou spojený nádoby, jsou v současný době skoro každý týden v médiích a výsledek je takovej, že u mnoha lidí vzniká dojem, že tady existuje nějaká garda, která má stovky tisíce členů, přitom se jedná opravdu o desítky lidí.«* (Cakl, zitiert nach ebd.).
[45] »*Soustřeďuje se vůbec NS, subjekt s minimální členskou základnou, který se brání otevřenému členství, na reálné získání politické moci? Nebo je pouhým generátorem politicky ožehavých témat prostřednictvím mediálně kvalitně propagovaných akcí (romská problematika, imigrace, vztah k islámu, postoj k NATO a EU)?«* (Kyloušek und Smolík 2006).
[46] »*české husitsky orientované nacionalisty«* (Mareš 2008c).
[47] Die bürgerliche *Národní strana* wurde 1948 als erste böhmische Partei gegründet. Neben dem Namen können aber keine weiteren Anknüpfungspunkte festgestellt werden (Kyloušek und Smolík

zügen der Hussiten gefunden und zelebriert jährlich am 11. Oktober den Todestag des Hussitenführers Jan Žižka.[48] Die Parallele zur Hussiten-Verehrung der *kališnici* wird hier deutlich.[49] Provozierende Aufmärsche in Roma-/Zigeuner-Siedlungen benannte die NS daher auch nach den Feldzügen der Hussiten *(Spanilé jízdy)*.[50] Einher mit diesem Bezug auf historisch-tschechischen Nationalismus geht die strikte Ablehnung des Nationalsozialismus. Die NS sieht sich selbst als konservative Partei und distanziert sich vom Neonazismus[51] und neonazistischen Gruppierungen.[52] Im April demonstrierten Anhänger der NS gemeinsam mit anderen nationalistischen Gruppierungen gegen die »Sudetendeutsche Landsmannschaft« *(»Sudetoněmecký landsmanšaft«)*,[53] wobei die Sudetendeutschen wiederholt als Neonazis bezeichnet wurden.[54]

In der tschechischen Politikwissenschaft wurde intensiv diskutiert, ob die NS als »extremistisch« einzuordnen sei. Da sie sich selbst als konservativ und tschechisch-nationalistisch darstellt und klar von Kommunismus, Faschismus und Neonazismus distanziert,[55] wurde diese Frage häufig verneint. Darüber hinaus ist die NS nicht offen antisemitisch. Nach der Schändung des jüdischen Friedhofs in Theresienstadt bot die NS medienwirksam an, die Grabmähler durch ihre paramilitärische *Národní garda* schützen zu lassen.[56] Die Selbstdarstellung mag dazu geführt haben, dass Mareš in der Anfangsphase der NS darauf bestand, dass diese keine »extremistische« Partei sei.[57] Gewalttaten ordnete er dem *Národní odpor*, nicht der NS zu.[58] Auch Kyloušek/Smolík äußern sich kritisch zur Einordnung als extremistisch, lassen die Frage aber offen. Diese Diskussion macht erneut die verkürzte Sichtweise der »Extremismusexperten« deutlich. Der Schwerpunkt der Analyse liegt auf der Selbstdarstellung der Partei und ihrer eigenen Zuordnung zu Ideologien wie Kommunismus und Faschismus. Bei dieser

---

2006).

[48] Mayer und Odehnal 2010: 154.

[49] S. oben, Kapitel 9.3 und 10.2.

[50] *iDNES.cz* 2008*b*.

[51] So Pavel Sedláček in »*Nic Než Národ*« (Sedláček 2003: 27ff).

[52] Ebd.: 27ff, öffentlich beispielsweise der stellvertretende Vorsitzende Michal Ševčík am 2.7.2008 im Interview mit Český rozhlas 6 (*Český rozhlas 6* 2008).

[53] Die Sudetendeutsche Landsmannschaft ist ein deutscher Vertriebenenverband, der sich zum Ziel gesetzt hat, die Interessen der aus dem Sudetenland vertriebenen Deutschen zu vertreten.

[54] *Lidové Noviny* 2005.

[55] Kyloušek und Smolík 2006.

[56] Der Direktor der Gedenkstätte lehnte diese Angebot mit den Worten »Das sind Nazis, die haben in Theresienstadt nichts zu suchen.« *(»Jsou to náckové, nemají v Terezíně co dělat.«)* allerdings klar ab (*Lidové Noviny* 2008*c*).

[57] Einige Standpunkte der NS könnten dagegen die demokratische Diskussion in Tschechien beleben. Mareš 2003: 254.

[58] So Mareš im Interview mit Český rozhlas 6 (*Český rozhlas 6* 2008).

Betrachtung wird außer acht gelassen, dass Antiziganismus das beherrschende Thema der Nationalpartei ist. Eine genaue Analyse des Antiziganismus in der Form, wie ihn die NS vertritt, würde zeigen, dass dieser der Roma-/Zigeunerminderheit grundlegende Menschenrechte abspricht und daher keineswegs mit der *Charta der Grundrechte und Grundfreiheiten (Listina základních práv a svobod)* vereinbar ist. Eine kurze Feststellung, dass die NS xenophob sei, reicht hier nicht aus.[59]

Die tschechisch-nationalistischen Elemente der Ideologie der NS spielen nun für ihre Außendarstellung und die Mobilisierung von Wählern eine untergeordnete Rolle. Die diffusen historischen Anknüpfungspunkte der Partei werden in den Medien nicht referiert, Aufmerksamkeit erlangte die NS dagegen durch ihre provozierenden antiziganistischen (s.o), ausländerfeindlichen, homo- und islamophoben Aussagen. Auf die Frage, warum man der NS seine Stimme geben solle, antwortete Petra Edelmannová in der *Lidové Noviny*:

> Die Nationalpartei stellt die einzige politische Kraft in der Tschechischen Republik dar, die fähig und bereit ist, sich gegen die zunehmende Islamisierung unserer Gesellschaft zu stellen. Sie ist die einzige Kraft, die einen Stopp der Immigration fordert.[60]

Weit wichtiger als für die öffentliche Wahrnehmung sind für die tschechisch-nationalistischen Elemente ihrer Ideologie für die Zusammenarbeit mit anderen extremen rechten Organisationen. Der bereits mehrfach aufgegriffene semantische Widerspruch zwischen tschechischem Nationalismus und Neonazismus führt dazu, dass eine Zusammenarbeit zwischen *Národní strana* und *Autonomní nacionalisté* erschwert, wenn nicht gar verunmöglicht wird. Die Tatsache, dass tschechische Neonazis eine Erklärung unterzeichnet haben, in der sie sich bereit erklären, an der Aufhebung der Beneš-Dekrete zu arbeiten,[61] während die NS gegen die »neonazistischen« Sudetendeutschen protestiert, macht diesen Widerspruch erneut deutlich. Tschechische Neonazis sind daher – wenn sie parteipolitische Gruppierungen nicht grundsätzlich ablehnen – Anhänger der Arbeiterpartei, nicht aber der Nationalpartei.[62]

Wie ist nun die Entwicklung der *Národní strana* einzuschätzen? Ein Vergleich mit der weiter oben untersuchten »Vlastenecká liga« (»Heimatliga, VL«) kann hier

---

[59] So Kyloušek und Smolík 2006.
[60] »*Národní strana představuje jedinou politickou sílu v České republice, která je schopná a ochotná postavit se proti postupné islamizaci naší spolecnosti. Je jedinou silou, která říká stop imigraci.*« (*Lidové Noviny* 2006b).
[61] S. oben, Kapitel 9.4.1.
[62] S. unten, Kapitel 11.1.2.

220

Aufschluss geben.[63] Wie die NS wurde auch die VL als tschechisch-nationalistisch eingeschätzt. Beide Organisationen bezogen sich auf historisch-tschechischen Nationalismus und verbanden das mit einer Ablehnung des Nationalsozialismus sowie der klaren
Distanzierung von tschechischen und deutschen Neonazis (wobei beiden Organisationen insbesondere in der Anfangsphase eine Überschneidung mit der Neonazi-Szene
nachgewiesen werden kann).[64] Beide Organisationen waren nicht offen antisemitisch,
hatten aber mit Antiziganismus ihr wichtigstes Mobilisierungsthema gefunden. Da Antiziganismus im Gegensatz zu Neonazismus und Antisemitismus in der tschechischen
Bevölkerung eine breite Akzeptanz erfährt, konnten sich die Organisationen bemühen
als nicht-»extremistisch«[65] zu erscheinen und breitere Bevölkerungsschichten anzusprechen.[66] Diese Strategie war in beiden Fällen nicht erfolgreich. Die VF löste sich
bald nach ihrer Distanzierung von der Skinhead-Szene auf, die NS verfügte zwar einige
Jahre über erhebliche Medienpräsenz, konnte aber weder eine breite Basis aufbauen,
noch Wahlerfolge feiern.

Über diese Entwicklungen lassen sich zwei Vermutungen anstellen. Ein erstes Problem tschechisch-nationalistischer Parteien bzw. Organisationen scheint die fehlende
Basis an Mitgliedern und Unterstützern zu sein. Die sich aus ihrer Ideologie ergebende
Ablehnung des Neonazismus führt dazu, dass sie mit neonazistisch orientierten Gruppierungen ein großes potentielles Mobilisierungspotential verschenken. Dieser Nach-
teil kann nun gleichzeitig als Vorteil verstanden werden: Durch die Distanzierung von
»Extremismus«, Gewalt und Neonazismus können sie versuchen, sich »bürgerlich«
zu präsentieren und so breitere Bevölkerungsschichten anzusprechen. Diese Strategie
funktionierte in beiden untersuchten Fällen nicht. Die NS wurde in den Medien trotz
ihrer Bemühungen und der Einschätzung von Experten wie Miroslav Mareš immer
wieder mit dem Attribut »extremistisch« belegt und auch die VL wurde als neonazistisch und faschistisch bezeichnet.[67] Wenn auch über die NS teilweise wohlwollend

---

[63] S. oben, Kapitel 10.2.2.
[64] Zur ähnlichen Ideologie der beiden Organisationen vgl. auch Mareš 2008a: 38.
[65] Dieser »Vorteil« wird im Falle der NS dadurch relativiert, dass die NS in den großen Tageszeitungen häufig mit Attributen wie »extremistisch« (»extremistická«), »äußerst rechts« (»krajně
pravicová«) und »ultrarechts« (»ultrapravicová«) bezeichnet wird (Jansa 2007: 28f).
[66] Wie wichtig diese »offizielle« Einordnung als »extremistisch« für den Erfolg einer Organisation
ist, zeigt auch die Tatsache, dass Pavel Sedláček persönlich bei dem Sprecher des BIS (Bezpečnostní informační služba, Sicherheits Informationsdienst der Tschechischen Republik) vorsprach, um
(erfolgreich) eine weitere Einordnung als »extremistisch« zu verhindern (Kyloušek und Smolík
2006). Zur negativen Konnotation und ordnenden Funktion des Extremismus-Begriffs s. oben,
Kapitel 2.1.
[67] Mareš 2003: 296.

berichtet wurde[68] und die immensen Reaktionen der Medien anzeigen, dass sie mit ihrem Antiziganismus in der tschechischen Gesellschaft ›einen Nerv getroffen hatte‹, blieb sie bei Wahlen vollkommen marginalisiert.

Bei der Untersuchung der SPR-RSČ (s. oben, Kapitel 10.3) konnte gezeigt werden, dass in der Interessenkrise Ende der 1990er Jahre Parteien gewählt wurden, denen die Wähler eine Kompetenz in der Lösung von Problemen zutrauten und gleichzeitig bei der Wahl rechte Einstellungen eine untergeordnete Rolle spielten. Ich vermute einen ähnlichen Mechanismus auch bei der *Národní strana*. Zwar bediente sie mit Antiziganismus und Islamophobie (zum Anstieg von antiziganistischen und insbesondere islamophoben Einstellungen s. unten, Kapitel 11.2) Themen, die in der Bevölkerung auf breite Zustimmung treffen. Das bedeutet aber offensichtlich nicht, dass die NS von diesen Bevölkerungsgruppen auch gewählt wird. Dazu müsste ihr es darüber hinaus gelingen, glaubwürdig zu vermitteln, dass sie bereit und fähig ist, die Probleme der Menschen zu lösen. Rassenhass und das Schüren von Vorurteilen allein reichen als Mobilisierungsthemen (bisher) nicht aus.

Dělnická strana

Verglichen mit der NS hat die *Dělnická strana* eine vollkommen andere Strategie gewählt. Wichtigstes Merkmal ist dabei ihre enge Anbindung an die Neonazi-Szene. Diese Entwicklung war keinesfalls von Beginn an abzusehen. Wenngleich die DS aus dem Umfeld der Jugendorganisation der SPR-RSČ[69] entstand, die eng mit der Neonazi-Szene um den Nationalen Widerstand (»*Národní odpor*«) verbunden war,[70] so suchte sie doch in ihrer Frühphase Kooperationspartner außerhalb der subkulturellen Neonaziszene.

Registriert wurde die DS am 22.1.2003. Jiří Štěpánek wurde zum Vorsitzenden und der ehemalige Vorsitzende der Jugendorganisation der SPR-RSČ, Martin Zbela, zum stellvertretenden Vorsitzenden gewählt. Auf der ersten Tagung der DS am 31.5.2003 kam es mit der Wahl von Tomáš Vandas, einem ehemaligen engen Mitarbeiter Miroslav Sládeks, zum Führungswechsel.[71] Vandas leitet die DS bis heute. Der erste öffentliche Auftritt der DS wurde am 17.3.2003 auf einer Veranstaltung der

---

[68] Bspw. auf iDNES.cz im Zusammenhang mit der *Národní garda*, die tschechische Schüler vor vermeintlichen Übergriffen junger Roma/Zigeuner schützen wollte (*iDNES.cz* 2008a).
[69] »*Republikánská mládež*«. Vgl. Charvát 2007: 154.
[70] Mareš 2003: 216f.
[71] Ministerstvo vnitra České republiky 2002.

Národní strana registriert,[72] mit der die *Dělnická strana* in ihrer Anfangsphase häufig zusammen arbeitete.[73] In dieser Zeit war die DS auch aktiv in die Bemühungen um eine Integration der tschechischen extremen Rechten involviert,[74] aus denen sie aber bald austrat. Die DS war in ihrer Anfangsphase ideologisch nicht fest verankert. Die anfängliche Zusammenarbeit mit der NS sowie ihre deutschenfeindliche Haltung[75] ließen es zu, sie in die tschechisch-nationalistische Strömung einordnen. Unter anderem war die DS auch an dem Projekt *Právo a spravedlnost* beteiligt, das Rataj der integral-katholischen Strömung zurechnet.[76]

Die Hinwendung zur Neonazi-Szene, und – damit einhergehend – die Übernahme neonazistischer und die Abwendung von tschechisch-nationalistischer Ideologie der NS kann ab 2006 beobachtet werden. Die DS enthält sich nun zunehmend kritischer Äußerungen gegenüber den Sudetendeutschen und auch auch das Verhältnis zur NS kühlte deutlich ab. *Národní* und *Dělnická strana* beschuldigten sich nun gegenseitig – beispielsweise des »Links-Seins«.[77] Die NS distanzierte sich von den neonazistischen Tendenzen innerhalb der DS.[78]

Erst mit der verstärkten Zusammenarbeit mit der subkulturellen Neonazis-Szene beginnt der Erfolg der *Dělnická strana*, die bis dahin nur wenig wahrgenommen wurde, auch da sich die Medien in ihrer Berichterstattung auf die provokanten Auftritte der *Národní strana* beschränkten. Die erfolgreiche Zusammenarbeit kumulierte im Jahr 2008 in den Überfällen auf Janov (s.u.), fast wöchentlich stattfindenden Demonstrationen[79] und schließlich im Verbot der Arbeiterpartei am 17. Februar 2010. Die mediale Aufmerksamkeit verschob sich weg von der *Národní strana* hin zur *Dělnická strana*. Die humanitäre Organisation »*Člověk v tísni*« (Mensch in Not) spricht gar davon, dass 2008 als das »Jahr der extremen Rechten« *(»rok extrémní pravice«)* in die tschechische Geschichte eingehen wird.[80] Bei der folgenden Darstellung werde ich

---

[72] Diese Veranstaltung richtete sich gegen den EU-Beitritt Tschechiens und trug den Titel »S občany o EU« *(»Mit den Bürgern über die EU«)* (Ministerstvo vnitra České republiky 2003).
[73] Bspw. kandidierte sie bei den Bezirkswahlen im November 2004 gemeinsam mit der NS (Jansa 2007: 30).
[74] S. oben, Kapitel 11.1.2.
[75] So protestierte sie noch gemeinsam mit dem »Klub der tschechischen Grenzwächter« *(»Klub Českého pohraničí«)* gegen die deutsch-tschechische Aussöhnung (Mayer und Odehnal 2010: 120).
[76] Rataj 2006: 177.
[77] Ebd.: 176.
[78] *Právo* 2008b.
[79] *Lidové Noviny* 2009e.
[80] Zeman 2008.

mich auf die Entwicklung seit 2006 beschränken, da diese für den Erfolg und das sich anschließende Verbot der DS ausschlaggebend ist.

Charakterisierend für diese Zeit ist also die enge Zusammenarbeit mit Strukturen der in *groupusculus* organisierten Neonazi-Szene, namentlich den »Autonomen Nationalisten« (*»Autonomní nacionalisty«*), dem »Nationalen Widerstand« (*»Národní odpor«*) und dem »Nationalen Korporativismus« (*»Národní korporativismus«*). Die organisatorische und personelle Überschneidung von Arbeiterpartei und gewalttätiger Neonazi-Szene wurde im Urteil des tschechischen Verwaltungsgerichtshofes zum Verbot der DS detailliert belegt,[81] weswegen auf selbiges hier verzichtet werden kann. Die Verzahnung von Neonazis und DS beschränkt sich nicht nur auf das gemeinsame Organisieren von Veranstaltungen. Auch personell gibt es große Überschneidungen. Neonazis kandidieren regelmäßig auf den Listen der DS.[82] Ondřej Cakl konstatiert im August 2008, dass die DS vollkommen unter dem Einfluss der Neonazis stehe.[83] Diese Zusammenarbeit ermöglicht der DS, was der NS nie gelungen war: Die Mobilisierung einer großen Zahl von Anhängern und das regelmäßige Veranstalten von Demonstrationen und Kundgebungen. Allein im Mai 2009 wurden bspw. zwölf politische Kundgebungen der DS registriert.[84] In den meisten Fällen handelte es sich um kleinere Veranstaltungen mit deutlich unter hundert Teilnehmern, dazu kamen einige Großdemonstrationen, die für erhebliche Aufmerksamkeit in den Medien sorgten.

Der starke Einfluss der Neonazisszene innerhalb der Organisation führte dazu, dass die DS inzwischen klar neonazistische Ideologie vertritt. Antisemitismus, Rassismus und eine klare Anlehnung an den deutschen Nationalsozialismus sind Bestandteile der Ideologie der *Dělnická strana*. Im Urteil zum Verbot der DS stellt das Gericht feste, dass »die programmatische Ähnlichkeit und die verwendeten Symboliken der DS an den deutschen Nationalsozialismus anknüpfen«.[85] Auch, so das Gericht weiter, sei diese Sympathie mit dem Nationalsozialismus im Zeitverlauf nicht zurückgegangen.[86]

Wichtigstes mobilisierungsrelevantes Thema ist aber auch im Falle der *Dělnická strana* – und hier besteht die Parallele zur *Národní strana* – der Antiziganismus. Antiziganistische Aktionen treffen auf Sympathien in großen Teilen der Bevölkerung,

---

[81] Nejvyšší správní soud 2010, passim.
[82] *Hospodářské noviny* 2008b.
[83] *Právo* 2008b.
[84] Eigene Auswertung von Medienberichten.
[85] *»Dále Soud zjistil, že programovou podobností i užívanou symbolikou DS navazuje na německý nacionální socialismus«* (Nejvyšší správní soud 2010: Absatz 627).
[86] Ebd.: Absatz 627.

während sich bei antisemitischen Demonstrationen sehr viel mehr Widerstand in der Bevölkerung regt (s. oben, Kapitel 9.2).

Welches zerstörerische Potential von Kameradschaftsnetzwerken und Arbeiterpartei ausgehen kann, wenn sie gegen Roma/Zigeuner aufmarschieren, zeigen die ›Vorfälle von Janov‹. Janov ist ein Stadtteil von Litvínov mit großen sozialen Spannungen, hoher Arbeitslosigkeit und geringer Hoffnung auf Besserung. Ein Großteil der Bewohner wird der Roma-/Zigeuner-Minderheit zugerechnet. Die DS erkannte schnell das Potential und begann sich als »Problemlöser« in Janov zu profilieren. Die Medien sprangen an und berichteten, dass die NS Verbesserungen der Lage von der Politik eingefordert habe und, sollten diese nicht eintreten, ihre paramilitärischen »Schutzkorps« (»Ochranné sbory«) zum »Schutz der Leute, die von unangepassten Nachbarn schikaniert werden«,[87] nach Janov schicken werde. Am 4. Oktober 2008 marschierte dann erstmals ein »Schutzkorps« durch Janov – auf Bitte der dort von »nicht Anpassungsfähigen« schikanierten Bevölkerung, wie Jiří Štěpánek in der *Lidové Noviny* und anderen Zeitungen ausführen darf.[88] Die über den Besuch informierten Roma/Zigeuner traten dem Schutzkorps entgegen, die paramilitärische Einheit der Arbeiterpartei verließ den Stadtteil unter Polizeischutz und Tomáš Vandas kündigte an, dass die *Ochranné sbory* in deutlich größerer Anzahl zurückkommen würden, sollte sich die Situation nicht bessern. Die Arbeiterpartei kehrte am 18. Oktober 2008 mit einer nicht angemeldeten Veranstaltung in Litvínov und sich anschließender Demonstration nach Janov zurück. Am 17. November schließlich wurde ein Großteil der tschechischen Neonaziszene nach Janov mobilisiert. Die Polizei konnte die Pogrome an diesem Tag nur knapp verhindern. Mayer/Odehnal beschreiben den Tag plastisch.

> Wieder begann die Kundgebung auf dem Hauptplatz, wieder mit Brandreden gegen »Zigeunerterror« und gegen untätige Regierungspolitiker. [...] Wieder applaudierten die Bürger begeistert, wieder zogen die zum Teil vermummten Demonstranten Richtung Janov. [...] Dieses Mal konnte die Polizei das Eindringen der Demonstranten in die Siedlung nicht verhindern. In den folgenden Stunden herrschte Krieg in Janov. Über der Siedlung lag ein Nebel aus Tränengas, zwischen den Häusern hallte das Stakkato der Schüsse, wenn die Polizei Blendgranaten verschoss. Ein Einsatzwagen mit Rammgitter drängte die Menschenmenge zurück. Die Rechtsextremen errichteten

---

[87] »*pomoc lidem, které šikanují nepřizpůsobiví sousedé*« (*Právo* 2008c). Eine ähnlich unkritische Berichterstattung findet sich in *Mladá fronta Dnes* 2008d. An der Berichterstattung wird sich leider im Verlauf der Diskussion um Janov wenig ändern. Zitiert wird die agierende Arbeiterpartei, berichtet wird auch aus Sicht der reagierenden Lokalpolitiker. Die betroffenen Bewohner kommen kaum zu Wort.
[88] *Mladá fronta Dnes* 2008e.

Barrikaden aus Mülltonnen, schmissen Feuerwerkskörper und Steine, zündeten Poli-
zeiautos an. [...] Die Boulevardzeitung »Blesk« schrieb danach, dass die »weißen«
Bewohner Janovs auf Polizisten schimpften, wenn diese die Roma beschützten. Auch
der Satz: »Roma ins Gas« sei mehrmals gefallen.

Diese Darstellung mag illustrieren, wie Janov zum Mythos der rechten Szene werden
konnte. Die DS arbeitet gezielt an der Schaffung einer Legende der »Schlacht um
Janov« als Beginn der »Revolution« im »Kampf mit dem System« und heorisiert
»Kampfgenossen«.[89] Besorgniserregend und nun auch von der Öffentlichkeit nicht
mehr zu ignorieren war die große Unterstützung der Neonazis durch die örtliche Bevölkerung.[90] In Janov spürten die »Rechtsextremisten zum ersten Mal, wie es ist, die
normalen Bürger auf ihrer Seite zu haben. Die Hilfe der örtlichen Bewohner, ihre offene Unterstützung und sogar direkte Zusammenarbeit beurteilten die Extremisten als
den größten Erfolg der gegen die Roma gerichteten Aktion in Litvínov.«[91] Die Wahlergebnisse der *Dělnická strana* im Kreis Most (zu dem die Stadt Litvínov gehört)
bestätigen die Popularität, die die »Maßnahmen« der Arbeiterpartei in der dortigen
Bevölkerung erhalten.[92]

Politische Reaktionen

Das politische System reagierte auf die Vorfälle mit Repressionen. Auf lokalpolitischer
Ebene richten sich diese gegen »nicht Anpassungsfähige«, womit den Forderungen
der Neonazis in Litvínov in weiten Teilen entgegen gekommen wird. Im Dezember 2008
kündigte der Litvínover Bürgermeister Milan Šťovíček, der sich auf der Seit der »anständigen Bürger« sieht, in der *Mladá fronta Dnes* eine Politik der »null Toleranz«
(*»nulová tolerance«*) an. Demnächst würden die ersten »nicht Anpassungsfähigen«
und Mietschuldner« aus Janov weg an den Rand der Stadt »umgezogen«. Außerdem

---

[89] *»DS se od události nejen nijak nedistancovala, ale dokonce se k ní jednoznačně hlásí, zcela cíleně vytváří legendu »bitvy o Janov« jako počátku »revoluce« v »boji se Systémem«, heroizuje »spolubojovníky«, kteří se prokazatelně dopustili ozbrojeného násilí.«* (Nejvyšší správní soud 2010: Absatz 644).

[90] Vgl. Ministerstvo vnitra České republiky 2008.

[91] *» V souvislosti s podzimními událostmi v Janově pravicoví extremisté poprvé pocítili, jaké to je, mít na své straně běžné občany. Pomoc místních obyvatel, jejich otevřenou podporu či dokonce přímou spolupráci hodnotili pravicoví extremisté jako hlavní úspěch protiromských akcí v Litvínově.«* (Bezpečnostní informační služba 2008).

[92] Bei den Kreiswahlen am 17./18.10.2008 erhielt die DS im Kreis Most 2,02% und bei den Parlamentswahlen am 28.05./29.05.2010 sogar 3,97% der abgegebenen Stimmen – überdurchschnittlich hohe Werte im Vergleich zu den sonstigen Ergebnissen (bei den Parlamentswahlen 2010 waren
es tschechienweit 1,14%).

sollen von nun an täglich Kontrollen und Durchsuchungen im Stadtteil durchgeführt werden:[93]

> *Wir haben in den Wohnblöcken 321 bis 326 angefangen. Wir überprüfen, was für Leute hier wohnen, woher sie sind, welche Mietverträge sie haben, ihr Einkommen, woher sie Sozialleistungen beziehen, ob sie diese zu Unrecht beziehen, ob sie ihre Kinder zur Schule schicken...*[94]

Der selbe Artikel aus der *Mladá fronta Dnes* zeigt nicht nur, wie den Forderungen der Neonazis entsprochen wird, sondern auch, wie im Diskurs aus den Opfern von Litvínov Täter werden. Diskutiert wird darüber, dass die »nicht Anpassungsfähigen« aus Janov ihre Mieten nicht zahlen, Sozialleistungen missbrauchen und so die Arbeitsmoral der »anständigen Leute« untergraben. Vorgegangen werden muss in dieser Logik nicht gegen Fremdenhass und Neonazis, sondern gegen die Roma/Zigeuner: Die Stadt Litvínov fordert härtere Strafen bei Sozialleistungsmissbrauch, in der *Mladá fronta Dnes* wird ein Bewohner zitiert, der die »übermäßig freizügigen Sozialleistungen« in Tschechien beklagt.[95]

Diese Entwicklung des Diskurses (nach versuchten Pogromen durch Neonazis wird nicht über Fremdenhass sondern über den Missbrauch des Sozialstaates diskutiert) kann verstanden werden, wenn wir – wie oben dargestellt (s. Kapitel 9.2) – Antiziganismus als Ethnisierung eines ökonomischen Verteilungskonfliktes begreifen. Im antiziganistischen Diskurs »schmarotzt« der »Zigeuner« aufgrund seiner »angeborenen Unangepasstheit« und trägt damit die Schuld an allen möglichen Problemen der Mehrheitsgesellschaft. Rechte Einstellungen und Neonazismus können damit nicht als Ursache, sondern nur als Folge der nicht-integriert lebenden Minderheit aufgefasst werden. Die Bekämpfung von »Rechtsextremismus« muss in diesem Sinne bei der »Ursache ansetzen« – in Maßnahmen und »hartem Vorgehen« gegen Roma/Zigeuner. Dieses Vorgehen gegen »nicht Anpassungsfähige« erfreut sich spätestens seit Janov großer Beliebtheit und wird in einer zunehmenden Anzahl von Gemeinden angewendet (s. oben, Kapitel 9.2).

Die tschechische Regierung reagierte ebenfalls mit Repressionen, allerdings weniger gegen Roma/Zigeuner als gegen die Neonazi-Szene. Der tschechische Innenminis-

---

[93] *Mladá fronta Dnes* 2008b.

[94] *»Začalo to v blocích 321 až 326. Prověřujeme, jací lidé tu bydlí, odkud jsou, jaké mají nájemní smlouvy, příjmy, odkud pobírají dávky, zda je nezneužívají, jestli posílají děti do školy...«* So der stellvertretende Bürgermeister in der *Mladá fronta Dnes* (ebd.).

[95] *»›Vláda by měla něco udělat i s příliš štědrým systémem dávek. Proč to na Slovensku vyřešili a u nás to nejde,‹ ptá se například pan Pauš, jeden z obyvatel sídliště«* (ebd.).

ter Ivan Langer stellte den Antrag, die »Arbeiterpartei« zu verbieten, die Regierung verkündete eine Strategie im »Kampf gegen den Extremismus« und kündigte den Aufbau einer neuen Einheit mit demselben Ziel an. Der erste Verbotsantrag gegen die Arbeiterpartei war kurz, »ziemlich dilettantisch« ausgearbeitet[96] und wurde am 4. März 2009 abgelehnt, da es der Regierung nicht gelungen war, ausreichende Beweise darzulegen. Erst im zweiten Versuch gelang es, die Arbeiterpartei zu verbieten. Der tschechische Verwaltungsgerichtshof sah es im Urteil vom 17.2.2010 als erwiesen an, dass die DS die Demokratie abschaffen wolle, sich gegen Grundrechte und -freiheiten sowie die Gleichheit vor dem Gesetz stelle, in ihrer Symbolik auf den deutschen Nationalsozialismus verweise, eng mit allen neonazistischen Gruppen in Tschechien zusammenarbeite und sich zur Durchsetzung ihrer Ziele gewaltsamer Methoden bediene.[97] Die *Dělnická strana* kündigte umgehend nach ihrem Verbot an, bei den nächsten Wahlen in einer Nachfolgeorganisation unter dem Namen *»Dělnická strana sociální spravedlnosti«* (Arbeiterpartei der sozialen Gerechtigkeit, kurz DSSS) anzutreten und ihre Aktivitäten fortsetzen zu wollen.[98]

Neben dem Verbot der DS kam es nun auch zu verstärkten Repressionen gegenüber der Neonazi-Szene. Die »Strategie im Kampf gegen den Extremismus« *(»Strategie boje proti extremismu«)*[99] beinhaltet größtenteils Überlegungen, wie das polizeiliche Vorgehen gegenüber »Extremisten« im Rahmen der gegebenen Möglichkeiten verbessert werden kann. Die neue Spezialeinheit des Innenministeriums gegen »Extremismus« wurde Anfang 2009 unter dem ehemaligen Chef der nationalen Anti-Drogen-Zentrale Jiří Komorous zusammen gestellt.[100] Komouros kündigte an, »mit allen verfügbaren Mitteln« gegen den Extremismus kämpfen zu wollen.[101] Am 9.6.2009 wurde dann die in der tschechischen Geschichte bisher größte polizeiliche Razzia gegen die Neonazis-Szene durchgeführt und wichtige Akteure der Szene verhaftet. Die *Lidové Noviny* untertitelte mit »Tschechien erklärt den ultrarechten Nationalisten den Krieg«.[102] Die zunehmenden polizeilichen Repressionen gegenüber der extremen rechten Szene zeigten zweifelsohne Wirkung. Die Anzahl von Neonazi-Aufmärschen begann sehr bald deutlich zurückzugehen. Der »tschechische

---

[96] Mayer und Odehnal 2010: 123.
[97] Nejvyšší správní soud 2010: Absätze 624 bis 629.
[98] *Hospodářské noviny* 2010.
[99] Ministerstvo vnitra České republiky 2008.
[100] *Lidové Noviny* 2009f.
[101] *Lidové Noviny* 2009g.
[102] »*Česko vyhlásilo válku ultrapravicovým nacionalistům*« (*Lidové Noviny* 2009h).

Sicherheits-Informationsdienst« (»Bezpečnostní informační služba«) stellt für das erste Halbjahr 2010 einen deutlichen Rückgang an Aktivitäten der rechtsextremen Szene fest, den er auf das Vorgehen der Polizei und das Verbot der Arbeiterpartei zurückführt.[103] Damit befindet sich die extreme rechte Szene in Tschechien zu Zeit in einer stark geschwächten Position. Die subkulturell agierende Neonazi-Szene ist durch die polizeilichen Repressionen geschwächt und die Arbeiterpartei ist mit der Neuorganisation nach ihrem Verbot beschäftigt. »Rechtsextremismus« ist zur Zeit kein öffentliches Thema mehr.

Die »Erfolge« der Dělnická strana beruhen also auf ihrer Mobilisierung der Neonazi-Szene und erheblicher Medienaufmerksamkeit. Bei Wahlen ist die DS wie auch die NS marginalisiert und weit davon entfernt, an die Wahlerfolge der SPR-RSČ aus den 1990er Jahren anzuknüpfen. Beunruhigend ist der Zuspruch, den die Partei bei jungen Leuten erfährt. Bei den von der Organisation Člověk v tísni im April 2010 an 135 Schulen durchgeführten »Studentské volby« (studentischen Wahlen) erreichte die DSSS 7,14% der Stimmen und wurde damit fünftstärkste Partei. An den Berufs-schulen (Střední odborné učiliště) würden sogar 11,1% der Schülerinnen und Schüler der DSSS ihre Stimme geben. Der Durchschnitt ergibt sich vor allem aufgrund der besonders hohen Zustimmung, die die DSSS im »Ústecký kraj« (Region Ústí), zu der Litvínov (und damit Janov) gehört, erfährt: Dort würden 11,2% die DSSS wählen, in den anderen Regionen Tschechiens sind es zum Teil erheblich weniger.

Das dialektischer Verhältnis von neonazistischen Parteien und ihrer subkulturellen Anhängerschaft

Die Darstellung der Strategie der Dělnická strana lässt erhebliche Parallelen zur Zu-sammenarbeit von deutscher NPD und »freien Kameradschaften« erkennen.[104] Wie auch die NPD arbeitet die DS eng mit der subkulturellen, gewalttätigen Neonazis-Szene zusammen und ist auf ihre Unterstützung angewiesen. Gleichzeitig führt die Gewaltbereitschaft dieser Gruppen dazu, dass NPD und DS in großen Teilen der Be-völkerung als nicht wählbar gelten.

In Tschechien kommt dem hegemonialen Extremismus-Diskurs eine wichtige Deu-tungsmacht zu (s. oben, Kapitel 2.1), in ihm wird darüber entschieden, über welchen Handlungsspielraum politische Akteure verfügen und ob Parteien wählbar bleiben oder

---

[103] Bezpečnostní informační služba 2010a, Bezpečnostní informační služba 2010b.
[104] Vgl. hierzu Speit 2005.

nicht. Ist eine Partei einmal mit dem Label »extremistisch« belegt, dann ist sie als anti-demokratisches und anti-humanistisches Subjekt entlarvt und nicht mehr geeignet, die tschechische Nation zu repräsentieren. »Extremistische« Parteien werden daher nicht gewählt.[105]

»Klassische«, hierarchisch organisierte Parteien und dezentral, rhizomartig strukturierter Faschismus befinden sich daher – wenn sie sich einmal wie im Falle der DS für eine Zusammenarbeit entschieden haben – in einem permanenten dialektischen Prozess. Sie vertreten in großen Teilen deckungsgleiche Ansichten und sind aufeinander angewiesen. Die Parteien brauchen die Neonazis nicht nur als Wähler, sondern auch als »Masse« bei Demonstrationen, als Helfer bei Wahlständen, Werbekampagnen etc. Aber auch die subkulturellen Organisationen können vom organisatorischen Wissen, finanziellen Möglichkeiten u.a. der Parteien profitieren. Gleichzeitig müssen aber die Parteien streng darauf bedacht sein, in der Öffentlichkeit nicht mit den gewaltbereiten »Extremisten« in Verbindung gebracht zu werden, da dies ihre Wahlchancen erheblich mindert.

Andreas Klärner hat dies in einer bemerkenswerten empirischen Studie in einer

---

[105] Diese Argumentation habe ich mit verschiedenen Menschen kontrovers diskutiert. Zunächst erschien es mir als schlicht banal, dass offen neonazistische Parteien nur minimale Wahlchancen haben, wurde aber von verschiedener Seite auf Ausnahmen hingewiesen. Wahlerfolge wie der NPD in Sachsen oder der Jobbik in Ungarn scheinen die These zumindest partiell zu widerlegen. Ich behaupte daher nicht, dass die These universell geht.

Nach Griffin breiten sich faschistische Organisationen und Semantiken rhizomartig aus und versuchen möglichst viele Räume zu besetzen. Die Möglichkeiten »extremistischer« Parteien hängen nun ganz entscheidend davon ab, wie viele (nicht primär politische) Räume bereits von faschistischen Gruppen besetzt worden sind. Auf dieser vorpolitischen Ebene (in Fußballvereinen, der freiwilligen Feuerwehr, Jugendclubs etc.) werden faschistische Diskurse schleichend normalisiert. Personen, die auf dieser Ebene nun an faschistische Äußerungen, Symboliken, die Unterstützung »rechtsextremer« Parteien etc. ›gewöhnt‹ worden sind, werden Parteien verstärkt auch dann wählen, wenn sie im politischen Mainstream-Diskurs noch als »extremistisch« und unwählbar gelten. Wie ausgeführt definiert sich »Extremismus« in Abgrenzung zur Normalität. Wenn sich die Normalität auf vorpolitischer Ebene nach rechts verschiebt, rücken »extremistische« Parteien in die Mitte. Ich vermute (und die Berichte vieler Beobachter deuten darauf hin) dass das Rhizom Faschismus in Sachsen wie in Ungarn in so viele Bereiche des vorpolitischen Lebens eingedrungen ist, dass in bestimmten Bevölkerungsschichten NPD und Jobbik bereits wählbar sind. Meiner Einschätzung nach ist dies in der Tschechischen Republik nicht der Fall, die neonazistische Subkultur wird zu breit abgelehnt, als dass Parteien, die mit dieser in Verbindung gebracht werden, wählbar sind. Vor diesem Hintergrund und mit Berücksichtigung des tschechischen Nationenverständnisses kann m.E. überzeugend argumentiert werden, dass Parteien, die mit (deutschem!) Neonazismus in Verbindung gebracht werden, nicht gewählt werden.

Bisher ist es leider nicht gelungen (bzw. es wurde meines Wissens nicht versucht), die Stärke des subkulturellen Faschismus zu operationalisieren und zu quantifizieren. Die These lässt sich daher bisher empirisch nicht überprüfen.

mittelgroßen Stadt in Ostdeutschland untersucht,[106] wobei er sich aber scheut, verallgemeinernde Aussagen zu treffen. Dabei stellt er allerdings den Gewalt- und nicht den Extremismus-Diskurs in den Vordergrund: Es mindern sich die Wahlchancen von Parteien, die mit *gewalttätiger* Subkultur in Verbindung gebracht werden. Gewalt- und Extremismus-Diskurs sind jedoch eng miteinander verzahnt. Nach Klärner befinden sich NPD und Subkultur in einem permanenten dialektischen Verhältnis des aufeinander-angewiesen-Seins und der gegenseitigen Behinderung. Nur in Zeiten, in denen es der Partei gelingt, die Subkultur »taktisch zu zivilisieren«, sie also von Gewalttaten abzuhalten, kann die Partei Erfolge verzeichnen. Dies kann kann aber nie dauerhaft gelingen, da die Subkultur nur durch das Versprechen auf eine radikale Veränderung (Umsturz) »zivilisiert« werden kann. Wenn sich das Versprechen nach den Wahl nicht einlösen lässt, radikalisiert sich die Szene erneut und mindert damit die Wahlchancen der mit der Szene personell verflochtenen Partei.

Ich vermute einen ähnlichen Mechanismus im Falle der tschechischen Arbeiterpartei und ihrer subkulturellen Anhängern, ohne dies aber im Detail nachweisen zu können. Die DS ist aus der Neonazis-Szene hervorgegangen und mit dieser personell und ideologisch eng verflochten, was heute allgemein bekannt ist. Die Tatsache, dass die *Dělnická strana* regelmäßig mit Gewalt und Neonazismus in Verbindung gebracht und allgemein als »extremistisch« angesehen wird,[107] erklärt ihren anhaltenden Misserfolg bei Wahlen. Nur wenn es dem Faschismus gelingt, zunehmend vorpolitische Räume zu besetzen und zu einem Bestandteil der alltäglichen Lebenswelt von Menschen (in zunächst lokal begrenzten Gebieten) zu werden, kann sich die DS erhoffen, in diesen Gebieten erste Wahlerfolge zu verzeichnen.

11.2. Zunehmende rechte Einstellungen

Die vierte Erhebungswelle der *European Values Study* (2008) wurde erst kurz vor Fertigstellung dieses Manuskriptes veröffentlicht.[108] Es war daher nicht möglich, die Ergebnisse grundlegend in die Untersuchung zu integrieren. Sie werden daher in diesem Kapitel gesondert dargestellt.

---

[106] Klärner 2008.
[107] Laut einer Umfrage des CVVM halten 46% der Tschechen die DS für eine »extremistische« Partei, 69% der befragten sind der Ansicht, dass sie verboten werden solle. Als häufigster Grund für ein Verbot wird ihre Gewalttätigkeit genannt. Außerdem sind die Befragten der Meinung, dass die DS eine Gefahr für die Demokratie darstelle und eine Diktatur errichten wolle (Veselský 2009).
[108] Verwendete Datensätze: EVS 2008: Integrated Dataset, EVS 2008: Czech Republic.

Die Ergebnisse bestätigen eine Vermutung, die schon die Daten des CVVM nahe legten:[109] Seit der letzten Erhebung von 1999 haben rechte Einstellungen in der Tschechischen Republik in erheblichem Umfang zugenommen. Der Index, der zur Untersuchung rechter Einstellungen mit Hilfe der Daten von 1999 herangezogen wurde, kann in gleicher Form zur Auswertung der 2008er-Erhebung verwendet werden. Damit ist eine Vergleichbarkeit der Ergebnisse gewährleistet.

Entwicklung rechter Einstellung in der Tschechischen Republik

In Tabelle 11.1 ist die Veränderung rechter Einstellungen in der Tschechischen Republik von 2008 im Vergleich zu 1999 angegeben. Der Index rechter Einstellungen stieg in diesem Zeitraum von 0,60 auf 0,94, was einer Zunahme von 57% entspricht. Die Betrachtung der einzelnen Dimensionen zeigt, dass die Zunahme auf allen Dimensionen stattgefunden hat. Das betrifft sowohl die Ablehnung von Fremdgruppen als auch die Befürwortung einer rechtsgerichteten Diktatur. Moderat fällt die Zunahme auf der Dimension Homophobie aus. Besonders krass stellt sich dagegen die zunehmende Ablehnung des Islams und des Judentums dar. Der Antiziganismus steigt von ohnehin hohen 40% auf 57%, womit nun deutlich über die Hälfte der Tschechen als roma-/zigeunerfeindlich eingeschätzt werden muss.

Die radikale Zunahme überrascht. Zwar hatte ich eine Zunahme rechter Einstellungen erwartet (s. oben, Kapitel 8.2), aber nicht in diesem Ausmaß. Ein Vergleich der EVS-Datensätze von 1991, 1999 und 2008 zeigt, dass rechte Einstellungen in der Tschechischen Republik, die 1999 auf ein westeuropäisches Durchschnittsniveau gefallen waren, 2008 wieder Werte erreichen, die nahe denen von 1991 liegen.[110] Damit bestätigt sich, dass die Daten von 1999 zu einem Zeitpunkt erhoben wurden, zu dem rechte Einstellungen in der Tschechischen Republik auf einem ungewöhnlich niedrigen Niveau lagen.

Neben den durchschnittlichen Werten wurden bei der Analyse rechter Einstellungen auch die Verteilungen untersucht. Dabei konnte gezeigt werden, dass rechte Einstellungen unmittelbar nach dem Umbruch von 1989 sehr breit in der Bevölkerung

---

[109] S. oben, Kapitel 4.4.

[110] Zum direkten Vergleich der Ergebnisse aller drei Erhebungswellen musste aufgrund fehlender Variablen ein stark abgespeckter Index verwendet werden (zur Berechnung des Indexes sowie der Entwicklung rechter Einstellungen in den 199er Jahren s. oben, Kapitel 4.4). Die Werte des Indexes betragen für die Tschechische Republik 1991 1,08; 1999 0,58 und 2008 0,95.

Tab. 11.1.: Rechte Einstellungen in der Tschechischen Republik 1999 und 2008 (Quelle: Eigene Berechnungen mit EVS 1999 und 2008: Integrated Dataset)

	1999	2008	Veränderung (%)
Index [1]	**0,60**	**0,94**	**+56,6**
Antiziganismus [2]	0,40	0,57	+ 42,5
Antisemitismus	0,04	0,12	+ 200
Homophobie	0,19	0,23	+ 21,1
Ausländerfeindlichkeit	0,19	0,30	+ 57,9
Islamophobie	0,15	0,31	+ 106,6
Rechte Diktatur [[3]	1,78	1,96	+ 10,1

[1] Der Index hat den Wertebereich (1;3), zur Berechnung s. oben, Kapitel 4.1.
[2] Die Dimensionen Antiziganismus, Antisemitismus, Homophobie, Ausländerfeindlichkeit und Islamophobie wurden über die Nachbar-Frage erhoben (s. oben, Kapitel 4.1, Fußnote 8). Die Werte geben somit den Anteil der Personen an, die Angehörige der betreffenden Fremdgruppe nicht als Nachbar haben möchten.
[3] Die Dimension »Befürwortung einer rechtsgerichteten Dikatur« weist den Wertebereich (1;4) auf, zur Berechnung s. oben, Kapitel 4.1, Fußnote 8.

gestreut waren. Begründet wurde dies darüber, dass zu dieser Zeit die gesamt Bevölkerung durch eine Identitätskrise verunsichert war. Dagegen hatte sich 1999 die Verteilung an ein typisches westeuropäisches Muster angenähert: Die Kurve verlief nun deutlich steiler, überproportional stieg in diesem Zeitraum vor allem der Anteil an Personen, die nur sehr geringe rechte Einstellungen aufweisen (›Antifaschisten‹, s. oben, Kapitel 4.4).

Abbildung 11.1 zeigt, dass auch in dieser Hinsicht ein ›Schritt zurück‹ stattgefunden hat: Rechte Einstellungen sind heute nicht nur im Durchschnitt deutlich stärker ausgeprägt als noch vor neun Jahren, gleichzeitig hat auch der Anteil von Personen, die besonders geringe bzw. besonders hohe Werte auf dem Index aufweisen im Verhältnis abgenommen. Rechte Einstellungen sind damit wieder deutlich breiter in der Bevölkerung gestreut als 1999. Diese Entwicklung macht auch der Anteil der ›extremen Rechten‹ und ›Antifaschisten‹ deutlich. Der Anteil der ›Antifaschisten‹ ist im betreffenden Zeitraum von 13,6% auf 4,8% gesunken, der der ›extremen Rechten‹ von 5,1% auf 1,9%.[111]

[111] Vgl. hierzu Kapitel 4.3. ›Extreme Rechte‹ sind Personen, deren Wert auf dem Index rechter Einstellungen mindestens 2,5 mal so groß ist wie der durchschnittliche Wert. ›Antifaschisten‹ sind Personen, die auf dem Index den Wert null aufweisen. Da es mir um den Vergleich der Verteilungen geht, wurde der Anteil der ›extremen Rechten‹ in *Relation zum Mittelwert* berechnet.

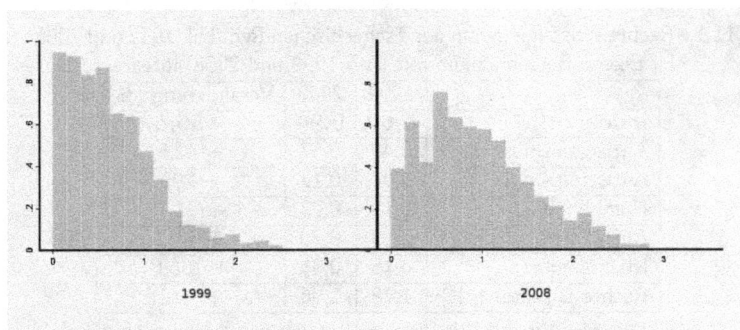

Abb. 11.1.: Index rechter Einstellungen: Vergleich der Verteilungen von 1999 und
2008. (Quelle: Eigene Berechnungen mit EVS 1999 und EVS 2008: Czech
Republic)

... und im europäischen Vergleich

Tabelle 11.2 zeigt eine Zunahme rechter Einstellungen in West- wie in Mittelosteuropa, die allerdings nicht dramatisch ausfällt. Die relativ stabilen Werte der hoch
aggregierten Daten dürfen aber nicht darüber hinweg täuschen, dass auf der Ebene der einzelnen Länder teilweise erhebliche Schwankungen vorzufinden sind. So sind
beispielsweise in Frankreich, Spanien, Polen, der Slowakei und Finnland rechte Einstellungen deutlich zurückgegangen, in Westdeutschland, Österreich, den Niederlanden,
Slowenien und Portugal dagegen angestiegen.[112] Besonders auffällig ist die Veränderung in der Tschechischen Republik: In keinem anderen Land kann in diesem Zeitraum
eine ähnlich starke Zunahme rechter Einstellungen nachgewiesen werden.

Diese ›Rechtsverschiebung‹ zeigt sich auch in Abbildung 11.2, in der die Mittelwerte des Index rechter Einstellungen (2008) für alle untersuchten Länder angegeben
sind. Der Signifikanztest bestätigt, dass Tschechien sich 2008 nicht mehr signifikant
vom mittelosteuropäischen Durchschnitt unterscheidet.

Der Anteil hat daher aufgrund des deutlich gestiegenen Durchschnitts relativ abgenommen. In
absoluten Zahlen (›extreme Rechte‹ sind Personen, die einen Wert größer gleich 2.0 auf dem Index aufweisen) ist der Anteil der ›extremen Rechten‹ im betreffenden Zeitraum dagegen deutlich
angestiegen: von 2,7% (1999) auf 7,3% (2008).

[112] Die Werte auf dem Index rechter Einstellungen für 2008 im einzelnen (1999 in Klammern): Dänemark 0,41 (0,36); Deutschland (West) 0,54 (0,46); Deutschland (Ost) 0,60 (0,57); Frankreich
0,45 (0,65); Österreich 0,65 (0,52); Portugal 0,83 (0,64); Spanien 0,41 (0,56); Niederlande 0,64
(0,43); Belgien 0,54 (0,65); Finnland 0,63 (0,71); Estland 1,03 (0,89); Lettland 1,02 (0,82); Litauen 1,37 (1,21); Polen 0,86 (0,96); Slowakei 0,77 (1,02); Rumänien 1,13 (1,18); Bulgarien 1,10
(0,98); Slowenien 0,92 (0,77); Nordirland 0,71 (0,73); Irland 0,75 (0,60); Malta 0,79 (0,71).

Tab. 11.2.: Rechte Einstellungen in Europa 1999 und 2008 (Quelle: Eigene Berechnungen mit EVS 1999 und 2008: Integrated Dataset)

	1999	2008	Veränderung (%)
Westeuropa	0,58	0,60	+ 3,3%
Mittelosteuropa	0,97	1,02	+ 4,9%
Tschechien	0,60	0,94	+ 36,2%

Die Daten lassen darüber hinaus nicht erkennen, dass der Unterschied zwischen West- und Mittelosteuropa abnimmt. Während der Unterschied zwischen beiden Ländergruppen im Zeitraum von 1991 bis 1999 ganz wesentlich geschrumpft war, ist er im zweiten beobachteten Zeitraum konstant geblieben, bzw. minimal angestiegen. Die mittelosteuropäischen Transformationsländer sind weiter überwiegend auf der rechten Seite des Diagramms zu finden sind, rechte Einstellungen dort also stärker ausgeprägt als in Westeuropa. Diese Beobachtung trifft auch auf die Verteilung rechter Einstellungen zu: Sie sind in Mittelosteuropa stärker in ›der Mitte‹ verankert als in Westeuropa. Der relative Anteil der ›extremen Rechten‹ beträgt in Westeuropa 6,1% und in Mittelosteuropa 1%, der der ›Antifaschisten‹ in Westeuropa 14,1% und in Mittelosteuropa 2,8%.

11.3. Ausblick

Über die Gründe für die überraschend starke Zunahme rechter Einstellungen in der Tschechischen Republik kann an dieser Stelle nur spekuliert werden. Im ersten Teil dieses Buches wurde die Erklärung, dass rechte Einstellungen auf Interessenbedrohung und sozialen Abstieg zurückzuführen sind, zurückgewiesen. Dazu wurde mit Hilfe multivariater Analyseverfahren der Einfluss von Bildung und der Zugehörigkeit zur Arbeiterklasse auf rechte Einstellungsmuster untersucht. Leider kann dieselbe Analyse mit dem 2008er Datensatz nicht durchgeführt werden, da Berufsstatus und Bildungsniveau nicht auf die gleiche Art und Weise erhoben wurden wie 1999. Eine Regressionsanalyse mit Hilfe der im 2008er Datensatz vorhandenen Variablen legt aber nahe, dass der Einfluss von Bildung und Klassenzugehörigkeit auf rechte Einstellungen tendenziell noch geringer ist als 1999. Aufgrund der geringen Erklärungskraft des Modells verzichte ich hier auf eine umfassende Darstellung.[113] Auch zur Erklärung der aktuellen

---

[113] Dazu wurde »Arbeiterklasse« als dichotome Variable aus dem EGP-Klassenschema gebildet, die Bildungskategorien (entsprechend ISCED) wurden als Dummy-Variablen kodiert und eine Regres-

Zunahme rechter Einstellungen wäre daher der Blick auf krisenhafte Tendenzen in der tschechischen Gesellschaft aufschlussreich. Leider kann diese Untersuchung an dieser Stelle nicht mehr geleistet werden. Trotzdem sind einige wichtige Beobachtungen festzuhalten. So zeigen die Einstellungsuntersuchungen, dass die zunehmenden Aktivitäten von Neonazis, die in den versuchten Pogromen in Janov kumulierten und zum Verbot der faschistischen *Dělnická strana* führten, nicht alleine auf bessere Organisationsstrukturen der extremen Rechten zurückzuführen sind (s. oben, Kapitel 11.1). Vielmehr korrespondieren die zunehmenden Aktivitäten und gewalttätigen Übergriffe mit ebenfalls zunehmenden rechten Einstellungen in der Bevölkerung. Die nach den Vorfällen von Janov beobachtete mehr oder weniger offene Unterstützung der Bevölkerung von Neonazis die gewalttätig gegen Roma/Zigeuner vorgehen, wird in den quantitativen Daten widergespiegelt. Sie zeigt sich in einem Anstieg antiziganistischer Einstellungen um 43% und einer (absoluten) Zunahme von Personen mit ›extremen rechten‹ Einstellungen von 2,7% auf 7,3%.

Sowohl die faschistische *Dělnická strana* als auch »autonome« Neonazigruppen sind aber keine Organisationen, die in der Lage sind, breitere Teile der Bevölkerung zu mobilisieren. Aufgrund ihrer offensichtlichen Nähe zum deutschen Nationalsozialismus können sie nur einige wenige ›extreme rechte‹ Personen ansprechen und mobilisieren. Daher blieb die verbotene *Dělnická strana* wie auch ihre Nachfolgeorganisation *Dělnická strana sociální spravedlnosti* bei Wahlen marginalisiert. Die DSSS erreichte bei den Parlamentswahlen im Juni 2010 1,14% der abgegebenen Stimmen. Zur Zeit existieren in der Tschechischen Republik keine faschistischen oder rechtspopulistischen Parteien, die über das Potential verfügen, aus den stark angestiegenen rechten Einstellungen Kapital zu schlagen.

Ein Vergleich der heutigen Situation mit der ersten Hälfte der 1990er Jahre kann Hinweise auf weitere mögliche Entwicklungen geben. In dieser Zeit waren rechte Einstellungen ähnlich stark ausgeprägt wie heute und darüber hinaus ähnlich breit in der Bevölkerung gestreut. Der rechtspopulistischen SPR-RSČ gelang es eine Zeit lang erfolgreich, ernstzunehmende Wahlerfolge zu feiern, indem sie es schaffte, nicht als

---

sion auf den Index rechter Einstellungen durchgeführt. Der Anteil der mit diesem Modell erklärten Varianz (korrigiertes R^2) beträgt in Tschechien 1,9%. Wenngleich eine direkte Vergleichbarkeit mit den Werten von 1999 aufgrund der leicht unterschiedlichen Operationalisierung von Bildung und Arbeiterklasse nicht möglich ist, zeigt sich auch hier, dass der Einfluss dieser sozialstrukturellen Merkmale äußerst gering ist und vermutlich sogar noch zurück gegangen ist.

offen faschistisch bzw. neonazistisch aufzutreten. Mit dem Rückgang rechter Einstellungen Ende der 1990er Jahre und der ›Enttarnung‹ der SPR-RSČ als faschistisch verlor sie aber ihre Unterstützer in der Bevölkerung und verschwand 1998 aus dem tschechischen Parlament. Der *Nachfrageseite* (rechte Einstellungen) stand also von 1992 bis 1998 auf parteipolitischer Ebene ein *Angebot* gegenüber, also eine Partei rechts von den etablierten Parteien, die die rechten Einstellungen in der Bevölkerung bediente.

Mit der Zunahme rechter Einstellungen auf ein Niveau nahe dem von Anfang der 1990er Jahre entsprechen sich Angebot und Nachfrage zur Zeit nicht. Diese Konstellation lässt die Möglichkeit zu, dass es demnächst zu Entwicklungen auf dem Gebiet extremer rechter Parteien kommen wird. Wenn auch argumentiert werden kann, dass die rechten Einstellungen (im besonderen Antiziganismus) bereits von den Parteien ›der Mitte‹ bedient werden, so muss trotzdem davon ausgegangen werden, dass das Wählerpotential für eine rechtspopulistische Partei zur Zeit gegeben ist. Es liegt daher im Bereich des Möglichen, dass sich eine solche Partei in der nächsten Zeit in der tschechischen Parteienlandschaft etablieren wird. Voraussetzung dafür ist, dass diese nicht aus dem Umfeld der Neonaziszene kommt, sondern glaubwürdig argumentieren kann »nicht-extremistisch« und nicht-gewaltbereit zu sein. Solch eine Entwicklung muss aus der Zunahme rechter Einstellungen keineswegs zwangsläufig folgen – bereits in Kapitel 3.1 wurde der Zusammenhang zwischen Einstellungen und Handlungen als der einer notwendigen, keineswegs aber hinreichenden Bedingung charakterisiert.

Meine Prognose für die nächsten Jahre lautet, dass die Zusammenarbeit der faschistischen Arbeiterpartei (bzw. ihrer Nachfolgeorganisation) mit den autonomen Nationalisten und anderen *groupusculus* weiterhin erfolgreich sein wird. Aufgrund der geschilderten Dialektik von Wahlerfolgen und Gewalttaten wird es der Arbeiterpartei aber nicht gelingen, ernstzunehmende Wahlerfolge zu feiern. Die starken Repressionen des Staates gegenüber »extremistischen« Kräften werden des Weiteren dazu führen, dass das Aktionspotential der faschistischen Gruppierungen begrenzt bleibt.

Gleichzeitig ist aber im Parteienspektrum Platz für eine rechtspopulistische Partei frei geworden, die nicht aus dem Umfeld »extremistischer« Gruppierungen kommt.

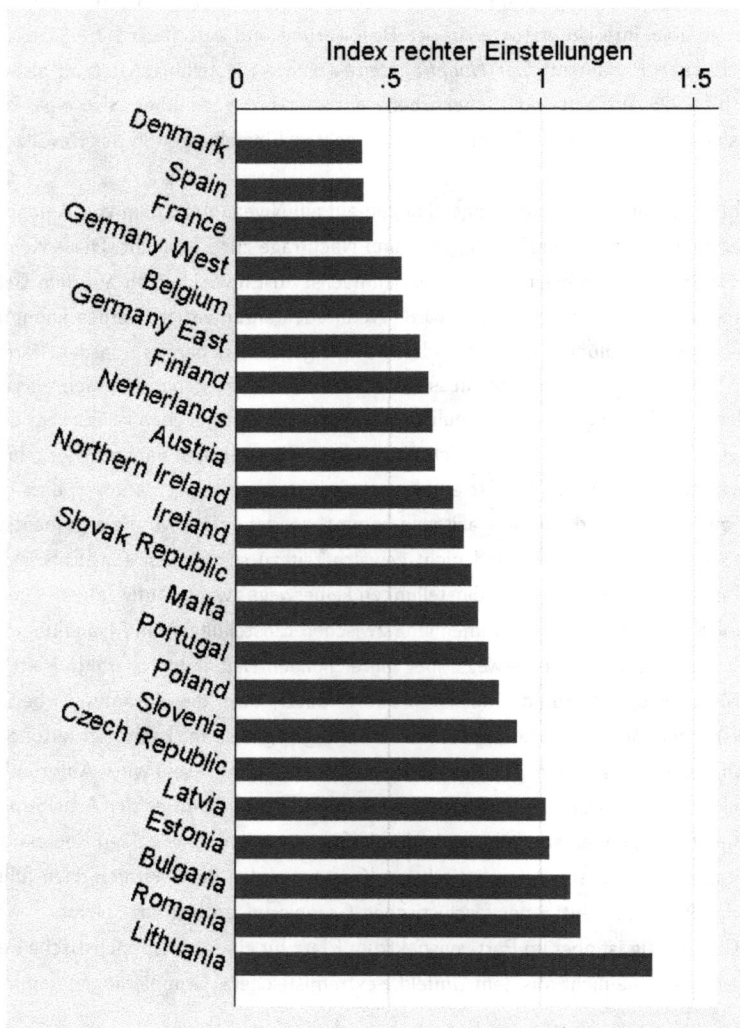

Abb. 11.2.: Index rechter Einstellungen: Mittelwerte nach Ländern. (Quelle: Eigene Berechnungen mit EVS 2008: Integrated Dataset)

12. Nachwort

Dieses Buch entstand als Fortführung meiner Magisterarbeit im Fach Soziologie an der Universität Leipzig. In der Magisterarbeit ging es mir darum, verschiedene Theorien zur Entstehung rechter Einstellungen anhand eines Transformationslandes zu überprüfen und somit besser zu verstehen, was die *Ursachen* rechter Eintellungen sind.

Mit der Publikation der Arbeit kam ein weiteres Ziel hinzu: Neben der Erklärung rechter Einstellungen wollte ich auch Organisationsformen und Semantiken faschistischer Akteure im Transformationsprozess untersuchen, um so der Leserin und dem Leser einen umfassenden Überblick über Ursachen und Ausprägungen der tschechischen extremen Rechten zu geben. Damit möchte ich dazu beitragen, die »empirische Lücke« in Bezug auf »Rechtsextremismus/Radikalismus in Osteuropa« zu verkleinern. Über die gewählte *modernisierungstheoretische Perspektive* habe ich versucht, sowohl Ursachen als auch Ausprägungen systematisch und theoriegeleitet in den Blick zu nehmen. Dabei ist die Perspektive nicht als umfassende »Theorie des tschechischen Faschismus« zu verstehen, vielmehr kommt ihr eine heuristische und strukturierende Funktion zu. Der mit dem Systemumbruch einsetzende rasant verlaufende Modernisierungsprozess hat auf *individueller Ebene* Einfluss auf die Entstehung rechter Einstellungen und als Differenzierungsprozess auf *gesellschaftlicher Ebene* Einfluss auf die Entwicklung extremer rechter Organisationen und faschistischer Semantiken. Daher kann über die modernisierungstheoretische Perspektive ein tiefes Verständnis faschistischer Tendenzen im Transformationsprozess gewonnen werden.

Gleichwohl erwies es sich als nicht einfach, beide Aspekte zusammenhängend *und* theoriegeleitet zu untersuchen. Diese Problematik ist auf theoretische Defizite nicht nur der »Rechtsextremismusforschung« im Speziellen, sondern auch auf Unzulänglichkeiten der soziologischen Theoriebildung im Allgemeinen zurückzuführen. Die Probleme betrafen vor allem den Zusammenhang von Mikro- und Makro-Ebene, von gesamtgesellschaftlich verbreiteten Deutungsmustern und individuellen Handlungen. Sie mögen dazu geführt haben, dass ich unterschiedliche Aspekte des Phänomens

Fachismus getrennt untersucht habe und der Zusammenhang nicht immer so deutlich wurde, wie ich es mir wünschen würde.

Das erste Problem hängt mit dem wichtigsten Ergebnis dieser Arbeit zusammen: Menschen, die sich in krisenhaften Situationen befinden und *normative Verunsicherung* wahrnehmen, neigen zu rechten Einstellungen. Diese entstehen aber nicht im luftleeren Raum. Menschen greifen vorhandene Semantiken, d.h. in der Gesellschaft vorhandene Wissensbestände auf, um ihre Verunsicherung zu artikulieren. Normative Verunsicherung führt damit gleichzeitig zu verstärkter Rezeption *und* Produktion faschistischer Semantiken. Die Soziologie ist weit davon entfernt, diesen Zusammenhang von individuellen Situationen und dem Aufgreifen (Reproduzieren und Verändern) gesellschaftlicher Wissensbestände adäquat zu verstehen, geschweige denn Kausalitäten zu formulieren (vgl. hierzu Kapitel 9). Leider stellt sich dieses Problem in kaum einer anderen Disziplin so deutlich, wie in der soziologischen Faschismusforschung, in der die entscheidende Frage immer lauten muss *unter welchen Bedingungen Menschen faschistische Deutungsmuster aufgreifen und faschistische Organisationen unterstützen.* Diese Frage kann weder beantwortet werden, wenn nur die individuellen Situationen untersucht werden, noch, wenn der Fokus ausschließlich auf die Analyse vorhandener faschistischer Semantiken bzw. Diskurse gelegt wird. Vielmehr wäre es notwendig, den Zusammenhang besser zu verstehen und empirisch überprüfbare Hypothesen zu formulieren. Ein Ziel, von dem die Forschung noch weit entfernt ist. In dieser Arbeit habe ich den Zusammenhang daher folgendermaßen verstanden: Die Anzahl individueller Krisensituationen hat Einfluss auf das *wieviel*, vorhandene gesellschaftliche Semantiken lenken die verunsicherten Individuen und haben somit Einfluss auf das *wie*.

Ein zweites Mikro-Makro-Problem betrifft die Entstehung faschistischer Organisationen. Konnten Aussagen darüber getroffen werden, unter welchen Bedingungen Menschen zu rechten Einstellungen neigen, so ist es keineswegs zulässig, darüber direkt auf die Existenz faschistischer Organisationen zu schließen. Vielmehr sind die verschiedensten Organisationsformen denkbar, die darüber hinaus unterschiedlichste Deutungsangebote bereitstellen. Zu vermuten ist, dass unter bestimmten gesellschaftlichen Bedingungen bestimmte Organisationsformen erfolgreicher sind als andere. Auch dieser Zusammenhang ist meines Wissens bisher nicht ausreichend reflektiert und nur in Ansätzen gelöst worden. Sicher ist, dass dieses Problem leichter zu lösen sein wird als Ersteres.

13. Literatur

Allgemeine Literatur

Adorno, Theodor W. u. a. (1959). *The Authoritarian Personality*. New York: Harper und Row.

Anhut, Reimund und Wilhelm Heitmeyer (2000). »Desintegration, Konflikt und Ethnisierung. Eine Problemanalyse und theoretische Rahmenkonzeption«. In: *Bedrohte Stadtgesellschaft. Soziale Desintegrationsprozesse und ethnisch-kulturelle Konfliktkonstellationen*. Hrsg. von Wilhelm Heitmeyer und Raimund Anhut. Weinheim und München: Juventa, S. 17–77.

– (2007). »Desintegrationstheorie — ein Erklärungsansatz«. Hrsg. von Universität Bielefeld. In: *Forschungsmagazin* 1, S. 55–58.

Bach, Maurizio und Stefan Breuer (2010). *Faschismus als Bewegung und Regime. Italien und Deutschland im Vergleich*. Wiesbaden: VS Verlag.

Backes, Uwe (1989). *Politischer Extremismus in demokratischen Verfassungsstaaten: Elemente einer normativen Rahmentheorie*. Wiesbaden: Westdeutscher Verlag.

Backes, Uwe und Eckhard Jesse, Hrsg. (1996). *Politischer Extremismus in der Bundesrepublik Deutschland*. Bonn: Bundeszentrale für politische Bildung.

– Hrsg. (2005). *Vergleichende Extremismusforschung*. Baden-Baden: Nomos.

Beichelt, Tim und Michael Minkenberg (2002a). »Rechtsradikalismus in Osteuropa: Bilanz einer Debatte«. In: *Osteuropa* 52.7, S. 1056–1062.

– (2002b). »Rechtsradikalismus in Transformationsgesellschaften. Entstehungsbedingungen und Erklärungsmodell«. In: *Osteuropa* 52.3, S. 247–262.

Benford, Robert D. (1997). »An Insider's Critique of the Social Movement Framing Perspective«. In: *Sociological Inquiry* 67.4, S. 409–43.

Benford, Robert D. und David A. Snow (2000). »Framing Processes and Social Movements: An Overview and Assessment«. In: *Annual Review of Sociologyw* 26, S. 611–639.

Bohdálek, Miroslav (2008). »Kasten 4: Daniel Landa und die Band Orlík«. In: *Gefährliche Liebschaften. Rechtsextremismus im kleinen Grenzverkehr*. Berlin: Heinrich-Böll-Stiftung, S. 122.

Bringt, Friedemann und David Begrich (2008). »Transformationsprozesse des (ost-)deutschen Neonazismus. Wirkungen für die extreme Rechte in der BRD«. In: *Gefährliche Liebschaften. Rechtsextremismus im kleinen Grenzverkehr*. Berlin: Heinrich-Böll-Stiftung, S. 42–60.

Brück, Wolfgang (1992). »Skinheads - Vorboten der Systemkrise«. In: *Der antifaschistische Staat entläßt seine Kinder. Jugend und Rechtsextremismus in Ostdeutschland*. Hrsg. von Karl-Heinz Heinemann und Wilfried Schubarth. Köln: PapyRossa Verlag, S. 37–46.

Buck, Elena, Stefan Kausch und Mathias Rodatz (2007). »Einleitung: Ordnungen des Rechtsextremismus«. In: *Diffusionen. Der kleine Grenzverkehr zwischen Neuer Rechter, Mitte und Extremen*. Hrsg. von Forum für Kritische Rechtsextremismusforschung. Dresden: Herbert-und-Greta-Wehner-Stiftung, S. 6–21.

Burjanek, Aleš (2001). »Xenophobia among the Czech Population in the Context of Post-Communist Countries and Western Europe«. In: *Czech Sociological Review* 9, S. 53–67.

Butterwegge, Christoph (2002). *Rechtsextremismus*. Freiburg im Breisgau: Herder Verlag.

Čaněk, David (2008). »Tschechischer Nationalismus und ethnische Minderheiten vom Ende der 1980er Jahre bis 1997«. In: *Nationalismus im spät- und postkommunistischen Europa. Nationalismus in den Nationalstaaten*. Hrsg. von Egbert Jahn. Bd. 2. Baden-Baden: Nomos, S. 358–383.

Charvát, Jan (2007). *Současný politický extremismus a radikalismus*. Praha: Portál.

Chludilová, Iva (2003). *Náš vztah k jiným národnostem*. Centrum pro výzkum veřejného mínění. Sociologický ústav AV ČR.

Člověk v tísni (2006). *Zpráva o stavu rasismu, xenofobie a antisemitismu v České republice v roce 2006*.

Conze, Werner, Otto Brunner und Reinhart Koselleck (1982). »Krise«. In: *Geschichtliche Grundbegriffe. Historische Lexikon zur politisch-sozialen Sprache in Deutschland*. 3. Stuttgard: Klett-Cotta, S. 617–650.

Císař, Ondřej (2008). *Politický aktivismus v České republice*. Brno: Centrum pro studium demokracie a kultury.

Dahrendorf, Ralf (1961). »Demokratie und Sozialstruktur in Deutschland«. In: *Gesellschaft und Freiheit.* München: Piper, S. 260–300.

– (1990). »Politik, Wirtschaft und Freiheit«. In: *Transit. Europäische Revue* 1.

Decker, Oliver und Elmar Brähler (2006). *Vom Rand zur Mitte. Rechtsextreme Einstellung und ihre Einflussfaktoren in Deutschland.* Berlin: Friedrich-Ebert-Stiftung.

Decker, Oliver u. a. (2008). *Ein Blick in die Mitte. Zur Entstehung rechtsextremer und demokratischer Einstellungen in Deutschland.* Berlin: Friedrich-Ebert-Stiftung.

Deleuze, Gilles und Félix Guattari (1992). *Kapitalismus und Schizophrenie. Tausend Plateaus. Aus dem Französischen übersetzt von Gabriele Ricke und Ronald Voullié.* Berlin: Merve Verlag.

Dollase, Rainer u. a. (2000). »Nachhall im Klassenzimmer. Zur relativen Unabhängigkeit der schulischen Integration vom Belastungsgrad der städtischen Umgebung«. In: *Bedrohte Stadtgesellschaft. Soziale Desintegrationsprozesse und ethnisch-kulturelle Konfliktkonstellationen.* Hrsg. von Wilhelm Heitmeyer und Raimund Anhut. Weinheim und München: Juventa, S. 102–199.

Durkheim, Emile (1983). *Der Selbstmord.* Frankfurt am Main: Suhrkamp, S. 273–318.

Eckert, Florian (2008). *Vom Plan zum Markt. Parteipolitik und Privatisierungsprozesse in Osteuropa.* Wiesbaden: VS Verlag.

Eisinger, Peter (1973). »The Conditions of Protest Behavior in American Cities«. In: *American Political Science Review* 1, S. 11–28.

End, Markus, Kathrin Herold und Yvonne Robel (2009). »Antiziganistische Zustände – eine Einleitung. Virulenzen des Antiziganismus und Defizite in der Kritik«. In: *Antiziganistische Zustände.* Hrsg. von Markus End, Kathrin Herold und Yvonne Robel. Münster: Unrast Verlag, S. 5–24.

Enders, Carsten (2008). »Europäische Vernetzung der rechtsextremen Szene«. In: *Gefährliche Liebschaften. Rechtsextremismus im kleinen Grenzverkehr.* Berlin: Heinrich-Böll-Stiftung, S. 68–83.

Endrikat, Kirsten und Wilhelm Heitmeyer (2008). »Die Ökonomisierung des Sozialen. Folgen für ›Überflüssige‹ und ›Nutzlose‹«. Hrsg. von Wilhelm Heitmeyer. In: *Deutsche Zustände* 6, S. 55–72.

Endrikat, Kirsten u. a. (2002). »Soziale Desintegration. Die riskanten Folgen negativer Anerkennungsbilanzen«. Hrsg. von Wilhelm Heitmeyer. In: *Deutsche Zustände* 1, S. 37–58.

European Union Agency for Fundamental Rights (2009). *EU-MIDIS European Union Minorities and Discrimination Survey. Main Results Report*, S. 154–175.

– (2010). *Annual Report 2010. Conference Edition.* URL: http://fra.europa.eu/fraWebsite/attachments/AR_2010-conf-edition_en.pdf.

Falter, Jürgen W. (1991). *Hitlers Wähler.* München: Beck.

Falter, Jürgen W. und Kai Arzheimer (2002). »Die Pathologie des Normalen. Eine Anwendung des Scheuch-Klingemann-Modells zur Erklärung rechtsextremen Denkens und Verhaltens«. In: *Bürger und Demokratie in Ost und West.* Hrsg. von Dieter Fuchs, Edeltraud Roller und Bernhard Weßels. Wiesbaden: Westdeutscher Verlag, S. 85–108.

Falter, Jürgen W. und Harald Schoen, Hrsg. (2005). *Handbuch Wahlforschung.* Wiesbaden: VS Verlag.

Ferger, Florian (2011). »Alles Verlierer? Die Modernisierungsverliererhypothese auf dem empirischen Prüfstand.« In: Veröffentlichungen des deutschen Polen-Instituts. Wiesbaden: Harrassowitz (in Erscheinung).

Festinger, Leon (1978). *Theorie der kognitiven Dissonanz.* Bern: Huber Verlag.

Gessenharter, Wolfgang (2004). »Im Spannungsfeld. Intellektuelle neue Rechte und demokratische Verfassung«. In: *Die Neue Rechte – eine Gefahr für die Demokratie?* Hrsg. von Wolfgang Gessenharter und Thomas Pfeiffer. Wiesbaden: Verlag für Sozialwissenschaften, S. 31–49.

Globisch, Claudia (2008). »Warum fordert die NPD ›die Türkei den Türken?‹« In: *88 Fragen und Antworten zur NPD. Weltanschauung, Strategie und Auftreten einer Rechtspartei – und was Demokraten dagegen tun können.* Hrsg. von Fabian Virchov und Christian Dornbusch. Schwalbach: Wochenschauverlag, S. 65–67.

Goffman, Erving (1974). *Frame Analysis.* Cambridge: Harvard University Press.

Gosewinkel, Dieter (2003). »Einleitung: Zivilgesellschaft – national und transnational«. In: *Zivilgesellschaft – national und transnational.* Hrsg. von Dieter Gosewinkel u. a. Berlin: edition sigma, S. 11–29.

Griffin, Roger (1996a). »Nationalism«. In: *Contemporary Political Ideologies.* Hrsg. von Roger Eatwell und Anthony Wright. London: Pinter, S. 147–169.

– (1996b). »Staging the Nation's Rebirth: the Politics and Aesthetics of Performance in the Context of Fascist Studies«. In: *Fascism and theatre. Comparative studies on the aesthetics and politics of performance in Europe, 1925 - 1945.* Hrsg. von Günter Berghaus. Providence: Berghahn, S. 11–29.

– (2004a). »*Da capo, con meno brio*: towards a more useful conceptualization of generic fascism«. In: *Erwägen – Wissen – Ethik* 15.3, S. 287–300.

– (2004b). »Fascism's new faces (and new facelessness) in the ›post-fascist‹ period«. In: *Erwägen – Wissen – Ethik* 15.3, S. 287–300.

– (2005). *Völkischer Nationalismus als Wegbereiter und Fortsetzer des Faschismus: Ein angelsächsischer Blick auf ein nicht nur deutsches Phänomen*. Hrsg. von Heiko Kauffmann, Helmut Kellershohn und Jobst Paul. Duisburg: Edition Diss, S. 20–48.

Grjasnow, Maria (2008). »Geschichte des organisierten Rechtsextremismus in Deutschland«. In: *Gefährliche Liebschaften. Rechtsextremismus im kleinen Grenzverkehr*. Berlin: Heinrich-Böll-Stiftung, S. 22–35.

Guy, Will (1998a). »Ways of Looking at Roma: The Case of Czechoslovakia (1975)«. In: *Gypsies: An Interdisciplinary Reader*. Hrsg. von Diane Tong. London, New York: Garland Publishing, S. 13–48.

– (1998b). »Ways of Looking at Roma: The Case of Czechoslovakia (Afterword 1996)«. In: *Gypsies: An Interdisciplinary Reader*. Hrsg. von Diane Tong. London, New York: Garland Publishing, S. 48–68.

Güttler, Peter O. (2003). *Sozialpsychologie: Soziale Einstellungen, Vorurteile, Einstellungsänderungen*. München, Wien: Oldenbourg.

Habermas, Jürgen, Hrsg. (1979). *Legitimationsprobleme im Spätkapitalismus*. Frankfurt am Main: Suhrkamp.

Hann, C.M. (1993). *Introduction to Socialism: ideas, ideologies, and local practice*. London: Routledge.

Heitmeyer, Wilhelm, Hrsg. *Deutsche Zustände*. Bd. 1-8. Frankfurt am Main: Suhrkamp.

– (1992). »Die Widerspiegelung von Modernisierungsrückständen im Rechtsextremismus«. In: *Der antifaschistische Staat entläßt seine Kinder. Jugend und Rechtsextremismus in Ostdeutschland*. Hrsg. von Karl-Heinz Heinemann und Wilfried Schubarth. Köln: PapyRossa Verlag, S. 100–115.

– (1997). »Gesellschaftliche Integration, Anomie und ethnisch-kulturelle Konflikte«. In: *Was treibt die Gesellschaft auseinander? Bundesrepublik Deutschland: Auf dem Wegn von der Konsens- zur Konfliktgesellschaft*. Frankfurt am Main: Suhrkamp, S. 629–653.

– Hrsg. (2002). *Deutsche Zustände*. Bd. 1. Frankfurt am Main: Suhrkamp.

245

Hellmann, Kai-Uwe und Ruud Koopmans (1998). *Paradigmen der Bewegungsforschung. Entstehung und Entwicklung von Neuen sozialen Bewegungen und Rechtsextremismus.* Opladen/Wiesbaden: Westdeutscher Verlag.

Heumos, Peter (1994). »Die große Camouflage? Überlegungen zu Interpretationsmustern der kommunistischen Machtübernahme in der Tschechoslowakei im Februar 1948«. In: *Kommunismus und Osteuropa. Konzepte, Perspektiven und Interpretationen im Wandel.* Hrsg. von Eva Schmidt-Hartmann. München: R. Oldenbourg Verlag, S. 221–243.

Hofstadter, Richard (1964). »The Pseudo-Conservative Revolt«. In: *The Radical Right. The New American Right expanded and updated.* Hrsg. von Daniel Bell. Garden City, New York: Anchor Books, S. 75–97.

Holy, Ladislav (1996). *The Little Czech and the Great Czech Nation. National Identity and the Post-Communist Transformation of Society.* Cambridge: Cambridge University Press.

Holz, Klaus und Jan Weyand (2004a). »Faschistische Semantik und Organisationsstruktur«. In: *Erwägen – Wissen – Ethik* 15.3, S. 390–393.

– (2004b). »›Wiedergeburt‹ – ein nationalistisches Geschichtsbild«. In: *Erwägen – Wissen – Ethik* 15.3, S. 319–231.

Homoláč, Jiří (2006). »Diskurz o migrace Romů na příkladu internetových diskusí«. In: *Sociologický Časopis/Czech Sociological Review* 42.2, S. 329–351.

Hroch, Miroslav (2008). »Die historischen Bedingungen des ›Nationalismus‹ in den mittel- und osteuropäischen Ländern«. In: *Nationalismus im spät- und postkommunistischen Europa. Der gescheiterte Nationalismus der multi- und teilnationalen Staaten.* Hrsg. von Egbert Jahn. Bd. 1. Baden-Baden: Nomos, S. 99–113.

Hůlová, Kateřina und Jakub Steinery (2005). *Roma on the Labour Market (first draft).* an UNDP report.

Hund, Wulf D. (2000a). »Romantischer Rassismus. Zur Funktion des Zigeunerstereotyps«. In: *Zigeunerbilder. Schnittmuster rassistischer Ideologie.* Hrsg. von Wulf D. Hund. Duisburg: DISS, S. 9–31.

– (2000b). »Vorwort«. In: *Zigeunerbilder. Schnittmuster rassistischer Ideologie.* Hrsg. von Wulf D. Hund. Duisburg: DISS, S. 7–9.

Hüpping, Sandra (2006). »Anomia. Unsicher in der Orientierung – sicher in der Abwertung«. Hrsg. von Wilhelm Heitmeyer. In: *Deutsche Zustände* 4, S. 86–100.

Jaeger, Siegried (1998). *Der Spuk ist nicht vorbei: völkisch-nationalistische Ideologeme im öffentlichen Diskurs der Gegenwart.* Duisburg: DISS.

Jahn, Egbert (2008). »Die staatliche Transformation im Osten Europas«. In: *Nationalismus im spät- und postkommunistischen Europa. Der gescheiterte Nationalismus der multi- und teilnationalen Staaten.* Hrsg. von Egbert Jahn. Bd. 1. Baden-Baden: Nomos, S. 19–83.

Jansa, Jakub (2007). »Národní strana«. Bakalářská práce. Praha: Masarykova Univerzita v Brně.

Jäger, Margret und Siegried Jäger (1999). »Die Restauration rechten Denkens«. In: *Berichte. Forschungsinstitut der Internationalen Wissenschaftlichen Vereinigung Weltwirtschaft und Weltpolitik (IWVWW)* 11, S. 38–57.

Kabele, Jiří (1992). »Československo na cestě od kapitalismu ke kapitalismu«. In: *Sociologický časopis* 18, S. 4–21.

Kalibová, Klára (2008). »Rassistische und von Rechtsextremisten verübte Gewalt. Die Situation in Tschechien nach 1989«. In: *Gefährliche Liebschaften. Rechtsextremismus im kleinen Grenzverkehr.* Berlin: Heinrich-Böll-Stiftung, S. 142–153.

Kalibová, Klára und Ondřej Cakl (2008). »Rechtsextreme Aktionsformen in Tschechien: Themen, Szenen, Personen«. In: *Gefährliche Liebschaften. Rechtsextremismus im kleinen Grenzverkehr.* Berlin: Heinrich-Böll-Stiftung, S. 93–121.

Keupp, Heiner (2001). »Identität«. In: *Lexikon der Psychologie: in fünf Bänden,* S. 243–256.

Klärner, Andreas (2008). *Zwischen Militanz und Bürgerlichkeit. Selbstverständnis und Praxis der extremen Rechten.* Hamburg: Hamburger Edition.

Klönne, Arno (1989). »Aufstand der Modernisierungsopfer«. In: *Blätter für deutsche und internationale Politik* 34, 545–548.

Kohler, Ulrich und Frauke Kreuter (2006). *Datenanalyse mit Stata. Allgemeine Konzepte der Datenanalyse und ihre praktische Anwendung.* München, Wien: Oldenbourg.

Kořalka, Jiří (1994). »Hans Kohns Dichotomie und die neuzeitliche Nationsbildung der Tschechen«. In: *Formen des nationalen Bewußtseins im Lichte zeitgenössischer Nationalismustheorien.* Hrsg. von Eva Schmidt-Hartmann. München: R. Oldenbourg Verlag, S. 263–277.

Kosta, Jiří (1997). *Die ökonomische Transformationsstrategie Tschechiens im Vergleich zur Slowakei, Ungarn und Polen.* Discussion Paper FS-II 97-602. Berlin: Wissenschaftszentrum Berlin.

Kraushaar, Wolfgang (1994). »Extremismus der Mitte. Zur Geschichte einer soziologischen und sozialhistorischen Interpretationsfigur«. In: *Extremismus der Mitte: vom rechten Verständnis deutscher Nation.* Hrsg. von Hans-Martin Lohmann. Frankfurt am Main: Fischer, S. 23–50.

Kreidl, Martin und Klára Vlachová (1999). *Rise and decline of right-wing extremism in the Czech Republic in the 1990s.* Working Papers 99:10. Praha: Sociologický ústav Akademie věd České republiky.

Kyloušek, Jakub und Josef Smolík (2006). »Národní strana: resuscitace krajně-pravicové stranické rodiny? (případová studie marginální strany před volbami 2006)«. In: *Středoevropské politické studie* 1.VIII. URL: http://www.cepsr.com/ clanek.php?ID=260.

Leicht, Imke (2009). *Multikulturalismus auf dem Prüfstand. Kultur, Identität und Differenz in modernen Einwanderungsgesellschaften.* Berlin: Metropol Verlag.

Lenz, Karl (2001). »Goffman, Erving. Rahmen-Analyse. Ein Versuch über die Organisation von Alltagserfahrungen«. In: *Lexikon der soziologischen Werke.* Hrsg. von Georg W. Oesterdiekhoff. Westdeutscher Verlag: Opladen, S. 250–251.

Lipset, Seymour Martin (1964). »The Sources of the »Radical Right««. In: *The Radical Right. The New American Right expanded and updated.* Hrsg. von Daniel Bell. Garden City, New York: Anchor Books, S. 307–373.

– (1984). »Der ›Faschismus‹, die Linke, die Rechte und die Mitte«. In: *Theorien über den Faschismus.* Hrsg. von Ernst Nolte. Königstein/Ts.: Athenäum, S. 449–500.

Luhmann, Niklas (1980). »Gesellschaftliche Struktur und semantische Tradition«. In: *Gesellschaftsstruktur und Semantik.* Hrsg. von Niklas Luhmann. Frankfurt am Main: Suhrkamp, S. 9–71.

Maaz, Hans-Joachim (1992). »Sozialpsychologische Wurzeln von Rechtsextremismus – Erfahrungen eines Psychoanalytikers«. In: *Der antifaschistische Staat entläßt seine Kinder. Jugend und Rechtsextremismus in Ostdeutschland.* Hrsg. von Karl-Heinz Heinemann und Wilfried Schubarth. Köln: PapyRossa Verlag, S. 116–126.

Machonin, Pavel (2005). *Česká společnost a sociologické poznání. Problémy společenské transformace a modernizace od poloviny šedesátých let 20. století do současnosti.* Praha: ISV nakladatelství.

Mansel, Jürgen, Kirsten Endrikat und Sandra Hüpping (2006). »Gesellschaftliche Integration, Anomie und ethnisch-kulturelle Konflikte«. Hrsg. von Wilhelm Heitmeyer. In: *Deutsche Zustände* 4.

Mareš, Miroslav (2001). »Trendy od Temže«. In: *Mladá Fronta DNES* (17. Juni 2001).

– (2003). *Pravicový extremismus a radikalismus v ČR*. Brno: Barrister & Principal.

– (2006). »Panslawismus im ideologischen Hintergrund«. In: *Gefährdungen der Freiheit. Extremistische Ideologien im Vergleich*. Hrsg. von Uwe Backes und Eckhard Jesse. Göttingen: Vandenhoeck & Ruprecht, S. 359–369.

– (2008a). »Die ideologische Verankerung des tschechischen Rechtsextremismus«. In: *Gefährliche Liebschaften. Rechtsextremismus im kleinen Grenzverkehr*. Berlin: Heinrich-Böll-Stiftung, S. 36–43.

– (2008b). »Geschichte des organisierten Rechtsextremismus in Tschechien«. In: *Gefährliche Liebschaften. Rechtsextremismus im kleinen Grenzverkehr*. Berlin: Heinrich-Böll-Stiftung, S. 14–21.

– (2008c). »Pravicový extremismus v české politice«. In: *CEVRO REVUE* 10. URL: http://www.cevro.cz/cs/cevrorevue/aktualni-cislo-on-line/2008/10/209685-pravicovy-extremismus-ceske-politice.html.

Marx, Karl und Friedrich Engels (1982). *Werke*. Bd. 8. Berlin: Dietz Verlag.

Mayer, Gregor und Bernhard Odehnal (2010). *Aufmarsch. Die rechte Gefahr aus Osteuropa. 2., durchgesehene Auflage*. St. Pölten, Salzburg: Residenz-Verlag.

Mazel, Michael (1998). »Oponentí systému«. In: *Politický extremismus a radikalismus v České republice*. Hrsg. von Petr Fiala. Brno: Masarykova Univerzita.

McCarthy, John und Mayer N. Zald (1977). »Resource Mobilization and Social Movements: A Partial Theory«. In: *American Journal of Sociology* 82, S. 1212–1241.

Meloen, Jos D. (1993). »The F Scale as a Predictor of Fascism: An Overview of 40 Years of Authoritarianism Research«. In: *Strength and Weakness: The Authoritarian Personality Today*. Hrsg. von Wiliam F. Stone, Gerda Lederer und Richard Christie. New York: Springer, S. 47–69.

Merkel, Wolfgang (2007). »Gegen alle Theorie? Die Konsolidierung der Demokratie in Ostmitteleuropa«. In: *Politische Vierteljahresschrift* 48.3, S. 413–433.

– (2010). *Systemtransformation. Eine Einführung in die Theorie und Empirie der Transformationsforschung*. Wiesbaden: VS Verlag.

Merton, Robert K., Hrsg. (1995). *Soziologische Theorie und soziale Struktur*. Berlin: de Gruyter, S. 126–154.

Minkenberg, Michael (1998). *Die neue radikale Rechte im Vergleich. USA, Frankreich, Deutschland*. Opladen, Wiesbaden: Westdeutscher Verlag.

Mlčoch, Lubomír (2000). »Restructuring of Property Rights: An Institutional View«. In: *Economic And Social Changes In Czech Society After 1989. An alternative view*. Hrsg. von Lubomír Mlčoch, Pavel Machonin und Milan Sojka. Prague: Carolinum, S. 21–102.

Moravec, Štěpán (2006). »Nástin problematiky sociálního vyloučení romských populací«. In: »*Romové« v osidlech sociálního vyloučení*. Hrsg. von Tomáš Hirt und Marek Jakoubek. Plzeň: Vydavatelství a nakladatelství Aleš Čeněk, S. 99–113.

Mudde, Cas (2002). »Warum ist der Rechtsradikalismus in Osteuropa so *schwach?*« In: *Osteuropa* 52.5, S. 616–630.

Narr, Wolf Dieter (1980). »Radikalismus, Extremismus«. In: *Kampf um Wörter? Politische Begriffe im Meinungsstreit*. Hrsg. von Martin Greiffenhagen. Hanser: München, Wien.

Oesterreich, Detlef (2001). »Zum politischen Verhalten autoritärer Persönlichkeiten. Theoretische Überlegungen und Ergebnisse von vier empirischen Untersuchungen«. In: *Schattenseiten der Globalisierung: Rechtsradikalismus, Rechtspopulismus und separatistischer Regionalismus in westlichen Demokratien*. Hrsg. von Wilhelm Heitmeyer und Dieter Loch. Frankfurt am Main: Suhrkamp, S. 47–69.

Offe, Claus (1991). »Das Dilemma der Gleichzeitigkeit. Demokratisierung und Marktwirtschaft in Osteuropa«. In: *Merkur* 45, S. 279–291.

Olson, Mancur (1971). *The logic of collective action. Public goods and the theory of groups*. New York: Schocken Books.

Opp, Karl-Dieter (1978). *Theorie sozialer Krisen. Apathie, Protest und kollektives Handeln*. Hamburg: Hoffmann und Campe.

Pappi, Franz Urban und Susumu Shikano (2007). *Wahl- und Wählerforschung*. Baden-Baden: Nomos.

Pesendorfer, Dieter (1998). *Der Restaurationsprozeß des Kapitalismus in der ehemaligen Tschechoslowakei. Probleme des Übergangs*. Frankfurt am Main: Campus-Verlag.

Petřík, Jaroslav (2003). »Miroslav Mareš: Pravicový extremismus a radikalismus v ČR, Brno, Barrister & Principal, 2003, 656 s. (Rezension)«. In: *Středoevropské Politické Studie* 4.V. URL: http://www.cepsr.com/index.php?ID=21.

Pečinka, Pavel (2004). »Romská menšina v politice českých stran«. In: *Etnické menšiny a česká politika. Analýza stranických přístupů k etnické a imigrační politice po roce 1989*. Hrsg. von Miroslav Mareš. Brno: Centrum pro studium demokracie a kultur, S. 131–152.

Polanyi, Karl (1997). *The Great Transformation. Politische und ökonomische Ursprünge von Gesellschaften und Wirtschaftssystemen*. Frankfurt am Main: Suhrkamp.

Pötsch, Sven (2002). »Rechtsextreme Musik«. In: *Handbuch Rechtsradikalismus*. Hrsg. von Thomas Grumke und Bernd Wagner. Opladen: Leske + Budrich, S. 117–128.

Raabe, Jan (2008). »Grenzüberschreitende Bruderschaft: Rechtsrock und Musikhandel«. In: *Gefährliche Liebschaften. Rechtsextremismus im kleinen Grenzverkehr*. Berlin: Heinrich-Böll-Stiftung, S. 84–92.

Rataj, Jan (2006). »Vize české nacionální politiky v soudobých koncepcích krajní pravice v České republice«. In: *III. Kongres českých politologů. Olomouc 8. – 10. 9. 2006*. Hrsg. von Jan Němec und Markéta Šůstková. Olomouc, Praha: Česká společnost pro politické vědy, S. 170–191.

Řeháková, Blanka (1999). »Předčasné volby 1998: Volební chování různých skupin voličů«. In: *Sociologický časopis/Czech Sociological Review* 35.3, S. 311–334.

Reichardt, Sven (2007). »Neue Wege der vergleichenden Faschismusforschung«. In: *Mittelweg* 36.1, S. 9–25.

Rippl, Susanne, Angela Kindervater und Christian Seipel (2000). »Die autoritäre Persönlichkeit: Konzept, Kritik und neuere Forschungsansätze«. In: *Autoritarismus. Kontroversen und Ansätze der aktuellen Autoritarismusforschung*. Opladen: Leske und Budrich, S. 13–30.

Rokeach, Milton (1960). *The open and closed mind: investigations into the nature of belief systems and personality systems*. New York: Basic Books.

Rucht, Dieter (1998). »Komplexe Phänomene – komplexe Erklärungen. Die politischen Gelegenheitsstrukturen der neuen sozialen Bewegungen in der Bundesrepublik«. In: *Paradigmen der Bewegungsforschung*. Hrsg. von Kai-Uwe Hellmann und Ruud Koopmans. Opladen/Wiesbaden: Westdeutscher Verlag, S. 109–127.

Röpke, Andrea und Andreas Speit (2004). *Braune Kameradschaften. Die neuen Netzwerke der militanten Neonazis*. Berlin: Ch. Links Verlag.

Scheuch, Erwin K. unter Mitarbeit von Hans Dieter Klingemann (1967). »Theorie des Rechtsradikalismus in westlichen Industriegesellschaften«. In: *Hamburger Jahrbuch für Wirtschafts- und Gesellschaftspolitik* 12, S. 11–29.

Schimank, Uwe (2007). *Theorien gesellschaftlicher Differenzierung*. Wiesbaden: VS Verlag.

Scholz, Roswitha (2009). »Antiziganismus und Ausnahmezustand: Der ›Zigeuner‹ in der Arbeitsgesellschaft«. In: *Antiziganistische Zustände*. Hrsg. von Markus End, Kathrin Herold und Yvonne Robel. Münster: Unrast Verlag, S. 24–40.

Schubarth, Wilfried (1992). »Rechtsextremismus – eine subjektive Verarbeitungsform des Umbruchs?« In: *Der antifaschistische Staat entläßt seine Kinder. Jugend und Rechtsextremismus in Ostdeutschland*. Hrsg. von Karl-Heinz Heinemann und Wilfried Schubarth. Köln: PapyRossa Verlag, S. 78–100.

Schumpeter, Joseph Alois (1997). *Theorie der wirtschaftlichen Entwicklung. Eine Untersuchung über Unternehmergewinn, Kapital, Kredit, Zins und den Konjunkturzyklus*. Berlin: Duncker und Humblot.

Sedláček, Pavel (2003). *Nic Než Národ. Integrace české ultrapravice před parlamentními volbami 2002*. Praha: Národní strana.

Simka, Karel und Frank Spengler (2000). *Rechtsreformen in der Tschechischen Republik: Wahlrecht, Prozessrecht, Nationalbankgesetz*. Sankt Augustin: Konrad-Adenauer-Stiftung.

Snow, David A. u. a. (1986). »Frame Alignment Processes, Micromobilization, and Movement Participation«. In: *American Sociological Review* 51.4, S. 464–481.

Speit, Andreas (2005). »Wir marschieren bis zum Sieg«. In: *Braune Kameradschaften. Die militanten Neonazis im Schatten der NPD*. Hrsg. von Andrea Röpke und Andreas Speit. Berlin: Ch. Links Verlag, S. 13–39.

Srubar, Ilja (1991). »War der reale Sozialismus modern? Versuch einer strukturellen Bestimmung«. In: *Kölner Zeitschrift für Soziologie und Sozialpsychologie* 43, S. 415–432.

– (1998). »Probleme der europäischen Integration post-sozialistischer Länder Mittelosteuropas«. In: *Eliten, politische Kultur und Privatisierung in Ostdeutschland, Tschechien und Mittelosteuropa*. Hrsg. von Ilja Srubar. Konstanz: UVK.

– (2007). »Lebenswelt und Transformation. Zur phänomenologischen Analyse gegenwärtiger Gesellschaftsprozesse«. In: *Phänomenologie und soziologische Theorie. Aufsätze zur pragmatischen Lebenswelttheorie*. Hrsg. von Ilja Srubar. Wiesbaden: VS Verlag, S. 511–578.

Štěchová, Marketa (2004). *Interetnické konflikty. (jejich příčiny a dopady z pohledu teorie a empirických sond)*. Praha: Institut pro kriminologii a sociální prevenci.

Stichweh, Rudolf (2000). »Semantik und Sozialstruktur: Zur Logik einer systemtheoretischen Unterscheidung«. In: *Soziale Systeme* 6, S. 237–250.

Stäheli, Urs (1998). »Die Nachträglichkeit der Semantik. Zum Verhältnis von Sozialstruktur und Semantik«. In: *Soziale Systeme* 4, S. 315–339.

Stöss, Richard (1994). »Latenter und manifester Rechtsextremismus in beiden Teilen Berlins«. In: *Parteien und Wähler im Umbruch*. Hrsg. von Oskar Niedermayer und Richard Stöss. Opladen: Westdeutscher Verlag.

– (2007). *Rechtsextremismus im Wandel*. Berlin: Friedrich-Ebert-Stiftung.

Thieme, Tom (2006). »Politischer Extremismus in Ostmitteleuropa – Entstehungsbedingungen und Erscheinungsformen«. In: *Gefährdungen der Freiheit. Extremistische Ideologien im Vergleich*. Hrsg. von Uwe Backes und Eckhard Jesse. Göttingen: Vandenhoeck & Ruprecht, S. 321–359.

Umland, Andreas (2004*a*). »Einige Beispiele für die forschungspraktische Relevanz der Griffinschen Taxonomie«. In: *Erwägen – Wissen – Ethik* 15.3, S. 418–420.

– (2004*b*). »Konzeptionelle Grundfragen vergleichender Rechtsextremismusforschung: Der Beitrag der Faschismustheorie Roger Griffins«. In: *Erwägen – Wissen – Ethik* 15.3, S. 355–357.

Urban, Lukáš (2004). »Dotazníkové šetření prováděné na Policejní akademii ČR v Praze«. In: *Interetnické konflikty*. Hrsg. von Marketa Štěchová. Praha: Institut pro kriminologii a sociální prevenci, S. 109–131.

Vedral, Jan (2009). »Skinheads v české krajině«. In: *Kavárna. Beilage der Tageszeitung MF Dnes* (7. März 2009).

Vejvodová, Petra (2008). »Autonomní nacionalismus«. In: *Rexter. Časopis pro výzkum radikalismus, extremismu a terorismu*. URL: http://www.rexter.cz/kategorie/ 02-2008/.

Verdery, Katherine (1992). »Comment: Hobsbawm in the East«. In: *Anthropology Today* 48.1, S. 8–10.

Veřejný ochránce práv (2005). *Závěrečný stanovisko veřejného ochránce práv ve věci sterilizací prováděných v rozporu s právem a návrhy opatření k nápravě.* URL: http: //www.romea.cz/dokumenty/sterilizace.doc.

Veselský, Michal (2009). *Postoj verejnosti k extremistickým stranám.* Centrum pro výzkum veřejného mínění. Sociologický ústav AV ČR.

Večerník, Jiří (1998). *Zpráva o vývoji české společnosti 1989 – 1999.* Praha: Academia.

– (2004). »Who Is Poor in the Czech Republic? The Changing Structure and Faces of Poverty after 1989«. In: *Sociologický časopis/Czech Sociological Review* 40.6, S. 807–833.

– (2009). *Czech Society in the 2000s. A Report on Socio-Economic Policies and Structures.* Praha: Academia.

Vlnas, Vit und Zdeněk Hojda (2002). »Tschechien ›Gönnt einem jeden die Wahrheit‹«. In: *Mythen der Nationen: Ein europäisches Panorama.* Hrsg. von Monika Flacke. 2. Auflage. München, Berlin: Koehler & Amelang, S. 502–228.

Vobruba, Georg (1983). »Gemeinschaftsbewußtsein in der Gesellschaftskrise«. In: *»Wir sitzen alle in einem Boot«. Gemeinschaftsrhetorik in der Krise.* Hrsg. von Georg Vobruba. Frankfurt am Main: Campus Verlag, S. 9–36.

– (1991). »Zeithorizonte: Von ›Großen Zielen‹ und Interessen. Gesellschaftstransformation in Osteuropa«. In: *Jenseits der sozialen Fragen.* Hrsg. von Georg Vobruba. Frankfurt am Main: Suhrkamp, S. 131–152.

– (2007). *Die Dynamik Europas.* Wiesbaden: VS Verlag.

Vodička, Karel (2002). »Das politische System Tschechiens«. In: *Die politischen Systeme Osteuropas.* Hrsg. von Wolfgang Ismayr. Opladen: Leske und Budrich, S. 239–272.

Weichsel, Volker (2002). »Rechtsradikalismus in Osteuropa – ein Phänomen *sui generis?*« In: *Osteuropa* 52.5, S. 612–620.

Weßels, Bernhard (2003). »Die Entwicklung der Zivilgesellschaft in Mittel- und Osteuropa: intermediäre Akteure, Vertrauen und Partizipation«. In: *Zivilgesellschaft – national und transnational.* Hrsg. von Dieter Gosewinkel u. a. Berlin: edition sigma, S. 173–201.

Winkler, Jürgen (2001). »Rechtsextremismus: Gegenstand – Erklärungsansätze – Grundprobleme«. In: *Rechtsextremismus in der Bundesrepublik Deutschland. Eine Bilanz.* Hrsg. von Wilfried Schubarth und Richard Stöss. Opladen: Leske + Budrich, S. 38–69.

Wippermann, Wolfgang (1997). »*Wie die Zigeuner*«. *Antisemitismus und Antiziganismus im Vergleich*. Berlin: Elefanten-Press.

– (2004a). »Schimmelpilze machen Käse, aber keine Faschismustheorie«. In: *Erwägen – Wissen – Ethik* 15.3, S. 360–361.

– (2004b). »Verteidigung und Kritik der ideengeschichtlichen Faschismustheorie Roger Griffins«. In: *Erwägen – Wissen – Ethik* 15.3, S. 422–423.

Zeman, Václav (2008). »Kam míří česká ultrapravice«. In: *Kavárna. Beilage der Tageszeitung MF Dnes* (25. Mai 2008).

Amtliche Dokumente

Bezpečnostní informační služba. Vnitřní zpravodajská služba České repuliky (2007). *Výroční zpráva 2007*. URL: http://www.bis.cz/n/2008-09-25_vz2007cz.pdf.

– (2008). *Výroční zpráva 2008*. URL: http://www.bis.cz/n/2009-08-31-vyrocni-zprava-2008.html.

Ministerstvo vnitra České republiky (1999). *Zpráva o problematice extremismu na území České republiky v roce 1999 (ve srovnání s rokem 1998)*. URL: http://aplikace.mvcr.cz/archiv2008/dokument/index.html#extrem.

– (2002). *Zpráva o problematice extremismu na území České republiky v roce 2002*. URL: http://aplikace.mvcr.cz/archiv2008/dokument/index.html#extrem.

– (2003). *Informace o problematice extremismu na území České republiky v roce 2003*. URL: http://aplikace.mvcr.cz/archiv2008/dokument/index.html#extrem.

– (2004). *Informace o problematice extremismu na území České republiky v roce 2004*. URL: http://aplikace.mvcr.cz/archiv2008/dokument/index.html#extrem.

– (2005). *Informace o problematice extremismu na území České republiky v roce 2005*. URL: http://aplikace.mvcr.cz/archiv2008/dokument/index.html#extrem.

– (2006). *Informace o problematice extremismu na území České republiky v roce 2006*. URL: http://aplikace.mvcr.cz/archiv2008/dokument/index.html#extrem.

– (2007). *Informace o problematice extremismu na území České republiky v roce 2007*. URL: http://aplikace.mvcr.cz/archiv2008/dokument/index.html#extrem.

– (2008). *Strategie boje proti extremismu*. URL: http://aplikace.mvcr.cz/archiv2008/dokument/index.html#extrem.

Nejvyšší správní soud (2010). *Rozsudek jménem republiky o návrhu na rozpuštění politické strany*. URL: http://www.vlada.cz.

Vláda České Republiky (2008). *Česká republika: přístup vlády k integraci Romů*. URL: http://www.vlada.cz.

Český statistický úřad, Hrsg. (2008). *Česká republika: hlavní makroekonomické ukazatele*. URL: www.czso.cz.

Zeitungsartikel (print/online)

Hospodářské noviny (2008a) (3. März 2008). Neonacisté v Plzni skandovali hesla »z papírků«.

Hospodářské noviny (2008b) (28. Aug. 2008). Volební taktika extremistů: tajit kandidáty.

Hospodářské noviny (2010) (22. Feb. 2010). Dělnická strana chce do voleb s dvěma S navíc.

iDNES.cz (2008a) (21. Mai 2008). Začneme hlídkovat u karlovarské školy, oznámila Národní garda.

iDNES.cz (2008b) (6. Mai 2008). Národní garda chystá „spanilou jízdu" proti mladým Romům.

Lidové Noviny (1998a) (9. Apr. 1998). Z kroniky SPR-RSČ.

Lidové Noviny (1998b) (22. Jan. 1998). Právníci rozhodnutí parlamentu kritizují...

Lidové Noviny (1998c) (18. Juni 1998). Sládkovo krédo: Věrnost, blbost, pracovitost. Kdo kandiduje za sládkovce - zpověď bývalého republikána.

Lidové Noviny (2005) (4. Apr. 2005). Nacionalisté žádali odchod zástupcu sudetských Nemcu.

Lidové Noviny (2006a) (13. Jan. 2006). NS: Tuláci nemají mít pomníky.

Lidové Noviny (2006b) (22. Mai 2006). Stop postupné islamizaci.

Lidové Noviny (2008a) (9. Apr. 2008). Antisemitismus v Cesku: nejvíce je ho na stadionech.

Lidové Noviny (2008b) (18. Nov. 2008). Krvavá bitva o Janov.

Lidové Noviny (2008c) (23. Apr. 2008). Ředitel Terezína odmítl "nácky".

Lidové Noviny (2009a) (13. Juni 2009). Ochranka kvůli židovskému původu.

Lidové Noviny (2009b) (16. Feb. 2009). Drážďany táhli neonacisté.

Lidové Noviny (2009c) (3. Dez. 2009). Národní strana se rozpadá, členové vedení odcházejí.

Lidové Noviny (2009d) (25. Mai 2009). Ohrozil šéf ČT volby?

Lidové Noviny (2009*e*) (19. Mai 2009). *Malé akce, ale každý víkend.*

Lidové Noviny (2009*f*) (3. Juni 2009). *Komorous už má tým proti extremistům.*

Lidové Noviny (2009*g*) (11. Juni 2009). *Za zákrokem proti radikálům je asi Komorous.*

Lidové Noviny (2009*h*) (10. Juni 2009). *Zátah na neonacistické kapely.*

Lidové noviny (2010) (22. März 2010). *Topolánkova omluva nezabrala. Fischer se s ním nechce bavit.*

Lidové Noviny (online-Ausgabe) (2009*a*) (9. Nov. 2009). *Skupina na Facebooku chce vyhladit Romy.* Prověří ji policie. URL: http://www.lidovky.cz.

Lidové Noviny (online-Ausgabe) (2009*b*) (6. März 2009). *Nerovný boj primátorky Řápkové.* URL: http://www.lidovky.cz.

Mladá fronta Dnes (2008*a*) (4. Dez. 2008). *Ultrapravice vyhrožuje městu.*

Mladá fronta Dnes (2008*b*) (10. Dez. 2008). *Neplatiči z Janova musí na okraj města.*

Mladá fronta Dnes (2008*c*) (2. Okt. 2008). *Hejtman opět vytáhl »gadže«.*

Mladá fronta Dnes (2008*d*) (31. Juli 2008). *Radikálové se zviditelňují v Janově.*

Mladá fronta Dnes (2008*e*) (6. Aug. 2008). *Hlídky narazily na odpor Romů.*

Mladá fronta Dnes (2009*a*) (17. Aug. 2009). *Extremisté se sjeli na »dobročinnou akci«.*

Mladá fronta Dnes (2009*b*) (30. Jan. 2009). *Studenti brojí proti Romům.*

Právo (1998) (10. Apr. 1998). *Další dva členové SPR-RSČ potvrzují nekalé praktiky.*

Právo (2005) (11. Aug. 2005). *Topolánek jednal v sídle strany s nacionalisty.*

Právo (2006) (12. Jan. 2006). *Nacionalisté chtějí do Let pomník a říkají: moc obětí tam nebylo.*

Právo (2008*a*) (19. Nov. 2008). *Čunek: extremisté špatně ukázali na skutečné problémy.*

Právo (2008*b*) (6. Aug. 2008). *Neonacisté se začínají politicky organizovat, chystají monstrakci.*

Právo (2008*c*) (28. Juli 2008). *Nacionalisté nepošlou do Janova ochranné sbory.*

Právo (2009) (22. Mai 2009). *ČT podala trestní oznámení kvůli rasistickému spotu.*

Internet-Quellen

Bezpečnostní informační služba. Vnitřní zpravodajská služba České repuliky (2010*a*). *Informace BIS o vývoji na extremistické scéně v 1. čtvrtletí roku 2010.* URL: http://www.bis.cz/2010-1q-zprava-extremismus.html (besucht am 16.09.2010).

Bezpečnostní informační služba. *Vnitřní zpravodajská služba České repuliky* (2010*b*). *Informace BIS o vývoji na extremistické scéně v 2. čtvrtletí roku 2010*. URL: http://www.bis.cz/2010-2q-zprava-extremismus.html (besucht am 16. 09. 2010).

Centrum pro výzkum veřejného mínění (2010). *kdo jsme*. URL: http://www.cvvm. cas.cz/index.php?lang=0&disp=kdojsme (besucht am 18. 02. 2010).

Český statistický úřad (2010). *volby.cz*. URL: http://www.volby.cz/ (besucht am 07. 06. 2010).

Člověk v tísni (2008). *Kampaň NEOnácek: Chcete ho?* URL: http://www.clovekvtisni. cz/index2.php?id=774 (besucht am 28. 07. 2010).

Člověk v tísni (2010). *Co jsou sociálně vyloučené lokality*. URL: http://www. clovekvtisni.cz/index2.php?id=216 (besucht am 18. 02. 2010).

Forum Tsiganologische Forschung (2010). *Grundpositionen des Forums Tsiganologische Forschung*. URL: http://www.uni-leipzig.de/~ftf/konzept/konzept.html (besucht am 19. 07. 2010).

Gehring, Hubert und Laura Jung (2009). *Zurück nach Europa ? – Tschechien und die Europäische Integration seit 1989*. URL: http://www.kas.de/wf/doc/kas_18128-544-1-30.pdf?091117111236 (besucht am 01. 05. 2010).

hlasitě.cz (2010). *Orlík*. URL: http://www.hlasite.eu/texty-pisni/orlik (besucht am 02. 05. 2010).

Kališníci - Čeští skinheadi (2009). URL: http://punkandskins.blog.cz/0902/kalisnici-cesti-skinheadi (besucht am 18. 05. 2010).

Magistrát hl. m. Prahy (2008). *Jak se změnila policie: od SNB k Policii ČR*. URL: http://www.praha.eu/jnp/cz/extra/metamorfozy/policie/index.html (besucht am 18. 05. 2009).

Minárech, Petr (2010). *Online petice. Podporuji Chomutov*. URL: http://podporujichomutov.cz/ (besucht am 18. 02. 2010).

Novák, Jaroslav (1995). *Z historie SPR-RSČ*. URL: http://www.republikani.com/historie.htm (besucht am 20. 02. 2010).

Národní strana (2009). *Klip Národní strany / Czech National Party ad for election to European Parlament 2009*. URL: http://www.youtube.com/watch?v=zq-iDgZtfQw (besucht am 18. 02. 2010).

odpor.org (2009). *Základní úmluva mezi českými a německými kamarády / Grundlegende Vereinbarung zwischen böhmisch/mährischen (tschechischen) und deutschen*

Kameradengruppen. URL: http://www.odpor.org/index.php?page=clanky&ka (besucht am 19.05.2010).

Radio Praha (2004) (21. Dez. 2004). *Tschechische Neonazis nehmen sich deutsche Skinheads zum Vorbild.* URL: http://www.radio.cz/de/artikel/61563.

ROMBASE (2010). *Internierung und Deportation.* Hrsg. von Universität Graz. URL: http://romani.uni-graz.at/rombase/cgi-bin/art.cgi?src=data/hist/holo/camps.de.xml (besucht am 11.09.2010).

Ve vedení Národní gardy jsou bývalí vysoce kvalifikovaní vojáci (2008) (21. Apr. 2008). URL: http://www.romea.cz/index.php?id=detail&detail=2007_4139.

Český rozhlas 6 (2008) (2. Juli 2008). *Úvaha nad zrušením Národní strany.* URL: http://www.rozhlas.cz/cro6/stop/_zprava/471267?f_od=0&f_num=100.

ibidem-Verlag

Melchiorstr. 15

D-70439 Stuttgart

info@ibidem-verlag.de

www.ibidem-verlag.de
www.ibidem.eu
www.edition-noema.de
www.autorenbetreuung.de

www.ingramcontent.com/pod-product-compliance
Lightning Source LLC
Chambersburg PA
CBHW050416280326
41932CB00013BA/1877